Guide

Ouest-France vous répond

200 réponses d'experts pour vous aider au quotidien

Éditions ouest france

Chaque jour, le journal Ouest-France
est à l'écoute de ses lecteurs.
De leurs remarques bien sûr, mais aussi
de leurs interrogations.
Ce guide est inspiré de ces nombreuses questions
très concrètes que reçoit chaque jour
le service Ouest-France vous répond.
Plus de 200 pages
qui n'ont qu'une seule ambition :
vous être utile tout au long de l'année !

Avant-propos

« À l'impossible, nul n'est tenu », « À cheval donné, on ne regarde pas les dents », « Nécessité fait loi », « Mauvais arrangement vaut mieux que bon procès », « Qui fait l'enfant doit le nourrir », « Qui ne dit mot consent », « La loi est dure mais c'est la loi », « L'habit ne fait pas le moine »... la boîte aux adages du droit est décidément riche de formules fleuries dont l'accent poétique et proverbial traduit souvent la sagesse populaire. Si « nul n'est censé ignorer la loi », force est de constater que le citoyen non averti peut très facilement se perdre dans la jungle des règles juridiques tant l'époque actuelle est marquée du sceau d'un droit bavard, technique, obscur, instable et, pour tout dire, indigeste. Pour une très forte majorité de profanes, le droit est aujourd'hui angoissant. Dissiper cette inquiétude en substituant la lumière à la pénombre, telle est la raison d'être de ce guide pratique. Le défi est de taille tant la règle juridique est au cœur de multiples difficultés de la vie quotidienne (famille, travail, santé, logement, consommation, assurance, relations de voisinage, nouvelles technologies, justice, loisirs, etc.). Pour surmonter ce défi, cet ouvrage collectif s'appuie sur une équipe d'experts (magistrats, avocats, notaires, universitaires, enquêteurs privés, inspecteurs des finances publiques, concepteurs pédagogiques, juristes d'entreprise, etc.) talentueux et réputés. Ces regards croisés apportent des **réponses claires et précises**, donnent des **conseils judicieux** tout en précisant **les procédures à suivre**. En un mot comme en cent, après la lecture de cet ouvrage, vous connaîtrez vos droits et saurez mieux les faire respecter dans votre vie de tous les jours.

Frédéric Debove

Lauréat de la chancellerie des universités de Paris

Co-directeur de l'Académie de la sécurité intérieure

Ancien directeur du campus universitaire de Melun (université Paris-Panthéon-Assas)

200 questions

01
FAMILLE

02
TRAVAIL

25. Comment exercer mon droit de grève dans le secteur privé ?

26. Dans quelles conditions peut-on me licencier ?

27. Comment se déroule un licenciement ?

28. Comment se déroule un litige porté devant le conseil de prud'hommes ?

29. Je suis salarié et j'aimerais monter en compétences, comment puis-je reprendre mes études ?

30. Que puis-je faire si je travaille dans un bâtiment comportant de l'amiante ?

31. Quelles sont les durées maximales de travail pour un salarié ?

32. Lors d'un entretien d'embauche, puis-je refuser de donner certaines informations personnelles (âge, enfants, situation familiale, handicap...) ?

33. Les évènements (apéritif, conférence, salon professionnel, soirée) organisés par mon employeur en dehors de mes horaires de travail doivent-ils donner lieu à rémunération ?

34. Les salariés ont-ils une obligation de réserve ?

35. À quelles conditions puis-je exercer mon droit de retrait ?

36. Que faire si l'employeur ne prend pas les mesures nécessaires pour préserver ma santé ?

37. ***Un employeur peut-il imposer au salarié de réaliser des heures supplémentaires ?***

03 *IMPÔTS*

38. Oups ! J'ai commis une erreur dans ma déclaration de revenus, comment la réparer ?

39. J'ai perdu des bulletins de salaire, que faire ?

40. Dans quelle situation puis-je rattacher mon enfant majeur à mon foyer fiscal ?

41. L'allocation aux adultes handicapés est-elle imposable ?

42. Quel délai ai-je pour modifier ma déclaration de revenus ?

43. Comment déclarer mes revenus l'année de mon divorce ou de ma rupture de Pacs ?

44. Mon enfant est majeur, comment le déclarer ?

45. En cas de séparation ou de concubinage, comment déclarer les enfants à charge ?

46. Mon enfant a atteint sa majorité pendant l'année, comment le déclarer ?

47. Même marié ou pacsé, puis-je être rattaché au foyer de mes parents ?

48. Mon avis de taxe d'habitation/de taxe foncière ne tient pas compte de mes paiements, que faire ?

49. Famille, voisin... puis-je consulter l'avis d'imposition d'une autre personne ?

50. Je perçois des indemnités journalières de maladie, dois-je les déclarer ?

51. Mon enfant est étudiant, les revenus qu'il a perçus sont-ils imposables ?

52. Je bénéficie du RSA, que dois-je déclarer ?

53. J'ai déménagé en cours d'année, dois-je payer la taxe d'habitation pour l'année entière ?

54. Quelles démarches accomplir auprès de l'administration fiscale à la suite d'un déménagement ?

55. ***Doit-on déclarer l'argent gagné sur les plateformes Vinted, Airbnb, Leboncoin... ?***

04
JUSTICE DU QUOTIDIEN

05
ADMINISTRATION ET NOTAIRE

84. La police ou la gendarmerie peut-elle pénétrer sans autorisation dans le garage d'un immeuble ?

85. À quelles aides ai-je droit pour la garde par une assistante maternelle agréée de mon enfant ?

86. Sans contrat de mariage, l'argent hérité par le/la conjoint·e appartient-il au couple ?

87. Quels sont les avantages de l'achat en démembrement de propriété ?

88. Comment sortir d'une indivision ?

89. Que dois-je faire à l'ouverture d'une succession et sous quels délais ?

90. Dans le cadre d'un mariage sous le régime de la communauté de biens, quels sont les droits du conjoint survivant ?

91. En cas de décès, quels sont les droits du partenaire de Pacs survivant ?

92. Peut-on léguer son patrimoine à la personne de son choix ?

93. Comment transmettre mon entreprise à mes enfants ?

94. Quels sont les avantages et inconvénients d'un achat immobilier en SCI ?

95. Peut-on faire annuler un testament ?

96. Où peut-on stationner avec son camping-car ?

97. ***Alors que les délais explosent pour se faire faire un passeport, quels sont les pays pour lesquels une simple carte nationale d'identité est suffisante ?***

06
LOGEMENT ET RELATIONS DE VOISINAGE

98. Que faire si mon propriétaire refuse de me rendre ma caution ?

99. Mon propriétaire peut-il m'interdire d'avoir un animal de compagnie ?

100. Puis-je cesser de payer mon loyer si mon logement devient insalubre ?

101. Dois-je prévenir mon propriétaire si je souhaite faire des travaux légers dans le logement que je loue ?

102. Puis-je contester le permis de construire de mon voisin ?

103. Faut-il entreprendre des démarches auprès de ma commune pour louer en meublé mon habitation ?

104. Quels travaux sont concernés par l'assurance construction ?

105. Quels types de travaux nécessitent un permis de construire ? (Terrasse, cabanon de jardin, extension, mur d'enceinte, etc.)

106. À quel moment doit être établi un état des lieux et que faire en cas de désaccord ?

107. Qui est responsable d'un mur/clôture/haie mitoyen ?

108. Suis-je obligé d'élaguer mes arbustes et arbres dont les branches débordent sur la voie publique ?

109. Puis-je brûler mes déchets verts dans mon jardin ?

110. Je possède un habitat ancien, le montant des travaux de rénovation peut-il être pris en charge par la région ou par l'État, pour tout ou partie ?

111. Je souhaite réduire le montant de mes factures d'énergie, quels travaux de rénovation devrais-je privilégier ?

112. Quels sont les diagnostics obligatoires en cas de vente immobilière ?

113. ***Ai-je le droit de tondre le dimanche ?***

07
CONSOMMATION ET ARGENT

08
TRANSPORT

141. Faut-il payer une contravention avant de la contester ?

142. Que dois-je faire si on vole/détériore ma voiture ?

143. En cas d'infraction, puis-je mentionner le nom d'un proche plutôt que le mien alors que j'étais au volant ?

144. Ai-je le droit de conduire un véhicule avec des vitres teintées ?

145. Quelle est la différence entre une suspension, une annulation et une invalidation du permis de conduire ?

146. Dans quel cas mon véhicule peut-il être immobilisé ou saisi ?

147. Quel est le délai pour contester une contravention ?

148. Ai-je le droit de conduire en France avec un permis étranger (hors Union européenne) ?

149. Puis-je contester un taux d'alcoolémie ou un test positif aux produits stupéfiants ?

150. À moto, puis-je conduire entre les deux files ?

151. Chaussée dégradée, mauvaise signalisation... Qui est responsable en cas d'accident ?

152. À partir de quel âge le siège auto n'est-il plus obligatoire ?

153. Peut-on conduire avec des écouteurs Bluetooth ?

154. Victime ou témoin d'un délit de fuite, que faire ?

155. Victime d'un accident de la route, faut-il accepter la première offre proposée par l'assureur ?

156. Je suis victime d'un accident impliquant une trottinette électrique, que faire ?

157. Peut-on fouiller mon bagage dans les trains et les gares ?

158. Faut-il avoir une pièce d'identité lors d'un trajet en transports en commun ?

159. Peut-on m'obliger à sortir d'un train ou d'une gare ?

160. ***Mon animal doit-il obligatoirement être attaché ou en cage dans la voiture ?***

09
NOUVELLES TECHNOLOGIES

161. Comment me faire retirer des listes d'appel des entreprises de démarchage par téléphone ?
162. À quoi dois-je faire attention en souscrivant un abonnement Internet ?
163. Y a-t-il une garantie pour un téléphone/ordinateur de seconde main ?
164. Puis-je réutiliser n'importe quelle image trouvée sur Internet ?
165. On a posté une photo de moi sans mon accord sur Internet, Que faire ?
166. Quand je poste une photo sur Facebook, est-ce que j'en reste propriétaire ?
167. Puis-je savoir quelles données un site Internet a accumulées sur moi ?
168. Comment limiter les fuites de mes données sur Internet ?
169. Comment savoir si un site Internet revendra mon adresse e-mail ?
170. Quels sont les risques quand j'accepte la politique de confidentialité d'un site sans la lire ?
171. Les informations fournies par les cookies sont-elles considérées comme des données personnelles ?
172. Est-il légal de conditionner l'accès à un site Internet à l'acceptation des cookies ?
173. Quelles sont les données personnelles à protéger ?
174. Ai-je un droit de propriété sur mes données ?
175. Mes échanges de messages électroniques peuvent-ils servir de preuve en cas de litige ?
176. Mon identité a été usurpée sur Internet, que faire ?
177. Comment savoir si un site Internet est fiable ?
178. Que puis-je faire en cas de piratage de mon portefeuille de cryptomonnaies ?
179. Puis-je contester une décision prise par un algorithme ?
180. Je suis dénigré sur les réseaux sociaux, que faire ?
181. ***Qui paie le raccordement de la fibre Internet jusqu'à l'immeuble ? Jusqu'à l'appartement ?***

10
VACANCES ET TOURISME

ABRÉVIATIONS

- Art. article
- C. pén. code pénal
- C. pr. pén. code de procédure pénale
- C. pr. civ. code de procédure civile
- C. com. code commerce
- C. route code de la route
- C. cons. code de la consommation

01

FAMILLE

1
PUIS-JE CHANGER DE PRÉNOM OU DE NOM DE FAMILLE ?

Toute personne est désignée à sa naissance par un nom de famille et des prénoms. À défaut de choix des parents ou lorsque ceux-ci ne sont pas connus, l'officier de l'état civil choisit trois prénoms dont le dernier tient lieu de nom de famille.

En principe, l'identité de la personne est immuable. Mais depuis cinq ans, le législateur fait preuve de souplesse et prend mieux en considération le respect de la vie privée et familiale. La procédure de changement de prénom puis de nom a été simplifiée en ce sens.

D'une part, toute personne majeure peut, depuis une loi du 18 novembre 2016, demander à l'officier de l'état civil de sa commune de changer de prénom. Elle peut demander la suppression ou l'adjonction d'un ou de plusieurs prénoms, ou même la modification de l'ordre des prénoms qui lui ont été donnés à la naissance.

La demande est libre ; seule celle concernant un mineur de plus de 13 ans requiert son consentement et celui de son représentant légal. Pour un majeur en tutelle, la demande est faite par lui ; le tuteur n'a plus à la signer.

En pratique, il faut se renseigner auprès de la mairie du lieu de résidence. Un formulaire est à disposition. L'officier de l'état civil réunit parfois une commission à intervalles réguliers pour examiner les demandes. Soit il y fait droit et le changement est inscrit sur le registre de l'état civil, soit il refuse et en rend compte au procureur de la République. L'officier de l'état civil doit alors établir que la demande ne présente pas d'intérêt légitime ou qu'elle est contraire à l'intérêt de l'enfant. Le procureur de la République peut le suivre dans son analyse ou, au contraire, le désavouer et lui ordonner le changement de prénom. En cas de refus, le demandeur est informé de son droit de solliciter le ministère d'un avocat et de faire sa demande devant le juge aux affaires familiales du tribunal judiciaire.

D'autre part, la procédure de changement de nom a été simplifiée. Depuis le 1er juillet 2022, toute personne majeure peut demander à l'officier de l'état civil de son lieu de résidence son changement de nom en vue de porter celui de ses parents qui ne lui a pas été transmis à la naissance ou de les porter ensemble, dans l'ordre qu'il souhaite, en double nom. Ce choix ne peut être fait qu'une seule fois.

Il est aussi possible à toute personne de solliciter librement un autre nom. La procédure de changement de nom peut se faire sans avocat. Le requérant doit expliquer par lettre simple adressée au Premier ministre et au garde des Sceaux, ministre de la Justice, qu'il a un intérêt légitime à changer de nom.

En principe, l'identité de la personne est immuable. Mais depuis cinq ans, le législateur fait preuve de souplesse et prend mieux en considération le respect de la vie privée et familiale.

Cet intérêt légitime peut résulter d'un nom ridicule, d'un nom déshonorant ou d'un nom francisé qui ne reflète pas les origines. La demande est adressée au procureur de la République car elle requiert son avis ; elle est instruite par la chancellerie. Soit le garde des Sceaux, ministre de la Justice, décide de rejeter la demande, soit le Premier ministre décrète, avec le garde des Sceaux, le changement de nom. Ces décisions peuvent faire l'objet de recours devant le juge administratif.

Gilles Raoul-Cormeil

RÉFÉRENCES

- Art. 60, 61, 61-1, 61-2, 61-3, 61-3-1 et 61-4 du C. civ.
- Décret n° 94-52 du 20 janvier 1994.

2
J'AI PERDU MON LIVRET DE FAMILLE, QUE FAIRE ?

Le livret de famille est un document officiel remis gratuitement par l'officier d'état civil, à l'occasion du mariage ou de la naissance du premier enfant en un seul exemplaire.

Celui-ci regroupe l'état civil de l'ensemble des membres d'une même famille.

Les naissances ou décès ultérieurs sont ajoutés au fur et à mesure dans l'ordre chronologique.

Depuis le 1er juin 2022, un nouveau modèle de livret de famille est remis.

Celui-ci s'adapte aux nouvelles dispositions inhérentes à la procréation médicalement assistée, au choix du nom patronymique, à l'adoption, à l'identité des enfants nés sans vie et au décès des enfants majeurs.

Le livret de famille n'est remis qu'à la condition d'un enregistrement de l'acte de naissance et/ou du mariage à l'état civil.

Il ne vaut pas justificatif d'identité mais permet de vérifier la composition de la famille.

Il peut être demandé par l'administration pour justifier de sa situation familiale ou encore par une juridiction en cas de saisine du juge aux affaires familiales par exemple.

Dans le cas d'une seconde union ou d'une naissance avec un conjoint différent, un nouveau livret de famille sera délivré.

Puisqu'un seul exemplaire est délivré, en cas de perte ou de vol, **il est possible de demander un duplicata à la mairie de sa commune de résidence**.

L'obtention de ce deuxième exemplaire est gratuite.

Il est par ailleurs recommandé de déposer une main courante au commissariat de police ou à la gendarmerie pour signaler la perte ou le vol.

En cas de séparation du couple, le conjoint n'ayant pas conservé le livret de famille peut également se rapprocher de sa mairie pour obtenir un duplicata gratuitement.

Le requérant devra communiquer un justificatif d'identité, un justificatif de domicile et les informations inhérentes à la composition de la famille.

La mairie pourra également solliciter la déclaration de perte ou de vol déposée au commissariat de police ou à la gendarmerie.

Le nouveau livret de famille est ensuite délivré au requérant en fonction du délai de traitement propre à chaque mairie.

Jessica Fievez

RÉFÉRENCES

- Décret n° 74-449 du 15 mai 1974 relatif au livret de famille et à l'information des époux et des parents sur le droit de la famille.
- Arrêté du 1er juin 2006 fixant le modèle de livret de famille.
- Arrêté du 10 janvier 2020 modifiant l'arrêté du 1er juin 2006 fixant le modèle de livret de famille.
- Arrêté du 3 mai 2022 modifiant l'arrêté du 1er juin 2006 fixant le modèle de livret de famille.

3
PUIS-JE DÉSHÉRITER MES ENFANTS ?

Il n'existe pas un droit *à* l'héritage mais un droit *de* l'héritage. En clair, si une personne milliardaire ne laisse rien à son décès, elle aura d'une certaine manière déshérité ses enfants sans que ceux-ci ne puissent s'en plaindre devant les tribunaux. En revanche, la question reste posée : une personne peut-elle laisser des biens à son décès et priver ses enfants de tous droits sur eux ? La négative s'impose mais elle doit être tempérée.

La négative s'impose car les enfants sont d'abord des héritiers réservataires. Les descendants sont les héritiers du premier ordre et du premier degré. S'ils ne sont pas indignes de succéder, s'ils sont vivants au jour de l'ouverture de la succession et s'ils l'acceptent, ils sont héritiers. De surcroît, ils bénéficient de la réserve successorale qui est la limite à la quotité disponible. Concrétisons ces notions juridiques abstraites.

Au décès d'une personne, le notaire dresse l'inventaire des biens et des dettes du défunt ; l'ensemble constitue un actif net que le notaire a évalué. À cet ensemble, le notaire ajoute les biens qui ont été donnés de son vivant ou légués par le défunt. La réunion fictive de ces biens permet au notaire de déterminer une masse de calcul de la réserve. Cette masse de calcul constitue le gâteau successoral que le notaire coupe en parts égales.

Si le défunt laisse pour lui succéder un enfant, la quotité disponible est égale à la réserve, soit la moitié des biens. Si le défunt laisse pour lui succéder deux enfants, la quotité disponible est égale à un tiers et la réserve, des deux tiers. Si le défunt laisse pour lui succéder trois enfants ou plus, la quotité disponible est égale à un quart et la réserve, des trois quarts. La réserve est partagée à égalité entre les enfants. Quant à la quotité disponible, il s'agit de la part de biens que le défunt peut donner de son vivant ou léguer à sa mort à quiconque, y compris son enfant préféré.

Lorsque le défunt a institué un legs universel et transmis tous ses biens à un membre de la famille ou à un tiers, le légataire universel n'a-t-il que la quotité disponible ? Oui, si les héritiers réservataires exercent leur droit de réduction pour obtenir leur part de réserve. Cela dit, depuis le 1er janvier 2007, les héritiers réservataires ne peuvent exiger que des droits successoraux en valeur. Bref, si le légataire universel a les moyens de payer aux héritiers réservataires leurs droits en argent, il recevra tous les biens du défunt. En clair, ils auront le sentiment d'être déshérités car ce n'est pas la même chose d'hériter de la maison ou de la vigne de ses ancêtres que de recevoir un chèque. Bien sûr, tant que le légataire universel ne leur a pas payé ce qu'il leur devait, les héritiers réservataires peuvent retenir les biens du défunt à titre de garantie, car ils ont pu valablement entrer en leur possession.

La négative s'impose car les enfants sont d'abord des héritiers réservataires. Les descendants sont les héritiers du premier ordre et du premier degré.

Il existe un autre moyen de diminuer la part successorale de ses enfants : c'est l'assurance sur la vie. Le Code des assurances prévoit que le capital ou la rente payable au décès du contractant à un bénéficiaire n'est pas soumis aux règles de la réduction pour atteinte à la réserve des héritiers du contractant. En clair, les primes versées à l'assureur ne sont pas fictivement réunies pour gonfler la masse de calcul de la réserve.

Il est conseillé de consulter un notaire pour que l'exhérédation des enfants ou du conjoint survivant soit efficace.

Gilles Raoul-Cormeil

RÉFÉRENCES

- Art. 913 et 922 du C. civ.
- Art. L. 132-13 du Code des assurances.

4

MON ENFANT PEUT-IL DÉCIDER CHEZ LEQUEL DE SES PARENTS VIVRE ?

Non, jusqu'à sa majorité, un enfant ne décide pas de son lieu de résidence lorsque ses parents se séparent. Ce sont ses parents ou, à défaut, un juge qui prennent cette décision.

Trois organisations existent concernant la résidence de l'enfant :

- la résidence alternée, l'enfant résidant alors au domicile de chaque parent de façon alternée, par exemple une semaine sur deux. En pratique, cette organisation nécessite que les parents soient domiciliés à proximité l'un de l'autre et aient une bonne communication entre eux ;
- la résidence de l'enfant au domicile de l'un des parents de façon habituelle et un droit de visite (sans nuitée) ou un droit de visite et d'hébergement (avec nuitée) chez l'autre parent : habituellement un week-end sur deux et la moitié des vacances scolaires ;
- à titre exceptionnel, la résidence chez une autre personne, en principe dans la famille, ou dans un établissement scolaire.

Lorsque les parents se séparent, qu'ils soient mariés ou non, ce sont eux qui décident amiablement de l'endroit où vont résider leurs enfants communs et des modalités pour qu'ils voient l'autre parent. Lorsqu'il y a plusieurs enfants, il convient d'éviter de séparer la fratrie dans toute la mesure du possible, sauf quand c'est impossible ou que l'intérêt des enfants commande une autre solution.

Quand les parents ne parviennent pas à se mettre d'accord à ce sujet, le juge aux affaires familiales (Jaf) du tribunal judiciaire du lieu de résidence de la famille devra être saisi pour résoudre la difficulté.

L'enfant peut demander à être entendu par le juge : il peut lui envoyer un courrier ou le faire parvenir au tribunal par un des parents. Le juge entend l'enfant ou le fait entendre par une personne qualifiée. L'enfant peut être accompagné par toute personne de son choix ou assisté par un avocat dont les honoraires seront payés par l'État (aide juridictionnelle totale). Le juge peut toutefois refuser d'entendre l'enfant si celui-ci n'a pas le discernement suffisant en raison de son âge.

Ce n'est pas parce que l'enfant a été auditionné que le juge adoptera la solution souhaitée par l'enfant, mais plus l'enfant avance en âge, plus son avis sera pris en compte. La décision judiciaire sera guidée par la sauvegarde des intérêts de l'enfant. Le juge veillera également à ce que l'enfant maintienne des liens avec chacun des parents.

Ces règles sont applicables à tous les modes de séparation : séparation de personnes non mariées ou divorce, qu'il s'agisse du divorce par consentement mutuel ou des divorces contentieux (divorce pour acceptation du principe de la rupture du mariage, divorce pour faute, divorce pour altération définitive du lien conjugal).

Philippe Astruc et Cécile Capeau

RÉFÉRENCES

- Art. 371-5 du C. civ.
- Art. 388-1 du C. civ.
- Art. 338-1 à 338-12 du C. pr. civ.
- Art. 9-1 de la loi n° 91-647 du 10 juillet 1991 relative à l'aide juridique.
- Art. 313-2-6 du C. civ.

5
COMMENT MODIFIER UNE PENSION ALIMENTAIRE ?

Le régime des obligations alimentaires s'applique tout aussi bien dans le cadre des procédures de divorce, après divorce, qu'au bénéfice d'enfants nés hors mariage (art. 203, 204, 255 C. civ.). Ce régime concerne également l'obligation alimentaire susceptible de s'exercer au bénéfice d'ascendants qui en exprimeraient la nécessité (art. 205 C. civ.). **Quel que soit son cadre juridique, une pension alimentaire n'est jamais immuable.** Aux termes de l'art. 371-2 du C. civ. :

« Chacun des parents contribue à l'entretien et à l'éducation des enfants à proportion de ses ressources, de celles de l'autre parent, ainsi que des besoins de l'enfant. Cette obligation ne cesse de plein droit ni lorsque l'autorité parentale ou son exercice est retirée, ni lorsque l'enfant est majeur. »

C'est donc en considération des ressources (celles du parent chez qui le mineur/majeur réside) et des besoins de ce dernier que le juge apprécie le montant de la contribution mise à la charge du débiteur. Les ressources comprennent principalement les salaires, les revenus fonciers et les revenus des valeurs mobilières à l'exclusion de la prestation compensatoire versée par l'un des époux à l'autre.

Le juge considère systématiquement l'ensemble de la situation par foyer fiscal. Ainsi, le débiteur d'une pension alimentaire vivant en concubinage, remarié ou pacsé, doit justifier des ressources de son partenaire afin de délivrer à la procédure une information complète et sincère quant à sa situation de fortune et ses facultés contributives.

Dans le cadre de la procédure de divorce, l'ordonnance d'orientation et sur mesures provisoires fixe le montant de cette contribution, et le juge, dans l'hypothèse d'un élément nouveau, est toujours susceptible, après délivrance d'une assignation, d'apprécier la situation de l'un ou de l'autre des époux en cours de divorce, à la faveur d'un évènement nouveau (art. 1118 C. pr. civ.). Ces règles n'ont toutefois vocation à s'appliquer que dans le cadre d'une instance judiciaire en divorce.

En effet, depuis le 1er janvier 2017, les époux peuvent divorcer devant un notaire par une convention rédigée par leurs avocats respectifs (art. 229-1 C. civ.). Cette convention, règle les conséquences du divorce et fixe au besoin, la contribution de chacun des parents à l'entretien et l'éducation des enfants mineurs. **Après le divorce, l'un ou l'autre des parents peut agir devant le juge aux affaires familiales, afin de solliciter la diminution ou l'augmentation de la pension.**

Là encore, il appartient à celui des parents qui s'adresse au juge de rapporter la preuve soit d'une diminution de ses ressources (chômage, longue maladie, retraite), soit de la survenance d'une charge (inscription dans une école privée, frais médicaux), rendant impossible le maintien en l'état du montant de la pension alimentaire. Naturellement, tout stratagème malhonnête (diminution artificielle des ressources, accroissement inconsidéré et abusif des charges) est juridiquement proscrit, sous peine, le cas échéant, de poursuites pénales (art. 314-7 C. pén.).

Thierry Jové-Dejaiffe

RÉFÉRENCES

- Art. 205 du C. civ. (ascendants).
- Art. 203, 204, 371-2 du C. civ. (enfants).
- Art. 255 du C. civ. (divorce).
- Cass. civ. 1re, 19 novembre 2014, n° 13-21.732 (prestation compensatoire).

6

DOIS-JE CONTINUER DE PAYER LA PENSION ALIMENTAIRE SI JE PERDS MON EMPLOI ?

La pension alimentaire versée par un parent à l'autre pour l'entretien et l'éducation de l'enfant est souvent fixée dans le jugement de divorce, la convention de divorce par consentement mutuel ou la décision de justice organisant les droits parentaux.

Ces documents ont force exécutoire et peuvent donc faire l'objet d'une exécution forcée, notamment par intervention de la Caisse d'allocations familiales ou d'un commissaire de justice. Le seul fait de perdre son emploi ne permet donc pas de mettre un terme aux dispositions de la décision fixant le principe et le montant de la contribution mensuelle à l'entretien et à l'éducation de l'enfant. Il convient donc de ne pas prendre l'initiative de cesser de payer la pension alimentaire sans initier une procédure devant le juge aux affaires familiales (Jaf).

En cas de perte d'emploi entraînant une diminution sensible des ressources, il est donc possible, après avoir recherché un accord avec l'autre parent, y compris dans le cadre d'une médiation familiale, **de saisir le Jaf, afin de solliciter la suspension du paiement de la pension alimentaire le temps de trouver un nouvel emploi**. Si la diminution de revenus s'annonce plus durable, il sera également possible, tout en justifiant de sa situation, de demander la révision du montant de la pension alimentaire à un montant inférieur ou sa suppression. Dans cette dernière hypothèse, il faudra que le parent débiteur, de bonne foi, démontre son état d'impécuniosité et qu'il n'est plus en capacité objective et durable de payer.

La demande doit être adressée par requête au tribunal. Elle doit être accompagnée des pièces justificatives concernant la perte d'emploi et les nouvelles ressources et charges du parent débiteur, ces pièces seront consultées par le parent créancier. Les deux parents seront alors convoqués à une audience lors de laquelle ils pourront présenter leurs demandes et leurs observations. L'assistance d'un avocat n'est pas obligatoire.

S'il fait droit à la demande de suspension de paiement ou de suppression de la pension alimentaire ou à la diminution de son montant, le Jaf pourra, si cela lui a été demandé, donner effet rétroactif à sa décision mais uniquement au jour du dépôt de la requête, jamais avant.

Si les parents s'accordent sur un montant inférieur au précédent ou sur la suspension du paiement de la pension alimentaire, ils pourront alors soumettre au Jaf, sans audience, une convention que ce dernier pourra homologuer ou non au regard des pièces justificatives jointes.

Guillaume Mosser

RÉFÉRENCES

- Commissaire de justice : nouvelle appellation des huissiers de justice depuis le 1er juillet 2022.
- Art. 371-2 du C. civ. Cela pourrait, au surplus, éventuellement justifier des poursuites pour abandon de famille, Art. 227-3 du C. pén.
- www.servicepublic.fr/particuliers/vosdroits/F34355.
- Modèle de requête : www.formulaires.service-public.fr/gf/cerfa_11530.do.
- Modèle de requête conjointe : www.formulaires.service-public.fr/gf/cerfa_16139.do.

7

LA PERTE DE LA « GARDE » DE MES ENFANTS ENTRAÎNE-T-ELLE AUSSI CELLE DE L'AUTORITÉ PARENTALE ?

L'autorité parentale est un ensemble de droits et de devoirs des parents ayant pour finalité l'intérêt de l'enfant. Les parents sont titulaires de l'autorité parentale dès lors qu'est établi un lien de filiation avec l'enfant.

Ce n'est que dans des cas particulièrement graves que l'autorité parentale peut être retirée par un juge.

En dehors de cette situation exceptionnelle, les deux parents titulaires de l'autorité parentale l'exercent en commun : c'est la situation la plus fréquente, lorsque les parents étaient mariés ou lorsque, non mariés, le père a reconnu l'enfant avant qu'il ait 1 an.

La séparation des parents titulaires de l'autorité parentale est sans incidence sur l'exercice de l'autorité parentale : celle-ci reste exercée en commun.

Soit les parents sont d'accord sur les modalités d'exercice de l'autorité parentale et en particulier la résidence des enfants, auquel cas ils peuvent faire homologuer leur accord par le juge, soit ils ne le sont pas, et c'est le juge aux affaires familiales qui décidera des modalités de la résidence des enfants, en tenant compte de leur intérêt.

Parfois, un parent titulaire de l'autorité parentale ne l'exerce pas :

- c'est le cas lorsqu'un enfant naît de parents non mariés et que son père ne le reconnaît qu'après l'âge de 1 an : seule la mère exerce l'autorité parentale. Dans ce cas, le père pourra demander à exercer cette autorité parentale soit en accord avec la mère par déclaration conjointe, soit, en cas de désaccord avec la mère, en engageant une action devant le juge aux affaires familiales ;
- c'est aussi le cas lorsqu'un parent, initialement doté de l'exercice de l'autorité parentale, se le voit retiré par un juge pour des motifs graves tirés de l'intérêt de l'enfant, qui s'opposent à l'exercice conjoint de l'autorité parentale. On peut relever, à titre d'exemple, le cas où un parent est hors d'état de manifester sa volonté (incapacité, absence, etc.) ou est désinvesti affectivement à l'égard de son enfant et ne prend pas en compte les besoins de celui-ci, ou le cas d'une radicalisation religieuse...

Dans ces situations, le parent privé de l'exercice de l'autorité parentale bénéficie en principe quand même d'un droit de visite et d'hébergement ou, lorsque la remise directe de l'enfant n'est pas suffisamment sécurisée, le juge peut fixer un droit de visite dans un espace de rencontre ou en présence d'un tiers. Ce n'est que pour des motifs graves que le parent privé de l'exercice de l'autorité parentale ne bénéficiera pas d'un droit de visite (maltraitance, violences, mise en danger de l'enfant, etc.).

Dans tous les cas de figure, le parent titulaire de l'autorité parentale mais qui ne l'exerce pas devra contribuer à l'entretien et l'éducation de l'enfant sur le plan financier, le cas échéant par le versement d'une pension alimentaire.

Par ailleurs, le parent qui exerce seul l'autorité parentale doit informer l'autre des décisions importantes concernant l'enfant.

Philippe Astruc et Cécile Capeau

RÉFÉRENCES

- Art. 371 du C. civ.
- Art. 378-1 du C. civ.
- Art. 373-2 du C. civ.
- Art. 372 du C. civ.
- Art. 373-2-1 du C. civ.
- Art. 373 du C. civ.
- Cass. civ. 1re, 4 novembre 2010 ; Cass. civ. 1re, 26 juin 2013, n° 12-17.275 ; CA Rouen, 6 avril 2017, n°15/01747.
- Art. 371-2 du C. civ.

8
PERSONNE VULNÉRABLE : PEUT-ON PROTÉGER UN ADULTE CONTRE LUI-MÊME ?

En France, la personne humaine acquiert sa pleine capacité juridique à l'âge de 18 ans et elle la conserve jusqu'à la fin de ses jours. À ce titre, elle décide pour elle-même et signe seule lorsqu'elle s'engage par contrat. La loi pose une présomption de lucidité et laisse tout adulte déterminer son propre intérêt.

Toutefois, lorsque la personne majeure est dans l'impossibilité de prendre en charge ses intérêts personnels et patrimoniaux, il est du devoir de la famille ou du procureur de la République de saisir un juge civil pour instituer un protecteur (curateur, tuteur ou autre mandataire judiciaire) qui soutiendra la personne dans l'exercice de ses droits.

Toutefois, lorsque la personne majeure est dans l'impossibilité de prendre en charge ses intérêts personnels et patrimoniaux, il est du devoir de la famille ou du procureur de la République de saisir un juge civil pour instituer un protecteur.

Ce juge civil est le juge des tutelles des majeurs. Cette fonction est exercée par un juge des contentieux de la protection, siégeant au tribunal judiciaire, dans le ressort duquel est domicilié le majeur à protéger.

Il n'est nul besoin de solliciter un avocat pour saisir le juge. La personne qui le saisit est appelée le « requérant ». Ce peut être la personne à protéger qui décide elle-même et pour elle-même de saisir le juge. Il peut s'agir aussi de tous les membres de sa famille (ascendants, descendants, frères ou sœurs). Si l'intéressé vit en couple, son conjoint, concubin ou partenaire de pacte civil de solidarité peut évidemment saisir le juge à cette fin. La loi donne même qualité à tous les parents, par le sang ou adoptifs, aux alliés, et même à un ami, s'ils entretiennent des liens étroits et stables avec l'intéressé.

Il est d'usage que la demande adressée au juge soit écrite ; un document Cerfa (n° 15424*03) récapitule toutes les informations dont le juge a besoin concernant la composition de la famille et la présentation sommaire du contenu du patrimoine. Ce document fait fonction de requête ; il doit être accompagné d'un extrait d'acte de naissance et d'un certificat médical circonstancié. Sans ces documents, la requête n'est pas recevable et le juge n'est pas régulièrement saisi.

Le certificat médical circonstancié ne peut être rédigé que par un médecin inscrit sur la liste du procureur de la République. Il faut se renseigner au secrétariat-greffe du tribunal judiciaire le plus proche du domicile de la personne qui a besoin d'une mesure pour connaître ses nom et adresse. Le coût du certificat est de 160 euros.

Régulièrement saisi, le juge des tutelles des majeurs convoque les membres de la famille. En principe, il procède à l'audition de la personne à protéger ; il peut se déplacer au lieu où elle réside (domicile, Ehpad ou hôpital).

La gravité de l'état et de la situation de la personne à protéger explique le choix d'une mesure d'assistance (curatelle) ou de représentation (tutelle). Le juge institue un ou plusieurs protecteurs. Un conflit familial ou un éloignement de la famille peut conduire le juge à désigner un professionnel (un mandataire judiciaire à la protection des majeurs) qui, à la différence de la famille, exerce la mesure moyennant une rémunération.

Si la famille s'accorde sur le besoin de la mesure et le nom du ou des protecteurs, le juge peut choisir une habilitation familiale par assistance ou par représentation qui est une mesure plus simple à mettre en œuvre (ni inventaire ni compte-rendu de gestion).

Gilles Raoul-Cormeil

9
PEUT-ON DIVORCER SANS QU'AUCUNE DÉCISION DE JUSTICE SOIT PRONONCÉE ?

Depuis le 1er janvier 2017, le divorce par consentement mutuel « déjudiciarisé » est possible, il est plus souvent nommé le « divorce amiable sans juge ». Prévu par le Code civil, son véritable nom est le « divorce par consentement mutuel par acte sous signature privée contresigné par avocats », déposé au rang des minutes d'un notaire.

Pour divorcer selon ces modalités, **les deux époux doivent être d'accord sur le principe même du divorce ainsi que sur l'ensemble de ses conséquences :**

- patrimoniales : nous sommes propriétaires d'une maison, mariés sous le régime légal de la communauté, que va devenir ce bien : attribution à madame, à monsieur, vente, indivision... ;
- organisation des droits parentaux : résidence alternée des enfants, fixation de la résidence habituelle chez le père ou la mère, montant de la pension alimentaire versée par l'autre parent... ;
- relations entre anciens époux : conservation ou non du nom d'épouse, fixation d'une prestation compensatoire...

Chacun des époux doit contacter un avocat différent. Ils organiseront des rendez-vous à quatre afin de rédiger la convention de divorce constatant l'accord des époux sur la rupture du mariage et ses effets. Si un enfant est issu du mariage, il devra être informé par ses parents du droit à être entendu par le juge et, s'il est doté d'un discernement, il devra acter qu'il ne souhaite pas faire usage de cette faculté au moyen d'un formulaire.

Une fois la convention de divorce rédigée par les avocats, chacun d'eux adresse le projet à son client par LRAR. Chaque époux bénéficie alors d'**un délai de réflexion de 15 jours** à compter de sa réception auquel il ne peut pas renoncer. Une fois ce délai écoulé, les actes sont signés par les avocats et les époux ensemble.

Dans un délai de 7 jours suivant la signature de la convention, elle est transmise par les avocats au notaire qui dispose d'un délai de 15 jours pour réaliser un contrôle purement formel s'agissant des mentions obligatoires et la déposer au rang de ses minutes. Cela permet de donner ses effets à la convention, sans décision de justice, en lui conférant date certaine et force exécutoire. Il n'est pas nécessaire de se déplacer chez le notaire.

Ce divorce déjudiciarisé, plus rapide, met au cœur du dispositif les avocats qui ont notamment pour mission de s'assurer de l'équilibre de la convention de divorce et du respect des intérêts de chacun des époux.

Guillaume Mosser

RÉFÉRENCES

- Art. 229-1 à 229-4 du C. civ.
- S'il souhaite être entendu par le juge, la convention devra être homologuée par le juge aux affaires familiales et il ne sera alors pas possible de divorcer sans décision de justice.

10

EN CAS DE DIVORCE, PEUT-ON PRENDRE UN SEUL AVOCAT ?

Dans les divorces contentieux, **chaque époux doit être représenté par un avocat durant la procédure devant le juge aux affaires familiales**. Il n'est pas possible qu'il en soit autrement dans la mesure où les époux ne sont pas d'accord sur tous les aspects de leur divorce et que chacun des avocats doit défendre les intérêts de son client devant le juge aux affaires familiales qui devra trancher les points de désaccord.

Depuis le 1er janvier 2017, les époux peuvent divorcer par consentement mutuel sans passer devant le juge, cela concerne l'hypothèse où les époux sont d'accord sur le principe même du divorce ainsi que sur l'ensemble de ses conséquences, qu'elles soient personnelles, patrimoniales ou relatives à l'organisation des droits parentaux.

Ces nouvelles dispositions se sont accompagnées de la nécessité que chaque époux soit assisté d'un avocat distinct là où, avant leur entrée en vigueur, un seul avocat pouvait suffire.

Dans l'ancienne version du divorce par consentement mutuel, lorsque les époux demandaient l'intervention d'un seul et même avocat, le juge s'assurait que celui-ci accomplissait correctement son devoir. En effet, il vérifiait si les mesures prises par les deux conjoints étaient équilibrées et équitables. Le juge s'assurait que personne n'avait exercé une pression sur l'autre pour lui imposer un choix contraire à son intérêt. C'est donc pour éviter cette situation que le régime actuel, dans lequel le juge n'intervient plus, impose la présence d'un avocat pour chaque époux, chacun devant contresigner la convention de divorce, laquelle est ensuite déposée au rang des minutes d'un notaire.

Il existe toutefois une exception, lorsque dans le cadre d'un divorce par consentement mutuel un enfant mineur du couple demande à être auditionné par le juge aux affaires familiales, les époux ne peuvent consentir mutuellement à leur divorce par acte sous signature privée contresigné par avocats. La convention de divorce par consentement mutuel doit alors être soumise au juge pour être homologuée. Les époux peuvent alors choisir un seul et même avocat pour les représenter ou prendre également chacun leur avocat.

Guillaume Mosser

RÉFÉRENCES

- Sauf si l'un des époux est sous mesure de protection (tutelle, curatelle, etc.), le divorce par consentement mutuel n'est alors pas autorisé.
- Art. 229-1, 229-2 et 250 du C. civ.

11

QUE FAIRE EN CAS DE DÉSACCORD DES PARENTS S'AGISSANT DU LIEU DE SCOLARISATION DE L'ENFANT OU DE LA VACCINATION LE CONCERNANT ?

L'exercice de l'autorité parentale sur un enfant mineur est en principe conjoint par les deux parents, c'est toujours le cas si l'enfant est né de parents mariés, ou si les parents ne sont pas mariés, lorsque le père a reconnu l'enfant dans l'année suivant sa naissance.

Pour les parents, l'exercice en commun de l'autorité parentale implique qu'ils se concertent et se mettent d'accord sur les décisions à prendre vis-à-vis des enfants. Ils ont le devoir de s'informer réciproquement quant à l'organisation de la vie des enfants et de préserver les relations de l'autre parent avec les enfants.

Même divorcés ou séparés, ils doivent donc prendre ensemble, tout en associant l'enfant en fonction de son degré de discernement et de sa maturité, les décisions importantes le concernant : choix d'orientation scolaire, éducation religieuse, décisions relatives à la santé de l'enfant, choix des activités extrascolaires, etc.

À ce titre, le lieu de scolarisation de l'enfant, en particulier s'il change en cours d'année scolaire ou à l'occasion d'une entrée dans une classe supérieure (souvent un passage au collège ou au lycée), nécessite l'accord des deux parents qui exercent en commun l'autorité parentale.

Concernant les vaccinations obligatoires ou celle relative au Covid-19, l'accord d'un seul parent est suffisant, et le professionnel de santé n'aura pas à rechercher si l'autre l'est également sauf s'il a connaissance du désaccord parental. Concernant les vaccinations non obligatoires, la solution est moins évidente et nombre de praticiens solliciteront l'accord des deux parents.

À noter toutefois que l'enfant de plus de 16 ans peut consentir seul à sa vaccination contre le Covid-19. L'ensemble des autres vaccinations nécessitent également le consentement du mineur évalué comme apte à exprimer sa volonté en plus de celui de ses parents.

En cas de désaccord entre les parents s'agissant du lieu de scolarisation ou de la vaccination de l'enfant, le juge aux affaires familiales est compétent pour trancher le litige et autoriser ou pas l'acte envisagé par l'un des parents et auquel l'autre est opposé au regard de ce qu'il considérera être dans l'intérêt de l'enfant, lequel peut demander à être auditionné.

Il convient de saisir le juge du lieu de résidence de l'enfant par requête envoyée au greffe. En cas d'urgence, il existe une procédure spécifique : l'assignation à bref délai, impliquant une autorisation préalable du juge qui vérifie s'il y a bien urgence à statuer. Bien que conseillée, l'assistance d'un avocat n'est pas obligatoire sauf en cours de procédure de divorce.

Guillaume Mosser

RÉFÉRENCES

- Art. 372, 373-3 et 373-2-6 du C. civ.
- Art. R. 4127-42 du Code de la santé publique.
- Modèle de requête : www.formulaires.service-public.fr/gf/cerfa_11530.do.
- Art. 1137 du C. pr. civ.

12

PUIS-JE DÉSIGNER À L'AVANCE UNE PERSONNE DE CONFIANCE POUR PROTÉGER MES INTÉRÊTS PERSONNELS ET PATRIMONIAUX DANS L'HYPOTHÈSE OÙ JE PERDRAIS MES FACULTÉS ?

Le mandat de protection future est un contrat qui permet à toute personne (le mandant) **d'organiser à l'avance**, quand elle en est encore capable, **sa protection en choisissant celui, celle ou ceux** (le mandataire) **qui seront chargés de s'occuper de ses affaires ou de sa personne le jour où elle ne pourra plus le faire elle-même**, en raison de son état de santé. Le mandant définit aussi l'étendue des pouvoirs qu'il souhaite déléguer au mandataire.

Ce mandat instaure un régime de représentation mais sans entraîner, comme dans le cas de la tutelle, l'incapacité juridique de celui qui est représenté.

Quand ce moment arrive, celui ou celle désigné(e) comme mandataire doit faire examiner la personne par un médecin inscrit sur une liste établie par le procureur de la République.

Quand ce moment arrive, celui ou celle désigné(e) comme mandataire doit faire examiner la personne par un médecin inscrit sur une liste établie par le procureur de la République, puis présenter au greffe du tribunal (service des tutelles) le mandat et le certificat médical circonstancié délivré par le médecin. Le mandat de protection future peut ainsi être mis en œuvre.

La protection peut concerner la personne et les biens, ou seulement l'un des deux aspects.

La protection de la personne, c'est l'ensemble des questions relatives à la vie personnelle, la santé, les relations aux autres, le logement, les déplacements, les loisirs, etc.

La protection des biens, c'est l'ensemble des actes nécessaires à la préservation et à la bonne gestion du patrimoine.

Le mandat de protection future peut être rédigé sous seing privé, mais dans ce cas, le rôle du mandataire désigné est limité aux actes les plus usuels : actes de conservation du patrimoine du mandant et gestion courante. Au-delà de ces prérogatives, il faut l'autorisation d'un juge pour que le mandataire puisse agir. Il est préférable de consulter un avocat afin de vous accompagner dans la rédaction d'un tel acte.

Le mandat de protection future peut aussi être authentique, c'est-à-dire rédigé par un notaire. En vertu de cet acte authentique, les pouvoirs du mandataire sont plus étendus : il pourra exécuter tous les actes de disposition, comme les ventes, sans que l'intervention du juge soit nécessaire. En revanche, les actes à titre gratuit, comme les donations, devront être autorisés par le magistrat.

En cas de difficulté, toute personne, y compris la personne protégée elle-même, peut saisir le juge qui pourra prendre toute mesure pour préserver les intérêts de la personne protégée.

Tant qu'il n'a pas pris effet, le mandat est révocable ou modifiable. Le mandat prend fin suite au rétablissement de l'état de santé du mandant, son placement en curatelle ou en tutelle ainsi que celui du mandataire, son décès, ou sur décision du juge retirant ses missions au mandataire à la demande de tout intéressé.

Guillaume Mosser

RÉFÉRENCES

- Art. 477 et s. du C. civ.
- Juge des contentieux de la protection.

13
COMMENT OBTENIR UNE ORDONNANCE DE PROTECTION EN CAS DE VIOLENCES CONJUGALES ?

Lorsqu'un membre du couple subit des violences de la part de son conjoint, il est possible de saisir le juge aux affaires familiales afin de demander une mesure civile de protection appelée « ordonnance de protection ».

L'art. 515-9 du C. civ. permet ainsi au juge aux affaires familiales de délivrer en urgence une ordonnance de protection contre son conjoint ou ancien conjoint, que le couple soit marié pacsé ou non, et y compris lorsqu'il n'y a pas ou qu'il n'y a jamais eu de cohabitation. Elle peut aussi être délivrée lorsqu'un enfant du couple est victime des violences.

À cette occasion, le juge peut notamment attribuer le logement au conjoint victime, organiser la vie des enfants, interdire au conjoint violent de détenir une arme, et lui interdire d'entrer en contact avec la victime, ses enfants et ses proches.

Le prononcé d'une ordonnance de protection nécessite la réunion des deux conditions cumulatives suivantes, énoncées dans l'art. 515-11 du C. civ. :

- la victime doit démontrer qu'il existe des raisons sérieuses de considérer que les **violences alléguées contre elle ou ses enfants sont vraisemblables** ;
- la victime ou ses enfants doivent être **en danger au moment du prononcé de l'ordonnance** (Cass. civ. 1re, 13 février 2020, n° 19-22.192).

Pour **démontrer le caractère vraisemblable des violences**, il est nécessaire de fournir au juge un maximum de pièces telles que des certificats médicaux, des mains courantes, des attestations des proches des travailleurs sociaux ou des psychologues, des messages échangés avec l'auteur des violences ou avec des proches ou encore des photographies des blessures.

Pour **démontrer le danger actuel de la victime**, il est nécessaire d'insister sur le caractère grave et répété des violences, les antécédents de l'auteur, et de montrer que les faits n'avaient pas cessé avant la saisine du juge.

Bien que cela soit conseillé, il n'est pas nécessaire d'avoir porté plainte avant.

La **saisine du juge aux affaires familiales** se fait par requête ou par assignation en référé par voie d'huissier. L'acte de saisine doit comporter un exposé de la demande et les pièces. Il est possible d'utiliser un formulaire disponible sur le site Service-Public.fr ou de demander à un avocat. L'auteur des faits est ensuite convoqué à une audience et a connaissance de la demande et des pièces. Une fois l'audience fixée, le juge dispose d'un délai de 6 jours pour rendre une ordonnance.

L'ordonnance est exécutoire de manière provisoire avant l'extinction du délai d'appel de 15 jours. Les mesures provisoires sont valides pendant 6 mois et peuvent être renouvelées pendant 6 mois si une procédure devant le juge aux affaires familiales en divorce ou relative aux enfants est ouverte.

Dorothée Bisaccia-Bernstein

RÉFÉRENCES

- Art. 515-9 à 515-13 du C. civ.
- Art. 1136-3 à 1136-XX15 du C. pr. civ.
- Loi n° 2010-769 du 9 juillet 2010.
- Loi n° 2019-1480 du 28 décembre 2019 et décret n° 2020-841 du 3 juillet 2020.
- Loi n° 2020-936 du 30 juillet 2020 et décret n° 2020-1161 du 23 septembre 2020.

14

COMMENT MODIFIER LA RÉSIDENCE PRINCIPALE DES ENFANTS OU LE DROIT DE VISITE ET D'HÉBERGEMENT FIXÉS PAR LE JUGE AUX AFFAIRES FAMILIALES ?

En cas de séparation des parents, ceux-ci ont la possibilité de saisir le juge aux affaires familiales afin de fixer notamment :

- l'exercice conjoint de l'autorité parentale ;
- la résidence principale de l'enfant mineur ;
- le droit de visite et d'hébergement de l'autre parent sur l'enfant mineur ;
- la contribution à l'entretien et à l'éducation de l'enfant.

Les parents peuvent également convenir d'une résidence en alternance à leurs domiciles respectifs.

Une fois la décision rendue par le juge aux affaires familiales, celle-ci n'est pas figée dans le temps et peut tout à fait être modifiée.

Le parent souhaitant modifier les droits mis en place devra saisir le juge aux affaires familiales du tribunal judiciaire du lieu de résidence principale de l'enfant d'une requête en modification.

En cas de résidence alternée, le juge compétent est celui du domicile de la partie adverse.

Cette requête en modification des modalités d'exercice de l'autorité parentale devra comporter l'identité et les coordonnées respectives des parties, ainsi qu'un exposé sommaire de la situation.

La requête en modification de la résidence habituelle ou du droit de visite et d'hébergement peut être adressée sur papier libre ou par le formulaire Cerfa n° 11530*11 au tribunal compétent.

Par ailleurs, le requérant devra impérativement justifier d'un élément nouveau depuis la dernière décision du juge aux affaires familiales, afin de motiver sa saisine (déménagement, nouvel emploi, nouvelle scolarité, etc.).

Cet élément nouveau s'apprécie au jour de l'audience devant le juge aux affaires familiales.

Parallèlement, les parties sont invitées à se rapprocher d'un médiateur préalablement à toute audience.

Les parents sont ensuite convoqués à une audience se tenant au cabinet du juge aux affaires familiales.

Lors de celle-ci, les parties doivent communiquer les justificatifs de leurs situations respectives.

L'enfant peut demander à être entendu, étant précisé que le juge prendra en considération la parole de l'enfant capable de discernement, mais ne sera pas lié par celle-ci.

S'agissant d'une procédure hors divorce, un avocat n'est pas obligatoire, mais son intervention reste fortement conseillée.

Jessica Fievez

RÉFÉRENCES

- Art. L. 213-3 du Code de l'organisation judiciaire.
- Art. 338-1 et 373-2-9 du C. civ.
- Art. 1070 et 1118 du C. pr. civ.
- Cass. civ. 1re, 6 novembre 2019, n° 18-19.128, publié au bulletin.

15
UN PARENT PEUT-IL SE FAIRE REFUSER LE DROIT DE VISITE ?

En cas de séparation des parents, la question du maintien des relations entre l'enfant mineur et ses deux parents est fondamentale.

L'art. 373-2 du C. civ. énonce que « chacun des père et mère doit maintenir des relations personnelles avec l'enfant et respecter les liens de celui-ci avec l'autre parent ».

Dès lors, le parent dont le domicile n'est pas la résidence de l'enfant dispose d'un droit de visite et d'hébergement qui lui permet de voir son enfant et, le cas échéant, de l'héberger afin de maintenir le lien parental.

Lors de la séparation, les parents peuvent se mettre d'accord sur les modalités d'exercice du droit de visite et d'hébergement qui sont généralement reprises par le juge aux affaires familiales lorsqu'une procédure familiale en divorce est ouverte. En cas de désaccord entre les deux parents au moment de la séparation, et y compris pour les couples non mariés, le juge aux affaires familiales peut fixer les modalités d'exercice de ce droit.

Dans la pratique, hors des cas de résidence alternée, le droit de visite s'exerce souvent un week-end sur deux et la moitié des vacances scolaires, mais il peut aussi être élargi à plusieurs jours par semaine.

Cependant, lorsque le droit de visite est fixé par le juge aux affaires familiales, celui-ci peut décider de le restreindre ou de le refuser à un parent lorsque l'intérêt de l'enfant le commande.

En effet, l'art. 373-2-1 du C. civ. précise que le droit de visite peut s'exercer dans un lieu de rencontre destiné à cet effet et désigné par le juge. Ainsi, lorsque l'intérêt de l'enfant le nécessite, ou lorsque la remise de l'enfant au parent représente un danger pour l'enfant ou pour l'autre parent, le juge peut décider que le droit de visite s'exercera dans un lieu de rencontre neutre dit « médiatisé », et éventuellement en présence d'une tierce personne.

Plus encore, l'art. 373-2-1 du C. civ. énonce qu'un parent peut se voir refuser l'exercice du droit de visite lorsqu'il existe des motifs graves qui le justifient.

Ainsi, lorsque l'intérêt de l'enfant le commande, et que des motifs graves existent, notamment en cas de violences physiques ou psychologiques exercées sur l'enfant par un parent, ou lorsque l'enfant est délaissé, le juge peut refuser au parent d'exercer son droit de visite.

De même, en cas de violences conjugales, et plus généralement de violences intrafamiliales, le juge aux affaires familiales prononçant une ordonnance de protection en faveur du conjoint victime peut décider de supprimer provisoirement le droit de visite du parent violent.

Lorsque le droit de visite est fixé par le juge aux affaires familiales, celui-ci peut décider de le restreindre ou de le refuser à un parent lorsque l'intérêt de l'enfant le commande.

Enfin, dans le cadre d'une procédure pénale pour des faits de violences sur le conjoint, l'ancien conjoint ou les enfants du couple, le juge d'instruction ou le juge des libertés et de la détention peut ordonner la suspension du droit de visite du parent violent pendant la durée du contrôle judiciaire du parent.

Dorothée Bisaccia-Bernstein

RÉFÉRENCES

- Art. 372 à 374-2 et 515-11 du C. civ.
- Art. 138 du C. pr. pén.

16
RECHERCHE D'UNE PERSONNE DISPARUE, DOUTE SUR LA FIDÉLITÉ DE MON CONJOINT... DANS QUELS CAS PUIS-JE ME TOURNER VERS UN « DÉTECTIVE PRIVÉ » ?

Au terme d'un long parcours législatif, l'activité d'enquêteur de droit privé (dit « détective privé ») dispose aujourd'hui d'un véritable statut juridique. Ayant à justifier de son aptitude, de ses qualifications, d'une bonne moralité et du respect d'un code déontologique, l'enquêteur privé doit disposer d'un agrément d'État délivré par son organisme de tutelle (le Cnaps – service rattaché au ministère de l'Intérieur).

Nous vous recommandons de vous assurer que l'agence sollicitée dispose des autorisations nécessaires.

L'enquête privée est une activité au service des droits de la défense, régie par le Code de la sécurité intérieure. L'art. L. 621-1 la définit comme « la profession libérale qui consiste, pour une personne, à recueillir, même sans faire état de sa qualité ni révéler l'objet de sa mission, des informations ou renseignements destinés à des tiers, en vue de la défense de leurs intérêts ».

Il s'agit ainsi de l'une des seules professions légalement habilitées à enquêter en matière civile.

Depuis 2013 et l'abrogation de la « recherche dans l'intérêt des familles », **la police et la gendarmerie ne peuvent plus enquêter sur la disparition d'une personne si celle-ci ne présente pas un caractère inquiétant**. Si tous les recours se sont avérés vains (hôpitaux, avis de recherche, etc.), seul un professionnel de l'investigation pourra vous aider.

Rappelons toutefois qu'en France, tout majeur peut disparaître délibérément et refuser de révéler sa nouvelle adresse, sauf si cette dissimulation a pour objet de se dérober à ses obligations. Dans certains cas et dans un souci de respect de la vie privée, l'enquêteur privé ne pourra ainsi pas vous révéler les coordonnées de la personne recherchée si celle-ci s'y oppose. En règle générale, l'enquêteur vous proposera alors de lui remettre en main propre un pli scellé.

Si la recherche d'adresse et l'enquête de solvabilité demeurent deux incontournables de la profession, le champ d'activité du détective privé s'est considérablement élargi. Il intervient désormais, en support d'autres professions juridiques, dans des matières très variées : exécution de créances, litiges conjugaux, détournements de succession...

La mission première du détective est désormais l'apport de preuve en justice. Les éléments objectifs qu'il recueille sont exposés dans un rapport écrit. Même s'il n'est pas établi contradictoirement, la Cour de cassation a dès 1962 consacré son admissibilité en justice, selon les mêmes modalités que tout autre mode de preuve.

Longtemps cantonné aux affaires de mœurs, le métier d'enquêteur privé a notablement évolué. Détectives privés et professions du droit travaillent dorénavant en étroite collaboration dans de nombreux domaines du droit civil, dans le seul but d'apporter le maximum d'éléments de preuves dans le respect de la légalité, de la loyauté et de la proportionnalité.

Didier Rauch

RÉFÉRENCES

- Art. L. 621-1 et s. (activités des agences de recherches privées) et R. 631-1 et s. (Code de déontologie) du Code de la sécurité intérieure.
- Avis n° 2008-135 du Défenseur des droits du 21 septembre 2009.
- Cass. civ. 2e, arrêt du 7 novembre 1962.

17

UN ENFANT/ADOLESCENT PEUT-IL S'OPPOSER À DES SOINS MÉDICAUX OU UNE VACCINATION ?

MORGANE, Paris (75)

Pour les sociologues et les philosophes, les adolescents sont des êtres en développement. Pour le juriste, l'adolescent est un mineur ou un majeur selon qu'il a atteint ou non l'âge de 18 ans. Le législateur reconnaît aux grands mineurs une autonomie et d'abord celle de dire « non ». Les parents d'un mineur âgé de plus de 13 ans ne peuvent pas s'engager dans une procédure de changement de prénom ou de nom de famille sans le consentement de celui-ci. L'adoption d'un mineur âgé de plus de 13 ans requiert également son consentement libre et conscient. En droit, le mineur dispose donc d'un droit de veto.

Mais en matière de santé, le législateur est allé plus loin. Il permet au médecin de se passer de l'autorisation des père et mère. C'est d'abord en 2001 que le législateur a reconnu à une jeune femme mineure d'exercer seule la liberté d'interrompre sa grossesse. Si elle veut dissimuler sa décision à ses parents, la loi lui ordonne toutefois de se faire accompagner par la personne majeure de son choix.

La délivrance de contraceptifs, la réalisation d'examens de biologie médicale en vue d'une prescription contraceptive, la prescription de ces examens ou d'un contraceptif, ainsi que leur prise en charge sont protégées par le secret pour les personnes mineures. Le professionnel de santé n'est donc pas tenu de rechercher l'autorisation des titulaires de l'autorité parentale.

En dehors de ce domaine particulier qui tient à la vie intime du mineur, le droit de la santé est plus complexe. D'un côté, il prend en compte l'autonomie du mineur et le médecin doit, à chaque fois que le mineur est en état de consentir lui-même, rechercher son consentement personnel. De l'autre, la loi oblige les parents à prendre les mesures nécessaires pour protéger leur enfant mineur dans sa santé. La définition légale de l'autorité parentale vise aussi la protection due à l'enfant dans sa moralité, sa sécurité, pour assurer son éducation et permettre son développement dans le respect dû à sa personne.

C'est à ce titre que la loi oblige/impose aux parents certains soins dont les vaccinations obligatoires. Sauf contre-indication médicale reconnue, les parents doivent faire vacciner leurs enfants et s'exposent en cas de refus à une sanction pénale. La jurisprudence est établie en ce sens. Le Conseil constitutionnel a même jugé en 2015 que la vaccination contre la diphtérie, le tétanos et la poliomyélite (DT-Polio) ne porte pas atteinte à l'exigence constitutionnelle de santé prévue par le préambule de la Constitution de 1946.

En revanche, lorsque le vaccin est simplement recommandé, telle la vaccination contre le papillomavirus, le médecin recherchera et se contentera du seul consentement de l'adolescent.

Pour le tatouage et le piercing, le consentement de l'adolescent ne suffit pas. L'autorisation écrite de l'un des parents est nécessaire et suffisante s'il agit avec l'accord verbal de l'autre. En revanche, il a été jugé que la prescription de prozac à une mineure anorexique requiert du psychiatre l'autorisation de ses deux parents.

Gilles Raoul-Cormeil

RÉFÉRENCES

- Art. 371-1 et 372-2 du C. civ..
- Art. L. 2212-7, L. 3111-3, L. 3116-4, L. 5134-7 et R. 1311-11 du Code de la santé publique.
- CE, 7 mai 2014, n° 359076.

VOUS AUSSI, POSEZ VOS QUESTIONS

02

TRAVAIL

18
COMMENT M'HABILLER AU TRAVAIL ?

« La liberté de se vêtir n'est pas une liberté fondamentale », ont déclaré les juges en 2003 à propos d'une affaire célèbre tournant autour du port d'un bermuda. En effet, même si on peut penser que se vêtir fait partie de sa vie privée, il faut que l'apparence du salarié soit en cohérence avec l'emploi qu'il occupe et l'activité de l'entreprise qui l'emploie. L'employeur est donc en droit d'exiger le port d'une certaine tenue à condition que cela soit justifié par la nature de la tâche à accomplir et proportionné au but recherché.

Différents critères peuvent être avancés pour limiter la liberté de se vêtir. Tout d'abord, la nature de la tâche à accomplir qui explique le port d'un uniforme pour un gardien ou d'une blouse blanche pour une infirmière. Ensuite, les exigences inévitables liées à la santé et à la sécurité des travailleurs : casque, harnais, chaussures de sécurité pour le bâtiment, masque, chapeau, blouse pour la fabrication de yaourts. Enfin, les contraintes peuvent être liées à l'image de marque de l'entreprise et le contact avec la clientèle.

Le cas particulier des vêtements à connotation religieuse

Si l'entreprise a introduit dans son règlement intérieur une clause de neutralité religieuse, philosophique et politique, les salariés se verront dans l'obligation de ne pas porter de signes religieux ostentatoires afin d'éviter tout prosélytisme (voile, kippa, croix, etc.). Mais dans l'hypothèse où aucune clause de neutralité n'a été introduite, les choses peuvent se compliquer. Normalement, le principe est la liberté d'exprimer ses convictions religieuses dans l'entreprise privée (et non publique où le principe de laïcité s'applique) car la liberté de religion est fondamentale. Toute mesure allant dans un sens contraire pourrait être considérée comme discriminatoire, donc nulle. Un salarié qui serait licencié pour ses convictions religieuses pourrait donc demander au conseil des prud'hommes sa réintégration ou des dommages-intérêts. Mais tout dépend là encore de l'emploi occupé et de l'activité de l'entreprise. Il a ainsi pu être jugé que le licenciement d'une nourrice de crèche privée qui avait refusé d'ôter son voile conformément aux prescriptions du règlement intérieur était valable (affaire *Baby Loup*). À l'inverse,

> En effet, même si on peut penser que se vêtir fait partie de sa vie privée, il faut que l'apparence du salarié soit en cohérence avec l'emploi qu'il occupe et l'activité de l'entreprise qui l'emploie.

les souhaits de la clientèle de l'entreprise visant à refuser de travailler avec une salariée qui porte le voile ne permettent pas de fonder le licenciement. Toutefois, l'entreprise doit avoir une activité normale ; c'est pourquoi a été reconnu valable le licenciement d'une personne dont l'activité était le nettoyage et qui refusait son affectation dans un cimetière en raison de ses convictions religieuses.

Corinne Pizzio-Delaporte

RÉFÉRENCES

- Art. L. 1121-1 (principes de proportionnalité et de finalité) et L. 1132-1 (interdiction des discriminations) du Code du travail.
- Cass. soc., 28 mai 2003, n° 02-40.273 (affaire du bermuda).
- Cass. ass. plén., 25 juin 2014, n° 13-28.369 (affaire *Baby Loup*).

19
QU'AI-JE LE DROIT DE CACHER À MON EMPLOYEUR ?

J'ai le droit de cacher à mon employeur tout ce qui relève de ma vie privée au sens de l'art. 9 du C. civ. Cela concerne mes **convictions personnelles, syndicales, politiques ou religieuses** par exemple. Également tout ce qui touche à **ma vie familiale et amoureuse, ma volonté d'avoir ou de ne pas avoir d'enfants.** Tout ce qui touche à l'intimité de ma vie privée est un espace protégé.

J'ai le droit de cacher à mon employeur tout ce qui relève de ma vie privée.

Au moment de l'embauche, le recruteur ne saurait en aucun cas poser des questions relatives à la vie privée du candidat car ce serait discriminatoire. Attention toutefois à certaines questions qui ont un lien direct avec l'emploi et qui peuvent être posées comme le fait d'avoir le permis de conduire. Certains recrutements ne peuvent se faire sans fourniture de documents attestant de la compatibilité de la situation du candidat avec le travail, un extrait du casier judiciaire ou encore l'état des vaccinations en sont des exemples.

Durant l'exécution du contrat, l'employeur n'a pas non plus le droit de porter atteinte à la vie privée du salarié mais il dispose d'un pouvoir de gestion et de direction qui peut l'amener à prendre certaines décisions. Ainsi, à la condition d'avoir prévenu individuellement chaque salarié concerné et les représentants du personnel, il peut mettre en place un dispositif de surveillance, comme une caméra ou un GPS. Les moyens mis en place doivent être justifiés (problèmes de sécurité, de vols, etc.) et proportionnés au but recherché (dispositif près des caisses mais pas dans les vestiaires). L'employeur peut également surveiller l'ordinateur de son salarié à la condition qu'il soit prévenu, mais il ne pourra pas accéder aux dossiers ou mails portant la mention « Personnel » car le salarié a droit aux lieu et temps de travail au secret de ses correspondances. La protection de la vie privée vaut également pour les effets personnels du salarié. L'employeur a toutefois le droit de procéder à des fouilles d'un sac ou une sacoche dans certaines conditions. À l'entrée de l'entreprise en cas d'évènement exceptionnel comme une vague d'attentats terroristes. À la sortie de l'entreprise aux conditions suivantes : présence d'un témoin, obtention de l'accord du salarié, rappel du droit qu'il a de refuser. Quant à la fouille des casiers, elle ne peut se faire qu'en présence d'un témoin, et le salarié présent ou dûment appelé, c'est-à-dire prévenu ou averti de la fouille.

Pour finir, les évènements qui ont lieu en dehors du temps et du lieu de travail ne peuvent en principe faire l'objet d'un licenciement sauf en cas de manquement aux obligations nées du contrat de travail (le cas d'un chauffeur de voiture qui perd tous ses points pendant ses vacances).

Corinne Pizzio-Delaporte

RÉFÉRENCES

- Art. L. 1121-1 (principes de proportionnalité et de finalité) du Code du travail.
- Cass. soc., 2 octobre 2001, n° 99-42.942 (surveillance de l'ordinateur, affaire *Nikon*).
- Cass. soc., 17 avril 1991, n° 90-42.636 (licenciement pour un fait relevant de la vie privée).
- Cass. soc., 11 février 2009, n° 07-42.068 (fouilles des sacs).

20
MON EMPLOYEUR PEUT-IL ME SURVEILLER ?

L'employeur a, dans ses pouvoirs liés à la bonne marche de l'entreprise, le droit de surveiller les locaux dont il est propriétaire et, sous certaines conditions, l'activité de ses salariés. Les moyens de surveillance sont divers et variés : caméra, badges, GPS, biométrie, etc., mais ils ont pour point commun de permettre la surveillance des allées et venues des salariés, singulièrement des représentants du personnel et des syndicats.

La règle est simple : l'employeur ne peut utiliser comme moyens de surveillance que ceux qui ont été portés à la connaissance préalable des intéressés, à savoir information individuelle de chaque salarié concerné (par écrit) et information/consultation du comité social et économique. L'affichage du dispositif est également requis. Les juges du travail condamnent les stratagèmes et autres procédés clandestins de surveillance qu'ils refusent de recevoir à titre de preuve licite, contrairement au juge pénal.

Un employeur ne peut donc pas sanctionner un salarié en s'appuyant sur un dispositif clandestin. Sont ainsi interdites les surveillances par détective privé, vigiles cachés, tout comme les dispositifs de surveillance non déclarés. L'employeur a cependant le droit d'installer, sans en prévenir les salariés, des caméras dans les lieux où ils ne sont pas censés entrer, comme un entrepôt où il stocke des marchandises. L'employeur doit toutefois avoir un intérêt légitime au recours à la vidéosurveillance. Cela peut notamment être un risque particulier de vol, la surveillance d'un poste de travail présentant une certaine dangerosité ou encore la mise en place d'une protection particulière résultant d'une obligation de secret-défense. Il convient de noter que la vidéosurveillance d'un poste de travail est interdite, sauf circonstances particulières. Par exemple, pour un salarié manipulant de l'argent, la caméra ne devra filmer que la caisse. Cependant, même si cet intérêt légitime existe, certaines actions de vidéosurveillance restent interdites en raison d'une atteinte à la vie privée. Ainsi, il n'est pas possible de filmer les zones de pause ou de repos, ni les toilettes. En outre, il est interdit de filmer les locaux syndicaux et des représentants du personnel, ni les accès qui sont les seuls à mener à ces locaux. De plus, seules certaines personnes, habilitées par l'employeur, peuvent visionner les images enregistrées dans le cadre de leurs fonctions. Enfin, la durée de conservation des images est limitée. Notons toutefois que les décisions de justice les plus récentes admettent la licéité de caméras de vidéosurveillance qui sont installées dans un objectif général de protection des personnes et des biens alors même que les salariés n'en ont pas été individuellement avertis, l'affichage semble alors suffire.

Corinne Pizzio-Delaporte

RÉFÉRENCES

- Art. L. 2323-47 (information du CSE) du Code du travail.
- Cass. soc., 20 novembre 1991, n° 88-43.120 (illicéité des moyens de preuve clandestins).
- Cass. soc., 2 février 2011, n° 10-14.263 (licéité d'une caméra dans un objectif général de sécurité des biens et des personnes).

21
MON EMPLOYEUR A-T-IL LE DROIT DE SURVEILLER MON ORDINATEUR AU TRAVAIL ?

En théorie, le salarié a droit, aux temps et lieu de son travail, à la protection de sa vie privée et au secret de ses correspondances papier ou numériques. C'est pourquoi les messages et données stockés sur l'ordinateur professionnel (ou autre matériel, tablettes, ordinateurs portables, etc.) dotés de la mention « Personnel » bénéficient du droit au secret des correspondances. À défaut, ils sont présumés professionnels.

Il faut donc partir du principe qu'a priori tout est professionnel, sauf ce qui porte la mention « Personnel » et que l'employeur est libre de surveiller l'ordinateur à la condition que les salariés en soient avertis au préalable.

Tout d'abord, il peut contrôler et limiter l'utilisation d'Internet, en installant un logiciel de filtrage, par exemple. L'employeur peut lire les e-mails professionnels échangés depuis l'adresse professionnelle, il en va de même pour les SMS reçus et envoyés sur le téléphone professionnel : le caractère de ces messages est présumé professionnel. Il peut consulter librement les fichiers présents sur le disque dur ou sur tout autre espace de stockage relié à l'ordinateur de travail (une clé USB, par exemple, y compris s'il s'agit d'une clé USB personnelle dès lors que les fichiers ne sont pas identifiés comme personnels). Et ce, même en l'absence du salarié. L'employeur peut également consulter les conversations tenues sur une messagerie professionnelle (chat, etc.) si elles ne sont pas explicitement identifiées comme « personnelles ». Depuis peu, dès lors qu'il n'a eu recours à aucun stratagème pour les recueillir (preuve obtenue loyalement), l'employeur peut produire en justice des éléments personnels extraits du compte Facebook privé d'un salarié, à la condition que cette production soit indispensable (et non plus seulement nécessaire) à l'exercice du « droit à la preuve » et que l'atteinte à la vie privée du salarié soit proportionnée au but poursuivi. L'employeur peut également utiliser en justice une preuve issue du traçage informatique – conservation des tâches accomplies par le salarié à partir de l'outil informatique – pour justifier une sanction disciplinaire, même si cette preuve est illicite au regard de la loi Informatique et libertés. La Cour de cassation fait ainsi primer le droit à la preuve de l'employeur sur l'atteinte à la vie personnelle du salarié lorsque la production de cette preuve est indispensable à l'exercice de ce droit. Pour finir, l'employeur peut avoir accès aux dossiers même dotés de la mention « Personnel » s'il soupçonne une activité de concurrence déloyale ou un délit pénal (pédopornographie, terrorisme, etc.) : il faut toutefois un témoin à l'ouverture des fichiers et le salarié présent ou dûment appelé.

Corinne Pizzio-Delaporte

RÉFÉRENCES

- Cass. soc., 2 octobre 2001, n° 99-42.942 (surveillance de l'ordinateur, affaire *Nikon*).
- Cass. soc., 17 mai 2005, n° 03-40.017 (conditions de la fouille de l'ordinateur).
- Cass. soc., 30 septembre 2020, n° 19-12.058 (compte Facebook d'un salarié).

22

JE SUIS VICTIME DE HARCÈLEMENT, QUE FAIRE ?

Le harcèlement peut être sexuel ou moral, dans les deux cas, il s'agit d'un délit pénal (art. 222-33 et s. du C. pén.). Les peines encourues sont de 2 ans d'emprisonnement et de 30 000 euros d'amende, de 3 ans d'emprisonnement et de 45 000 euros d'amende si le harcèlement concerne une personne vulnérable. L'employeur est parallèlement tenu à une obligation de sécurité en matière de santé des travailleurs qui l'oblige à agir de manière préventive et curative.

Je suis victime de harcèlement sexuel

Il y a deux types de harcèlements sexuels : celui qui résulte d'actes répétés (propos, comportements, etc., à connotations sexuelles) et celui qui résulte d'une pression grave, même unique (« Si tu ne fais pas ça... tu seras licencié[e] »). Les propos grivois, les gestes déplacés sont concernés. Attention à ne pas confondre harcèlement sexuel avec manœuvres de séduction, compliments ou simples remarques, le salarié qui dénonce de mauvaise foi des prétendus actes de harcèlement sexuel s'expose à un licenciement pour faute grave !

Je suis victime de harcèlement moral

Le Code du travail donne une définition précise du harcèlement moral (art. L. 1152-1 du Code du travail) afin de ne pas le confondre avec des situations de stress dues à une surcharge de travail ou encore avec des incompatibilités d'humeur entre collègues. Trois éléments sont retenus : des actes répétés, une dégradation des conditions de travail susceptibles de porter atteinte à la dignité, une altération de la santé physique ou mentale, ou une compromission de l'avenir professionnel. Les juges reconnaissent que des méthodes de management peuvent aussi être à l'origine de harcèlement moral.

Quelle attitude avoir en cas de harcèlement ?

En cas de harcèlement sexuel, il faut immédiatement alerter l'employeur ou son représentant (le DRH, par exemple, ou le supérieur hiérarchique) selon une procédure que les entreprises doivent mettre en place et qui s'apparente à une « alerte harcèlement ». Il existe désormais un référent harcèlement dans les entreprises occupant au moins deux cent cinquante salariés. Une enquête sera alors menée en interne avec audition de la prétendue victime et du prétendu auteur. Le comité social et économique peut aussi décider d'exercer son droit d'alerte. La direction peut ensuite décider de licencier l'auteur des faits pour faute grave. En outre, la victime peut saisir le juge pénal et déposer plainte contre le harceleur. Notons que les agissements sexistes sont aussi visés par les textes. En cas de harcèlement moral, il convient de voir son médecin traitant qui pourra, si besoin est, prescrire un arrêt de travail. On peut aussi prendre contact avec les services de santé au travail ou la délégation du personnel au comité social et économique, et il faut bien sûr alerter la direction en signalant les faits.

Corinne Pizzio-Delaporte

RÉFÉRENCES

- Art. 222-33 du C. pén. (définition du harcèlement sexuel).
- Art. L. 1152-1 (définition du harcèlement moral) et L. 1154-1 (preuve du harcèlement) du Code du travail.
- Cass. soc., 25 septembre 2019, n° 17-31.171 (attitudes ambiguës).
- Cass. crim., 17 décembre 2019, n° 18-86.399 (situation de harcèlement moral).

23

PUIS-JE REFUSER LE TÉLÉTRAVAIL ?

Le télétravail concerne les salariés dont les métiers leur permettent d'exercer leur travail en dehors de l'entreprise (à l'aide d'outils numériques), *a priori* depuis leur domicile. Le télétravail répond à une demande à la fois sociale, économique et environnementale. Plus encore, le télétravail permet une meilleure conciliation entre vie personnelle et vie professionnelle. Le télétravail ne peut pas être imposé unilatéralement par l'employeur.

Comment le télétravail est-il mis en place ?

Le télétravail peut être mis en place de trois manières différentes :

– par un simple accord avec le salarié, par tout moyen (accord oral, e-mail, courrier, etc.) ;

– par un accord collectif ;

– par une charte élaborée par l'employeur, après avis du comité social et économique, s'il existe.

Tout salarié qui souhaite télétravailler informe l'employeur de son intention, par tout moyen (oral, courrier, courriel, etc.). L'employeur donne son accord, également par tout moyen (accord oral, courriel, etc.). En cas de refus, l'employeur doit motiver sa décision.

Lorsqu'il existe une charte ou un accord, le télétravail est mis en place dans les conditions prévues par ces documents.

Quels sont les droits du télétravailleur ?

Le télétravailleur a les mêmes droits que le salarié qui exécute son travail dans les locaux de l'entreprise. Les télétravailleurs bénéficient de droits et avantages légaux et conventionnels similaires à ceux applicables aux salariés en situation comparable travaillant dans les locaux de l'entreprise :

– Les titres-restaurants font partie de ces avantages sociaux.

– L'employeur peut, sans obligation légale, prendre en charge les frais de connexion à Internet ainsi que l'ordinateur professionnel. À défaut, le salarié peut utiliser son ordinateur personnel.

– L'accident survenu sur le lieu où est exercé le télétravail pendant l'exercice de l'activité professionnelle est présumé être un accident du travail.

– Les salariés bénéficient en principe de la même prise en charge mensuelle de leur abonnement aux transports en commun.

Le refus du salarié de télétravailler n'est pas un motif de licenciement.

En période de pandémie, le télétravail n'est plus une option mais une obligation liée à des décisions des pouvoirs publics. Les employeurs ont donc l'obligation de suivre les recommandations de 2, 3, voire 4 jours de télétravail pour les métiers identifiés comme pouvant être exercés à distance.

Corinne Pizzio-Delaporte

RÉFÉRENCE

- Art. L. 1222-9 à L. 1222-11 du Code du travail.

24
LA PÉRIODE D'ESSAI EST-ELLE OBLIGATOIRE ?

Une fois le contrat de travail conclu, il se peut qu'il ne le soit pas à titre ferme, c'est-à-dire que le salarié peut être soumis à une période d'essai.

Attention !

- **Ne pas confondre période d'essai et essai professionnel** (lorsque le salarié est ponctuellement mis en situation afin d'observer s'il sait se servir de certains logiciels, par exemple).
- **La période d'essai n'est pas obligatoire :** elle doit être **expressément prévue au contrat de travail** (CDI ou CDD) car elle ne se présume pas. Une simple référence à la convention collective de travail ne suffit pas.
- Si la période d'essai est bien prévue au contrat de travail, le salarié commence certes à travailler mais le contrat ne sera conclu à titre ferme qu'à la fin de la période d'essai.
- La période d'essai se distingue de la période probatoire qui se déroule durant l'exécution du contrat de travail à l'occasion d'un changement de poste.

Quelle est la durée de la période d'essai ?

Elle se calcule en principe en jours calendaires (du lundi au dimanche inclus).

- Le contrat de travail à durée indéterminée selon l'art. L. 1221-19 du Code du travail peut comporter une période d'essai dont la durée maximale est de :
  - 2 mois pour les ouvriers et les employés ;
  - 3 mois pour les agents de maîtrise et les techniciens ;
  - 4 mois pour les cadres.
- Le contrat de travail à durée déterminée peut lui aussi comporter une période d'essai dont la durée est limitée selon l'art. L. 1242-10 du Code du travail à :
  - 1 jour par semaine (sans que la durée puisse dépasser 2 semaines) pour les contrats inférieurs ou égaux à 6 mois ;
  - 1 mois maximum pour les contrats supérieurs à 6 mois.

La période d'essai peut-elle être renouvelée ?

La période d'essai peut être **renouvelée une fois** si un accord de branche étendu le prévoit. Cet accord fixe les conditions et les durées de renouvellement. La possibilité de renouvellement est expressément stipulée dans la lettre d'engagement ou le contrat de travail.

La période d'essai peut-elle être rompue ?

Pendant l'essai, le contrat de travail peut être librement rompu par le salarié ou par l'employeur, sans qu'il soit besoin de motiver cette rupture, et sans indemnité (sauf disposition conventionnelle contraire). Les règles de procédure concernant le licenciement ne s'appliquent pas. L'employeur et, dans certains cas, le salarié doivent toutefois respecter un délai de prévenance. Le salarié est prévenu dans un délai qui ne peut être inférieur à :

- 24 heures en deçà de 8 jours de présence ;
- 48 heures entre 8 jours et 1 mois de présence ;
- 2 semaines après 1 mois de présence ;
- 1 mois après 3 mois de présence.

Corinne Pizzio-Delaporte

RÉFÉRENCES

- Art. L. 1221-19 à L. 1221-24 Code du travail (durées et conditions de renouvellement).
- Cass. soc., 7 juillet 2021, n° 19-22.922 (caractère raisonnable ou non de la durée de la période d'essai).
- Cass. soc., 27 juin 2018, n° 16-28.515 (illicéité du renouvellement).

25
COMMENT EXERCER MON DROIT DE GRÈVE DANS LE SECTEUR PRIVÉ ?

Le droit de grève est un droit constitutionnel dont tout salarié est titulaire (seules en sont privées certaines professions du secteur public comme les policiers, gendarmes, CRS, etc.). Dans le secteur public, la grève obéit à des exigences posées par la loi, ce qui n'est pas le cas dans le secteur privé.

Tout salarié du secteur privé peut faire grève mais pas seul (sauf dans le cas d'un mot d'ordre national ou s'il n'y a qu'un seul salarié dans l'entreprise). Il n'est pas nécessaire d'être syndiqué pour faire grève. Il faut un arrêt volontaire du travail, ce qui exclut : la grève « perlée » (ralentir de la cadence), la grève « de la pince » (refuser de contrôler les billets pour un agent de la RATP par exemple), la grève « de solidarité externe » (faire grève en soutien aux salariés d'une autre entreprise), la grève « politique » (faire grève pour obtenir la démission du président de la République). Si les salariés cessent le travail mais que les conditions de la grève ne sont pas réunies, ils se trouvent dans une position d'arrêt de travail illicite qui permet à l'employeur d'exercer son pouvoir disciplinaire. En outre, la grève peut très bien avoir pour objet de déstabiliser la production mais pas la totalité de l'entreprise (plus rien ne fonctionne), ce qui caractérise un abus du droit de grève.

Dans le secteur privé, il n'y a pas de préavis de grève et le salarié n'a pas à se déclarer gréviste en amont de la cessation du travail. Le salarié gréviste bénéficie d'une immunité : son contrat de travail est suspendu, il ne peut être rompu qu'en cas de faute lourde (destruction de matériel, obstacle à la liberté du travail des non-grévistes, séquestration, etc.). La faute lourde signifie l'intention de nuire et la conscience que l'on a de causer préjudice à l'employeur ou à l'entreprise. Le salarié se verra privé de son indemnité de licenciement et de son indemnité de préavis. En outre, l'employeur pourra saisir la justice pour obtenir des dommages-intérêts sur le terrain de la responsabilité civile et même le juge pénal s'il porte plainte pour destruction de matériel ou tout autre dommage chiffrable. Si le gréviste est licencié en l'absence de faute lourde, le licenciement sera nul ; le salarié peut saisir le conseil des prud'hommes en référé pour obtenir une ordonnance de réintégration. La rémunération du gréviste est bien entendue également suspendue mais l'abattement n'est que proportionnel à l'arrêt de travail. On ne peut le priver de ses primes (assiduité par exemple) en raison de la grève car ce serait discriminatoire.

Corinne Pizzio-Delaporte

Dans le secteur public, la grève obéit à des exigences posées par la loi, ce qui n'est pas le cas dans le secteur privé.

RÉFÉRENCES

- Art. L. 2511-1 à L. 2512-5 (conséquences de la grève sur le contrat de travail) du Code du travail.
- Cass. soc., 21 octobre 2009, n° 08-14490 (définition de la grève).
- Cass. soc., 15 décembre 2010, n° 09-43.075 (absence de faute lourde).

26
DANS QUELLES CONDITIONS PEUT-ON ME LICENCIER ?

Pour pouvoir valablement licencier un salarié, un employeur doit respecter deux conditions légales : avoir une cause réelle et sérieuse (un juste motif) et respecter une procédure de licenciement (voir fiche « Comment s'organise un licenciement ? »).

Le motif du licenciement (art. L. 1232-1 du Code du travail)

L'existence d'une cause réelle et sérieuse de licenciement est indispensable. À défaut, le licenciement est dépourvu de cause réelle et sérieuse et il ouvre droit devant le conseil des prud'hommes à des dommages-intérêts dont le montant dépend de l'ancienneté du salarié et de l'effectif de l'entreprise (« Barème Macron », art. L. 1235-3 du Code du travail).

On ne peut ainsi pas être licencié sans raison, juste sur un mouvement d'humeur. On ne peut pas non plus être licencié pour un fait relevant de sa vie privée (voir fiche « Qu'ai-je le droit de cacher à mon employeur ? »), ou pour un motif discriminatoire comme son appartenance syndicale, sa religion, son âge, etc. (art. L. 1132-1 du Code du travail).

L'employeur peut sanctionner un fait lié au travail (insuffisance professionnelle motivée par des faits objectifs, indiscrétions, concurrence déloyale, désaccords avec la direction, non-respect des règles de sécurité, etc.) ; mais souvent il s'agira d'un motif disciplinaire (insubordination, abandon de poste, fraudes ou malversations, violences, injures, vol, etc.). Quel que soit le motif allégué, il doit reposer sur des faits objectifs, réels, vérifiables et exacts. Les considérations subjectives telles que « Je n'ai plus confiance en lui » ne sont pas recevables. De même en cas de simple mention d'une insuffisance professionnelle non étayée par des faits objectifs.

Le salarié licencié a droit à des indemnités de rupture (indemnité de licenciement et indemnité compensatrice de préavis) ainsi qu'à une indemnité compensatrice de congés payés. La commission d'une faute par le salarié a des incidences pécuniaires (art. L. 1234-9 du Code du travail). En cas de faute grave (celle qui rend impossible le maintien de la relation de travail), il perdra ses indemnités de rupture dont il est privé. En cas de faute lourde (caractérisée par l'intention de nuire et la conscience de causer un préjudice à l'employeur ou à l'entreprise), non seulement il perdra ses indemnités de rupture, mais l'employeur pourra engager sa responsabilité civile et/ou pénale devant les juges.

Corinne Pizzio-Delaporte

27
COMMENT SE DÉROULE UN LICENCIEMENT ?

Pour pouvoir **valablement** licencier un salarié, un employeur doit respecter deux conditions légales : avoir une cause réelle et sérieuse (un juste motif) et respecter une procédure de licenciement.

Convocation du salarié : l'employeur qui envisage de licencier un salarié pour **motif personnel** doit le convoquer à un entretien préalable. Cette convocation est faite par lettre recommandée avec accusé de réception (LRAR) ou par lettre remise en main propre contre décharge. Cette lettre doit comporter les informations suivantes : objet de l'entretien entre le salarié et l'employeur, date, heure et lieu de l'entretien (lieu de travail ou siège de l'entreprise). La lettre doit rappeler au salarié qu'il peut se faire assister lors de l'entretien soit par un autre salarié appartenant à l'entreprise, soit par un **représentant du personnel de l'entreprise**.

Entretien préalable : un délai minimum de 5 jours ouvrables entre la convocation et l'entretien doit être respecté. Cela correspond à tous les jours de la semaine, à l'exception du jour de repos hebdomadaire (généralement le dimanche) et des jours fériés habituellement non travaillés dans l'entreprise. Rappelons que le salarié peut se faire assister.

Lettre de licenciement : le licenciement est notifié au salarié par LRAR en respectant un délai d'au moins 2 jours ouvrables entre l'entretien et l'envoi de la lettre. La lettre doit obligatoirement énoncer le **motif du licenciement**. Elle est signée par l'employeur ou par son représentant. Dans les 15 jours qui suivent la notification du licenciement, les motifs énoncés dans la lettre peuvent être précisés à l'initiative de l'employeur ou sur demande du salarié. Le salarié doit faire sa demande par LRAR ou remise contre récépissé. L'employeur dispose d'un délai de 15 jours après la réception de la demande du salarié pour apporter des précisions s'il le souhaite. Il communique ces précisions au salarié par LRAR ou remise contre récépissé.

Préavis : le salarié doit effectuer un **préavis** dans la plupart des cas. Le préavis n'est pas à effectuer si le salarié se trouve dans l'une des situations suivantes : dispense du préavis par l'employeur, licenciement pour **inaptitude**, cas de **force majeure**, impossibilité d'exécution (perte du permis de conduire par exemple).

Fin du contrat : à la date de fin du contrat de travail, le salarié perçoit, en complément de son dernier salaire, les sommes suivantes en l'absence de faute grave ou lourde : **indemnité de licenciement**, indemnités compensatrices de **préavis** et de **congés payés**, contrepartie financière prévue s'il existe une **clause de non-concurrence**.

L'employeur doit remettre au salarié tous les documents suivants : **certificat de travail**, **attestation** Pôle emploi, reçu pour solde de tout compte.

Corinne Pizzio-Delaporte

RÉFÉRENCE

- Art. L. 1232-1 (cause réelle et sérieuse de licenciement) et L. 1232-2 à L. 1232-5 (procédure de licenciement) du Code du travail.

28
COMMENT SE DÉROULE UN LITIGE PORTÉ DEVANT LE CONSEIL DE PRUD'HOMMES ?

Le conseil de prud'hommes est compétent pour tous les litiges individuels liés au contrat de travail, qu'ils opposent employeur et salarié ou salariés entre eux. Il n'est pas compétent pour les litiges collectifs (tribunal judiciaire), pour le contentieux lié à l'inspection du travail ou les fonctionnaires (tribunal administratif) ou pour les délits (tribunal correctionnel).

Le conseil de prud'hommes territorialement compétent est en principe celui du lieu de l'établissement où est réalisé le travail. Si le travail est réalisé en dehors de tout établissement (travailleur à domicile, commercial, etc.), le conseil de prud'hommes compétent est celui du domicile du salarié.

Le conseil de prud'hommes peut être saisi soit par une demande adressée au greffe du Conseil, soit par la présentation volontaire des parties devant le bureau de conciliation du Conseil.

Le conseil de prud'hommes tente, avant tout procès, de parvenir à un accord entre les parties. La procédure commence donc devant le bureau de conciliation et d'orientation (BCO), composé d'un conseiller prud'homme salarié et d'un conseiller prud'homme employeur. Si le demandeur ne se présente pas devant le bureau de conciliation et qu'il n'a pas justifié d'un motif légitime d'empêchement, sa demande est déclarée caduque. À l'issue, soit la conciliation est réussie (procès-verbal de conciliation), soit elle échoue et la demande est transférée devant le bureau de jugement.

À l'issue de la tentative de conciliation, les parties sont convoquées à l'audience de jugement (bureau de jugement). Lorsqu'une partie ne comparaît pas devant le bureau de jugement, le conseil de prud'hommes peut rendre sa décision après avoir entendu les seuls arguments de la partie adverse.

En principe, les parties doivent comparaître en personne, tout au long de l'instance. Toutefois, en cas de motif légitime (maladie, décès d'un proche, etc.), elles peuvent se faire représenter par un salarié ou un employeur appartenant à la même branche d'activité, un délégué d'une organisation syndicale de salariés ou d'employeurs, un conjoint, concubin ou partenaire de Pacs, un avocat. L'assistance, même par un avocat, n'est pas obligatoire, le salarié peut se présenter seul.

La décision du conseil de prud'hommes est prise à la majorité absolue des voix. En cas de partage, l'affaire est renvoyée à une audience ultérieure, devant le même bureau, mais présidée par un juge du tribunal judiciaire. Si le demandeur est débouté (s'il n'obtient pas gain de cause), il sera condamné à verser à la partie adverse une somme déterminée par le juge en application de l'art. 700 du C. pr. civ. Il est possible de faire appel du jugement si l'affaire porte sur une somme supérieure à 4 000 euros. La partie souhaitant faire appel dispose à cet effet d'un délai d'un mois à compter de la notification du jugement.

Corinne Pizzio-Delaporte

RÉFÉRENCE

- Art. L. 1235-1, D. 1235-21 et R. 1235-22, L. 1451-1 à L. 1457-1 et R. 1451-1 à R. 1471-2 (procédure devant le conseil de prud'hommes) du Code du travail.

29

JE SUIS SALARIÉ ET J'AIMERAIS MONTER EN COMPÉTENCES, COMMENT PUIS-JE REPRENDRE MES ÉTUDES ?

Dans l'intérêt partagé des entreprises, friandes de nouvelles compétences pour pouvoir se développer, et des salariés, désireux de valoriser leur savoir-faire ou de réduire les facteurs de pénibilité inhérents à leurs fonctions, la formation professionnelle se démocratise. La loi pour la liberté de choisir son avenir professionnel a instauré en ce sens **le « compte professionnel formation » (CPF)**, géré par la Caisse des dépôts et consignations.

Correspondant autrefois à un compte temps, le CPF de chaque actif est aujourd'hui crédité de 500 euros pour chaque année d'activité à temps partiel (50 % et plus) ou à temps plein. Plafonnés à 5 000 euros, les droits CPF n'expirent pas : le compte n'est clôturé qu'à la retraite !

Si le CPF peut légitimement évoquer un démarchage agressif (auquel il ne faudra absolument pas donner suite), c'est en réalité une forme d'épargne exclusivement réservée à la formation professionnelle librement consentie : le recours au CPF ne peut vous être imposé, que ce soit par votre employeur ou par une entreprise qui ferait du suivi d'une formation une condition *sine qua non* à la poursuite d'un parcours de recrutement. Impossible également de récupérer cet argent sur votre compte bancaire, ou de pouvoir vous « faire offrir » du matériel informatique par ce biais : les offres en ce sens méconnaissent la valeur durable d'un investissement personnel dans un parcours de formation et s'exposent aux sanctions relatives aux pratiques frauduleuses.

Pour être éligible au CPF, une formation doit satisfaire aux critères du référentiel national « Qualiopi ». Cette seule marque ne saurait cependant garantir des apports pédagogiques de qualité : certains formateurs paient un organisme certifié pour bénéficier d'un prêt de Qualiopi. Ainsi, opter pour une formation permettant l'obtention d'un titre inscrit au Répertoire national de la certification professionnelle (RNCP) ou une validation des acquis et de l'expérience (VAE) vous permettra de valoriser avantageusement vos compétences.

Plus généralement, pour vous aider à formuler et à concrétiser vos souhaits de formation, le dispositif « conseil en évolution professionnelle » (CEP) vous offrira un accompagnement gratuit et personnalisé, utile pour choisir comment mobiliser votre CPF tout en respectant la temporalité légale d'une démarche de formation.

Cécile Lemaire

La loi pour la liberté de choisir son avenir professionnel a instauré en ce sens le « compte professionnel formation » (CPF), géré par la Caisse des dépôts et consignations.

RÉFÉRENCES

- Loi n° 2018-771 du 5 septembre 2018 pour la liberté de choisir son avenir professionnel.
- Art. L. 6312-1 et L. 6312-2 du Code du travail exposant les conditions d'accès à la formation professionnelle continue.
- Art. L. 6324-1 à L. 6324-6 du Code du travail pour les conditions d'accès à la reconversion ou la promotion par alternance.

30
QUE PUIS-JE FAIRE SI JE TRAVAILLE DANS UN BÂTIMENT COMPORTANT DE L'AMIANTE ?

Si vous pensez travailler dans un bâtiment comportant de l'amiante, il est essentiel de prévenir votre employeur afin que celui-ci prenne les mesures qui s'imposent.

À défaut de réaction de sa part, et si vous avez un motif raisonnable de considérer que la situation est dangereuse pour votre santé, vous avez la possibilité de **vous retirer de votre poste de travail**.

Vous pouvez également exercer un **droit d'alerte** auprès de votre employeur pour le contraindre à prendre les mesures qui s'imposent.

Vous pouvez enfin vous rapprocher du **comité social et économique (CSE)** de votre entreprise, s'il existe. Le CSE pourra demander à l'employeur de produire les documents nécessaires afin d'identifier et d'évaluer les risques liés à l'amiante.

Si vous êtes en présence de matériaux contenant de l'amiante dans le cadre de vos fonctions, le risque lié à l'amiante doit avoir été consigné dans le **document unique d'évaluation des risques professionnels (Duerp)** consultable sur simple demande.

Votre employeur doit mettre en place des **équipements de protection individuelle (EPI) et collective (EPC)**. Si vous estimez que les moyens sont insuffisants, vous pouvez également avoir recours au droit de retrait, exercer votre droit d'alerte et informer les représentants du personnel.

Sachez, par ailleurs, que si vous avez travaillé dans un établissement visé par arrêté, vous pouvez bénéficier d'une **allocation de cessation d'activité anticipée des travailleurs de l'amiante (Acaata)**. Elle permet, sous certaines conditions, de cesser son activité en percevant un revenu jusqu'à la date du droit à une retraite à taux plein du régime général. Les salariés concernés peuvent également bénéficier de l'indemnisation de leur **préjudice d'anxiété** sans avoir à démontrer l'existence d'une faute de l'employeur ou la preuve du préjudice.

Si vous n'avez pas travaillé dans un établissement visé par arrêté, il est toujours possible de demander l'indemnisation d'un préjudice d'anxiété à condition de démontrer l'exposition à l'amiante (ou à une autre substance toxique générant un risque élevé de développer une pathologie grave) et un préjudice personnellement subi, ainsi qu'un manquement de l'employeur à son obligation de sécurité. Par exemple, si l'employeur a mis à disposition des équipements de protection individuelle et une formation adaptée mais que les EPI n'ont pas été portés ou ont été mal portés, l'action en réparation du préjudice d'anxiété n'est pas recevable. En revanche, si l'employeur avait connaissance de l'exposition à l'amiante et n'a pas mis en œuvre des moyens de prévention adaptés, sa responsabilité peut être engagée.

Enfin, en cas d'apparition de maladies qui pourraient être liées à l'amiante, vous pouvez procéder à une demande de reconnaissance de maladie professionnelle.

Krys Pagani et Mélody Pellissier

RÉFÉRENCES

- Loi n° 98-1194 du 23 décembre 1998.
- Cass. ass. plén., 5 avril 2019, n° 18-17.442.
- Cass. soc., 11 septembre 2019, n° 17-24.879.
- Cass. soc., 13 octobre 2021, n° 20-16.593.

31

QUELLES SONT LES DURÉES MAXIMALES DE TRAVAIL POUR UN SALARIÉ ?

La loi prévoit des durées maximales de travail par jour et par semaine, mais admet certaines exceptions.

La durée **maximale quotidienne de travail** est de **10 heures**.

L'employeur peut **déroger** à la durée maximale quotidienne dans quelques situations limitativement énumérées. Des exceptions sont admises en cas de dérogation accordée par l'inspecteur du travail ou en cas d'urgence. Il est également possible pour l'employeur de négocier avec les syndicats un accord collectif permettant de dépasser la durée maximale de travail dans la limite de **12 heures** si un accroissement d'activité ou des motifs liés à l'organisation de l'entreprise le justifient.

La **durée maximale hebdomadaire de travail** est de **48 heures**, mais une autre limite doit être prise en compte. La durée maximale de travail ne doit pas dépasser une moyenne de **44 heures sur 12 semaines**.

Des **dérogations** sont également prévues. Un accord collectif négocié et conclu entre l'employeur et les syndicats au niveau de l'entreprise ou au niveau de la branche d'activité peut prévoir une dérogation dans la limite de 46 heures sur 12 semaines. Le dépassement peut également être autorisé par l'autorité administrative, toujours dans la limite de 46 sur 12 semaines.

Ces durées maximales de travail doivent être distinguées de la **durée légale de référence** qui est de 35 heures, depuis 2000, pour un contrat de travail à temps plein. Cette durée légale de référence n'interdit pas de travailler au-delà de 35 heures par semaine. Elle sert au calcul des heures supplémentaires. Toute heure de travail effectif accomplie au-delà de 35 heures constitue une heure supplémentaire. Elle ouvre droit à une majoration salariale ou, le cas échéant, à un repos compensateur équivalent.

Pour apprécier le respect des durées maximales de travail, seules sont prises en compte les **périodes effectives de travail**, à l'exception des temps de pause.

Ainsi, un salarié dont les horaires de travail sont de 8 à 12 heures et de 14 à 19 heures aura travaillé 9 heures par jour. La durée journalière maximale n'est pas dépassée alors même que l'amplitude horaire (8 à 19 heures) est supérieure à 10 heures.

Il faut également tenir compte des **durées minimales de repos**. Un salarié doit bénéficier d'un repos quotidien minimum de **11 heures consécutives** et d'un repos hebdomadaire minimum de **35 heures consécutives**.

Ainsi, si un salarié quitte son poste de travail à 22 heures, il ne peut pas commencer une nouvelle journée de travail avant 9 heures le lendemain.

Krys Pagani et Mélody Pellissier

RÉFÉRENCES

- Art. L. 3121-27 (durée légale de référence), L. 3121-28 (régime des heures supplémentaires), L. 3121-18 à L. 3121-21 (durée maximale quotidienne de travail), L. 3121-22 à L. 3121-24 (durée maximale hebdomadaire de travail) et L. 3111-2 (cadres dirigeants) du Code du travail.
- Cass. soc., 17 octobre 2012, n° 10-17.370 (charge de la preuve).

32

LORS D'UN ENTRETIEN D'EMBAUCHE, PUIS-JE REFUSER DE DONNER CERTAINES INFORMATIONS PERSONNELLES (ÂGE, ENFANTS, SITUATION FAMILIALE, HANDICAP...) ?

Les informations qu'une entreprise est susceptible de demander au candidat à l'embauche sont encadrées.

Pour s'assurer d'un échange éclairé et que le profil du candidat à l'embauche correspond à l'offre d'emploi, le recruteur peut lui demander de communiquer certaines informations. Peuvent être demandées les **informations qui permettent à l'employeur d'apprécier la capacité du candidat à occuper l'emploi proposé ou ses aptitudes professionnelles**.

Le recruteur peut donc lui demander des informations relatives à sa qualification, son expérience professionnelle ou encore ses diplômes. Il peut notamment lui demander s'il est titulaire d'un permis de conduire lorsque cela est pertinent au regard de l'offre d'emploi, par exemple, pour un recrutement au poste de chauffeur ou de livreur. Les données personnelles recueillies relèvent alors du Règlement général de protection des données (RGPD).

En revanche, il n'est pas possible de demander des informations qui n'ont pas de lien direct et nécessaire avec l'emploi proposé ou l'évaluation de ses aptitudes. À titre d'exemple, un recruteur ne peut pas demander des informations telles que son numéro de sécurité sociale, son état de santé, sa taille ou encore son poids.

Enfin, la demande de certaines informations est interdite en vertu du **principe d'interdiction des discriminations**. Ainsi, une entreprise ne peut pas collecter des informations qui, directement ou indirectement, font apparaître les origines raciales ou ethniques, les opinions politiques, philosophiques ou religieuses, les appartenances syndicales du candidat ou encore des informations relatives à sa santé ou à sa vie sexuelle.

Il convient de noter que, lorsqu'elles sont légitimes, le candidat à l'emploi est tenu de répondre de bonne foi aux questions posées par l'entreprise. Il ne peut pas mentir sous peine d'engager sa responsabilité. Un mensonge pourra donner lieu à une sanction disciplinaire après l'embauche, voire à une action en nullité du contrat de travail si l'employeur démontre que le mensonge ou la dissimulation d'informations ont été déterminants du choix de l'employeur. Tel serait le cas d'une offre d'embauche qui précise qu'une expérience de trois ans dans le même secteur d'activité est une condition essentielle du recrutement et que le candidat ment sur son expérience.

Krys Pagani et Mélody Pellissier

RÉFÉRENCES

- Art. L. 1221-6 à L. 1226-8 du Code du travail.
- Cass. soc., 17 octobre 2012, n° 10-17.370 (charge de la preuve).
- Cnil, délib. n° 02-018 du 21 mars 2002.

33
LES ÉVÈNEMENTS (APÉRITIF, CONFÉRENCE, SALON PROFESSIONNEL, SOIRÉE) ORGANISÉS PAR MON EMPLOYEUR EN DEHORS DE MES HORAIRES DE TRAVAIL DOIVENT-ILS DONNER LIEU À RÉMUNÉRATION ?

Les évènements organisés par l'employeur doivent donner lieu à rémunération s'ils constituent du temps de travail effectif.

Aucun texte ne prévoit les règles applicables aux évènements organisés par l'employeur, parfois en dehors des horaires habituels de travail. Il convient donc de se référer aux principes applicables en matière de rémunération.

Pour donner lieu à rémunération, les évènements organisés par l'employeur en dehors des horaires de travail habituels doivent être qualifiés de **temps de travail effectif**.

Le temps de travail effectif est le temps pendant lequel le salarié est **à la disposition de l'employeur et ne peut pas vaquer à des activités personnelles**. À l'inverse, toute période pendant laquelle le salarié n'est pas à la disposition de l'employeur et peut vaquer à des activités personnelles est du temps de repos. Le salarié est donc soit en temps de travail, soit en temps de repos.

Tout dépend des conditions dans lesquelles se déroulent les évènements organisés par l'employeur.

Si les salariés restent soumis à l'autorité de l'employeur et ne peuvent pas vaquer à des obligations personnelles, il faut considérer que le temps passé à ces évènements est du temps de travail effectif.

Par ailleurs, lorsque les évènements organisés constituent des formations qui conditionnent l'exercice d'une activité ou d'une fonction ou qui sont imposées par l'employeur, elles sont qualifiées de temps de travail par le Code du travail.

En revanche, si les salariés reçoivent une invitation sans avoir l'obligation d'être présents, la participation aux évènements organisés par l'employeur ne peut pas être regardée comme du temps de travail. Ainsi, ne constituent pas du temps de travail effectif les journées de voyage d'accompagnement des clients organisés à l'étranger dès lors que le salarié n'a pas l'obligation d'y participer, qu'au cours de ceux-ci, il ne lui est confié aucune mission particulière d'encadrement ou de prise en charge des clients, qu'il est libre de se faire accompagner de son conjoint et peut vaquer durant ces voyages à des occupations personnelles sans se trouver à la disposition de l'employeur.

En revanche, constituent un temps de travail effectif des soirées prenant la forme de cocktails dînatoires au cours desquels l'employeur donne des attributions aux salariés même si ces derniers disposent d'une liberté de mouvement.

Krys Pagani et Mélody Pellissier

RÉFÉRENCES

- Art. L. 3121-1 et L. 6321-2 (formations conditionnant l'exercice d'une activité ou d'une fonction) du Code du travail.
- Cass. soc., 10 février 2016, n° 14-14.213 (absence de travail effectif – voyages d'accompagnement).
- Cass. soc., 5 mai 2010, n° 08-44.895 (travail effectif – cocktails dînatoires).

34
LES SALARIÉS ONT-ILS UNE OBLIGATION DE RÉSERVE ?

Les salariés n'ont pas d'obligation de réserve, mais leur liberté d'expression connaît des limites.

En principe, quelles que soient les fonctions exercées, le salarié n'est pas tenu d'une obligation de réserve envers l'employeur ou l'entreprise. Il peut ainsi critiquer le fonctionnement de son entreprise, dénoncer des faits délictueux ou encore témoigner en justice contre son employeur.

La liberté des salariés connaît toutefois des **limites**. Premièrement, les salariés sont tenus à une **obligation de loyauté** à l'égard de leur employeur. Cette obligation signifie qu'ils doivent se garder de tout comportement ou de toute parole qui porteraient atteinte aux intérêts de l'entreprise. Cette obligation de loyauté impose notamment aux salariés de ne pas communiquer au public ou à la concurrence des informations confidentielles.

Deuxièmement, si les salariés jouissent de leur liberté d'expression dans l'entreprise, elle ne doit pas dégénérer en **abus**. L'abus est caractérisé lorsque le propos contient des **termes diffamatoires, injurieux ou excessifs**. À titre d'exemple, constitue un abus à la liberté d'expression l'envoi de courriels, avec copie aux cadres de l'entreprise, dans lesquels le salarié accuse son supérieur hiérarchique, sans justification, de méthodes malhonnêtes et de violation délibérée de la loi.

En revanche, un salarié cadre peut être amené à formuler, dans l'exercice de ses fonctions et du cercle restreint du comité de direction dont il est membre, des critiques, même vives.

Il convient également de mentionner la situation particulière des « **entreprises de tendance** » qui ont pour objets statutaires de promouvoir et de défendre des convictions religieuses, politiques ou philosophiques (parti politique, Église, etc.). Les statuts de ces organisations supposent que l'éthique défendue soit protégée contre toute atteinte venant de ses membres et de ses salariés. Les salariés ayant accepté cette éthique ont donc une obligation supplémentaire. Ainsi, des salariés d'une association dont les statuts mentionnent la défense de convictions catholiques manquent à leur obligation s'ils critiquent la position de l'Église catholique sur plusieurs sujets.

Enfin, il est possible que le contrat de travail stipule une clause imposant au salarié une réserve supplémentaire. Récemment, la Cour de cassation a jugé, dans l'affaire de l'animateur Tex, que le non-respect d'une clause « d'éthique » interdisant tout propos à caractère discriminatoire, sexuel ou sexiste, pouvait constituer une faute en raison des fonctions exercées par le salarié, présentateur d'émissions télévisées.

Krys Pagani et Mélody Pellissier

RÉFÉRENCES

- Art. L. 1121-1 du Code du travail (libertés individuelles).
- Cass. soc., 20 janvier 2018.
- Cass. soc., 11 avril 2008, n° 16-18.590.
- Cass. soc., 20 avril 2022, n° 20-10.852.
- Cass. soc., 14 décembre 1999, n° 97-41.995.
- Cass. soc., 20 avril 2022, n° 20-10.852.
- CEDH, 15 mai 2012, n° 56030/07, *Fernandez c/ Espagne*.

35
À QUELLES CONDITIONS PUIS-JE EXERCER MON DROIT DE RETRAIT ?

Un salarié peut exercer son droit de retrait en cas de danger grave et imminent pour sa vie ou sa santé.

Si le travailleur a un motif raisonnable de penser que la situation de travail présente un danger grave et imminent pour sa vie ou sa santé, ou constate une défectuosité dans les systèmes de protection, il en **alerte immédiatement l'employeur**.

Lorsque les conditions de ce droit d'alerte sont remplies, il peut également exercer un **droit de retrait**. Il cesse alors d'exercer ses fonctions jusqu'à ce que l'employeur prenne les mesures nécessaires pour faire cesser le danger.

Le droit de retrait doit être postérieur ou, au plus tôt, concomitant au droit d'alerte. Il est donc recommandé au salarié qui souhaite se retirer d'une situation à risque de réaliser une alerte auprès de l'employeur. Cette interprétation est en concordance avec l'obligation de sécurité qui repose sur le salarié.

Aucune condition de forme n'est imposée pour l'alerte ou le retrait.

Il existe un **danger grave et imminent pour la vie ou la santé des travailleurs**, par exemple en cas de risque d'accidents physiques ou de risques psychosociaux. À titre d'exemple, le droit de retrait peut être exercé lorsque le taux d'empoussièrement provoque un risque d'altération de la santé du salarié. De même, le maintien d'une salariée à un poste de travail contre-indiqué par le médecin du travail qui a suggéré des modifications qui n'ont pas été réalisées par l'employeur peut légitimer l'exercice du droit de retrait. En revanche, l'occurrence de pluie ou de vent ne justifie pas le droit d'alerte sur un chantier.

Si le droit de retrait est réservé à des circonstances d'une gravité particulière, le texte n'exige pas la preuve d'un danger avéré. Il suffit que le salarié ait des « motifs raisonnables » de penser à l'existence d'un danger grave et imminent. Ainsi, un avis des représentants du personnel constatant l'existence d'un danger grave et imminent est suffisant pour que les salariés puissent raisonnablement penser qu'il existe un tel danger pour leur santé ou leur sécurité.

Enfin, le droit de retrait doit être exercé de telle manière qu'il ne puisse créer pour autrui une nouvelle situation de danger grave et imminent.

Lorsque les conditions du droit de retrait sont réunies, le salarié peut cesser d'effectuer ses fonctions sans que cela constitue une faute et sans que cela donne lieu à une retenue sur salaire.

L'employeur ne peut pas exiger des salariés qui ont exercé leur droit de retrait de reprendre le travail. Au contraire, il doit prendre les mesures et donner les instructions nécessaires pour permettre aux travailleurs d'arrêter leur activité.

Krys Pagani et Mélody Pellissier

RÉFÉRENCES

- Art. L. 4131-1, L. 4131-3 et L. 4122-1 du Code du travail.
- CE, 11 juillet 1990, n° 85416.
- Cass. soc., 21 janvier 2009, n° 07-41.935.
- Cass. soc., 20 janvier 1993 : *Bull. civ.* V, n° 22.
- Cass. soc., 31 mars 2016, n° 14-25.237.
- Cass. soc., 11 décembre 1986 : *Bull. civ.* V, n° 597.

36
QUE FAIRE SI L'EMPLOYEUR NE PREND PAS LES MESURES NÉCESSAIRES POUR PRÉSERVER MA SANTÉ ?

L'employeur est dans l'obligation de mettre en place des actions de prévention des risques professionnels, d'information et de formation ainsi qu'une « organisation et des moyens adaptés ». Il doit assurer l'effectivité de son obligation de sécurité. Lorsqu'un risque se réalise, il doit permettre aux salariés de le déclarer afin de l'accompagner et vérifier si des mesures supplémentaires de protection sont nécessaires.

L'obligation de sécurité de l'entreprise suppose donc une obligation de **prévention** et une obligation de **traitement** des risques professionnels.

Différents moyens d'action s'offrent au salarié lorsque l'employeur ne prend pas les mesures pour assurer la sécurité et protéger la santé mentale ou physique des salariés de l'entreprise.

Si le travailleur a un motif raisonnable de penser que la situation de travail présente un danger grave et imminent pour sa vie ou sa santé, ou constate une défectuosité dans les systèmes de protection, il en **alerte immédiatement l'employeur**.

Lorsque les conditions de ce droit d'alerte sont remplies, le travailleur peut également exercer un **droit de retrait**. Il suppose néanmoins qu'un danger grave et imminent soit caractérisé, ce qui n'est pas toujours le cas (voir fiche suivante).

Même en l'absence de danger grave et imminent, l'employeur commet une faute lorsqu'il n'assure pas la santé et la sécurité des salariés. Le salarié est en droit de **saisir le conseil de prud'hommes** pour engager la responsabilité de l'employeur et demander le versement de dommages-intérêts. Il n'est pas nécessaire qu'un risque se soit réalisé. Le manquement de l'employeur à son obligation de prévention constitue, en soi, une faute.

Lorsque le manquement de l'employeur est tel qu'il empêche la poursuite du contrat de travail, celui-ci peut être condamné au titre d'une rupture du contrat à ses torts, prononcée par le juge. Le salarié peut également rompre unilatéralement le contrat de travail et saisir le juge, *a posteriori*, afin que celui-ci dise la rupture justifiée par les torts de l'employeur.

Enfin, le salarié peut informer des acteurs internes de l'entreprise chargés d'une mission en matière de santé, de sécurité et des conditions de travail (médecin du travail, CSE) ou l'inspecteur du travail, spécialement compétent en ce domaine.

En cas de situation à risque pour la santé et la sécurité des personnes, le salarié peut même parfois être dans l'obligation d'alerter sur une situation qui mettrait ses collègues sous la menace d'un danger grave et imminent. Il est en effet également tenu à une **obligation de sécurité** qui lui impose de prendre soin, en fonction de sa formation et selon ses possibilités, de la sécurité et de la santé des personnes concernées par ses actes ou ses omissions au travail.

Krys Pagani et Mélody Pellissier

RÉFÉRENCES

- Art. L. 4121-1 à L. 4121-5, L. 4122-1, L. 4131-1 et L. 4621-1 du Code du travail.
- Cass. soc., 21 janvier 2009, n° 07-41.935.

37

UN EMPLOYEUR PEUT-IL IMPOSER AU SALARIÉ DE RÉALISER DES HEURES SUPPLÉMENTAIRES ?

CHLOÉ, Rennes (35)

Un employeur peut imposer au salarié de réaliser des heures supplémentaires à certaines conditions.

Les heures supplémentaires sont les heures de travail effectuées au-delà de la durée légale de travail de référence. Elle est en principe de 35 heures par semaine auprès d'un même employeur pour un contrat de travail à temps plein.

L'employeur peut exiger des salariés qu'ils accomplissent des heures supplémentaires. Le refus constitue une faute. L'employeur doit néanmoins respecter certaines conditions.

Premièrement, il doit **informer les représentants élus du personnel** (membres du Comité Social et Économique) de la réalisation d'heures supplémentaires.

Deuxièmement, pour chaque salarié, le nombre d'heures supplémentaires ne doit pas dépasser 220 heures par an. Si ce **contingent annuel** est dépassé, toute heure accomplie au-delà de 220 heures supplémentaires suppose une information/consultation du CSE et ouvre droit à une contrepartie obligatoire sous forme de repos. Attention : certaines conventions collectives de branche ou d'entreprise peuvent prévoir un contingent annuel d'heures supplémentaires plus faibles.

Troisièmement, l'employeur est tenu à une **obligation de loyauté**. Cette obligation implique notamment qu'il prévienne le salarié suffisamment tôt pour que celui-ci puisse s'organiser. Prévenu au dernier moment, le salarié a le droit de refuser d'accomplir les heures supplémentaires concernées. De même, l'employeur est tenu de rémunérer les heures supplémentaires. En l'absence de paiement, le salarié pourrait refuser l'accomplissement d'heures supplémentaires.

En tout état de cause, l'employeur est tenu à une **obligation de sécurité**. Il doit prévenir les risques pour la santé et la sécurité des salariés. Cela impose notamment que l'employeur n'impose pas aux salariés une charge de travail et une durée de travail excessives qui porteraient atteinte à leur santé ou dégraderaient leurs conditions de travail.

Et qu'en est-il pour les salariés en **temps partiel** ? Ces derniers sont des salariés dont la durée hebdomadaire de travail est inférieure à 35 heures. Pour eux, la durée de travail est fixée dans le contrat de travail. Dans certains cas, l'employeur peut leur demander de dépasser la durée de travail qui a été initialement prévue sous réserve de ne pas atteindre 35 heures par semaine et que les heures complémentaires ne représentent pas plus de 1/10 de la durée de travail fixée dans le contrat (certaines conventions collectives de branche portent cette limite à 1/3 de la durée de travail fixée dans le contrat).

Krys Pagani et Mélody Pellissier

RÉFÉRENCES

- Art. L. 3121-27 à L. 3121-40 (temps complet et heures supplémentaires) et L. 3123-8 à L. 3123-10 (temps partiel et heures complémentaires) du Code du travail.
- Cass. soc., 26 novembre 2003, n° 01-43.140.
- Cass. soc., 20 mai 1997, n° 94-43.653.
- Cass. soc., 7 décembre 1999, n° 97-42.878.

VOUS AUSSI, POSEZ VOS QUESTIONS

03

IMPÔTS

38

OUPS ! J'AI COMMIS UNE ERREUR DANS MA DÉCLARATION DE REVENUS, COMMENT LA RÉPARER ?

Chaque année, la déclaration d'impôts est préremplie par l'administration fiscale à partir des informations dont elle a connaissance (état civil, montant des salaires, allocations chômage, indemnités, etc.).

Depuis la campagne 2020, le montant de l'impôt est prélevé chaque mois sur le bulletin de salaire avec un paiement étalé sur douze mois. Le prélèvement à la source permet ainsi à l'administration fiscale de supprimer le décalage entre le moment où vous recevez vos revenus et celui où vous payez votre impôt. Néanmoins, le contribuable doit toujours continuer à déclarer ses revenus afin de calculer le montant définitif de son impôt ou encore de mettre à jour son taux de prélèvement à la source.

Si le service en ligne de correction n'est plus accessible, l'erreur ne pourra être traitée qu'au moyen d'une réclamation.

Il se peut que sa situation fiscale ait changé et que les informations connues de l'administration ne soient plus justes et exhaustives. Par exemple, les informations relatives aux dépenses éligibles à une réduction ou à un crédit d'impôt sont manquantes. De même, il se peut que la déclaration d'impôts, automatique ou non, contienne des informations erronées. Le contribuable doit par conséquent vérifier que toutes les informations préremplies dans la déclaration soient correctes. Si une différence est constatée ou qu'une information manque, il lui sera possible de la corriger directement lors de sa déclaration.

En principe, l'administration fiscale envoie un premier courriel indiquant la mise à disposition de l'avis d'imposition sur l'espace personnel de l'intéressé. Il est suivi d'un second courriel informant de l'ouverture du service en ligne de correction de la déclaration et qui permettra de la corriger autant de fois que souhaité. Ce service est accessible jusqu'à la fin de l'année en cours.

Juridiquement néanmoins, le contribuable a **jusqu'au 31 décembre de la deuxième année suivant celle de la mise en recouvrement du rôle de l'impôt** pour réclamer contre sa déclaration. En effet, la correction d'une erreur déclarative s'analyse en une réclamation contre la déclaration. Cette réclamation peut donc être effectuée jusqu'au 31 décembre 2025 à propos de la déclaration des revenus de l'année 2022.

La quasi-totalité des informations, telles que les revenus ou encore les charges, est modifiable en ligne. Si en revanche, l'erreur porte sur un changement de situation de famille (mariage, Pacs, divorce, décès), elle ne pourra pas être corrigée directement en ligne. Une déclaration papier doit être déposée auprès de l'administration, accompagnée d'un courrier explicatif demandant que cette déclaration annule et remplace la précédente.

Si le service en ligne de correction n'est plus accessible, l'erreur ne pourra être traitée qu'au moyen d'une réclamation soit par courrier auprès du centre des finances publiques, soit depuis la messagerie sécurisée sur l'espace particulier dans la rubrique « Je signale une erreur sur le calcul de mon impôt ».

Une fois la déclaration initiale corrigée, un mail de confirmation et un nouvel avis d'impôt seront envoyés.

Zeren Mercan et Marie-Pierre Pédron

RÉFÉRENCE

- Art. R* 196-1 du Livre des procédures fiscales.

39

J'AI PERDU DES BULLETINS DE SALAIRE, QUE FAIRE ?

Les bulletins de salaire sont nécessaires pour réaliser tout type de démarche administrative. En cela, il est indispensable de les conserver sans limitation de durée.

Par ailleurs, les **bulletins de paie dématérialisés** ont la même valeur juridique que les bulletins de paie sous format papier. Les mentions obligatoires présentes sur la version papier doivent également se trouver sur la version en ligne. En principe, les fiches de paie dématérialisées sont conservées dans un coffre-fort numérique interne à l'entreprise ou confié à un prestataire extérieur. L'employeur doit garantir au salarié un accès à ce service de consultation numérique pendant une durée de cinquante ans. À tout moment, les utilisateurs sont mis en mesure de récupérer l'intégralité de leurs bulletins de paie émis sous format électronique, dans un format structuré et couramment utilisé.

Si vous avez perdu vos bulletins de paie sous format papier, plusieurs alternatives s'offrent à vous.

La loi impose à tout **employeur** de conserver **pendant cinq ans** un double des bulletins de paie des salariés ou de les stocker dans une base de données s'ils sont dématérialisés. Si cette obligation de conservation n'est pas respectée, l'employeur encourt une amende prévue pour les contraventions de la troisième classe à hauteur de 450 euros. Si votre demande concerne un bulletin de paie de moins de cinq ans, il vous sera possible de vous adresser auprès de votre ancien ou actuel employeur pour qu'il vous fournisse un double de ce document. Dans le cas inverse, vous pourrez lui demander une attestation d'activité ou un certificat de travail pour la période concernée. Toutefois, sachez que légalement rien n'oblige l'employeur à répondre favorablement à votre demande de délivrance d'un duplicata.

À défaut, vous pouvez également vous adresser auprès de votre **caisse de retraite** de base (Cnav, Carsat, MSA, SRE, etc.) ou complémentaire (Agirc-Arrco, Ircantec, RAFP, etc.). Les caisses de retraite disposent en principe de toutes les informations relatives à votre activité professionnelle et réalisent les mises à jour régulières de votre relevé de carrière. De plus, ce relevé de carrière vous permettra de vérifier si toutes les périodes travaillées ont bien été comptabilisées.

Si vous n'avez toujours pas pu récupérer un duplicata de vos bulletins de paie, vos **relevés bancaires** peuvent aussi vous permettre de justifier les salaires perçus sur la période voulue. Il vous suffira de vous y référer ou de vous adresser auprès de votre banque pour les récupérer si vous ne les possédez plus.

Zeren Mercan et Marie-Pierre Pédron

RÉFÉRENCES

- Art. D. 3243-8 du Code du travail, tel qu'issu du décret n° 2016-1762 du 16 décembre 2016 relatif à la dématérialisation des bulletins de paie et à leur accessibilité dans le cadre du compte personnel d'activité.
- Art. L. 3243-4 et R. 3246-2 du Code du travail.

40
DANS QUELLE SITUATION PUIS-JE RATTACHER MON ENFANT MAJEUR À MON FOYER FISCAL ?

Les enfants majeurs sont **en principe** imposables sous leur propre responsabilité et doivent déclarer leurs revenus séparément. Par exemple, pour la déclaration 2023 des revenus 2022, il s'agit de tout enfant ayant atteint l'âge de 18 ans au 1er janvier 2022. Néanmoins, la loi permet de déroger à ce principe en autorisant sous certaines conditions le rattachement au foyer fiscal des parents.

Pour être rattaché au foyer fiscal des parents, la première hypothèse est celle de l'enfant majeur célibataire âgé de **moins de 21 ans**. Aucune autre condition n'est requise. La deuxième hypothèse est celle de l'enfant majeur célibataire âgé de **moins de 25 ans** qui justifie de la poursuite de ses études. Il doit fréquenter pendant l'année scolaire ou universitaire un établissement proposant une instruction générale, technologique ou professionnelle et qui exige des conditions de travail d'assiduité, de contrôle et de discipline. Cette expression a donc une portée très générale.

Par exemple, pour la déclaration de revenus déposée durant l'année 2023, les enfants de moins de 21 ans au 1er janvier 2022 ou les enfants de moins de 25 ans au 1er janvier 2022 poursuivant leurs études (au 1er janvier 2022 ou au 31 décembre 2022) peuvent être rattachés au foyer fiscal des parents.

Le rattachement est également possible si l'enfant majeur effectue son **service national** dans les formes prévues par le Code du service national.

De même, l'enfant **infirme** est également rattaché au foyer fiscal des parents. Les enfants infirmes ont par principe la qualité d'enfant à charge, et ce, quel que soit leur âge. Est concerné l'enfant qui, en raison de son invalidité, est hors d'état de subvenir à ses besoins, qu'il soit ou non titulaire de la carte d'invalidité.

La dernière situation de rattachement au foyer fiscal des parents est celle des **enfants recueillis**. Une personne majeure peut en effet être comptée à charge par un contribuable, dès lors qu'elle a été recueillie dans ce foyer pendant sa minorité. L'enfant recueilli, s'il est âgé de moins de 21 ans ou de moins de 25 ans en poursuivant ses études, sera donc rattaché au seul foyer fiscal dont il faisait partie avant sa majorité.

Néanmoins par exception, si une personne majeure est devenue **orpheline** de père et de mère après sa majorité, elle peut demander à être rattachée au foyer fiscal du contribuable qui l'a recueillie. Cette dérogation concerne la personne célibataire, mariée, pacsée, chargée de famille ou non, infirme ou non.

Tout rattachement doit être signalé depuis son espace personnel sur impots.gouv.fr, en veillant à déclarer les éventuels revenus que l'enfant majeur aurait perçus. Si finalement l'enfant majeur opte pour une imposition personnelle de ses revenus mais qu'il reste à la charge de ses parents, ces derniers pourront déduire une pension alimentaire sur leur propre imposition.

Zeren Mercan et Marie-Pierre Pédron

RÉFÉRENCES

- Art. 6-3 et 6-3, 3° et 196 du Code général des impôts.
- Art. L. 1 du Code du service national.

41

L'ALLOCATION AUX ADULTES HANDICAPÉS EST-ELLE IMPOSABLE ?

L'**allocation aux adultes handicapés** (AAH) n'est pas imposable. Le montant maximum de l'allocation aux adultes handicapés s'élève à 956,65 euros par mois depuis le 1er juillet 2022, mais il varie en fonction de vos ressources.

L'ancien **complément de ressources** versé aux bénéficiaires de l'AAH dans le cadre de la garantie de ressources a été supprimé depuis le 1er décembre 2019 et a été remplacé par la majoration pour la vie autonome. Cependant, si vous perceviez ce complément avant le 1er décembre 2019, vous pouvez continuer à le percevoir pendant dix ans si vous respectez certaines conditions. Cet ancien complément est également exonéré de l'impôt sur le revenu.

Par ailleurs, sachez que depuis la déconjugalisation de l'AAH, les revenus du conjoint ne seront plus comptabilisés dans le calcul de l'allocation. Cette mesure s'appliquera au plus tard le 1er octobre 2023, date limite de la parution du décret d'application de la nouvelle loi.

D'autres prestations et allocations familiales versées aux personnes handicapées ou dépendantes ne sont pas imposables.

Il en va ainsi de l'**allocation personnalisée d'autonomie** (APA), destinée aux personnes dépendantes âgées de plus de 60 ans, hébergées à domicile ou dans un établissement social ou médico-social, et qui ont besoin d'une aide pour l'accomplissement des actes essentiels de la vie ou dont l'état nécessite une surveillance régulière. Est également exonérée d'impôt sur le revenu la **prestation de compensation du handicap** (PCH), destinée à prendre en charge les surcoûts liés aux besoins de compensation au regard du projet de vie de la personne handicapée (aides humaines, techniques, aménagement du logement, etc.).

S'agissant du logement, la loi prévoit également un **crédit d'impôt** sur le revenu en faveur des personnes handicapées à hauteur de 25 % du montant des dépenses d'installation ou de remplacement d'équipement. Les dépenses doivent porter sur des équipements spécialement conçus pour l'accessibilité des logements aux personnes handicapées ou qui permettent l'adaptation des logements à la perte d'autonomie ou au handicap. Ce crédit d'impôt s'applique aux dépenses payées jusqu'au 31 décembre 2023.

> L'allocation aux adultes handicapés (AAH) n'est pas imposable. Le montant maximum de l'allocation aux adultes handicapés s'élève à 956,65 euros par mois depuis le 1er juillet 2022.

Zeren Mercan et Marie-Pierre Pédron

RÉFÉRENCES

- Art. 81, 2° du Code général des impôts.
- Abrogation de l'art. L. 821-1-1 du Code de la sécurité sociale.
- Art. 266 de la loi n° 2018-1317 du 28 décembre 2018 de finances pour 2019.
- Art. 10 de la loi n° 2022-1158 du 16 août 2022 portant mesures d'urgence pour la protection du pouvoir d'achat, qui modifie le premier alinéa de l'art. L. 821-3 du Code de la sécurité sociale relatif à l'allocation aux adultes handicapés.
- Art. 81, 2°, 9° *ter* et 200 *quater* A du Code général des impôts.
- *Bulletin officiel des finances publiques* n° BOI-IR-RICI-290.

42
QUEL DÉLAI AI-JE POUR MODIFIER MA DÉCLARATION DE REVENUS ?

La déclaration de revenus à souscrire est la déclaration n° 2042K préremplie par l'administration fiscale. Elle sera préremplie des informations que l'administration dispose, telles que la situation de famille ou encore les dates de naissance des enfants.

La période de souscription de la déclaration des revenus expire en principe autour du mois de mai. Si la déclaration des revenus est faite en ligne, des délais supplémentaires sont prévus et les dates limites varient en fonction du département dans lequel se situe le domicile. Généralement, elle s'effectue d'avril à mi-juillet depuis son espace personnel sur impots.gouv.fr.

1. La déclaration rectificative avant et après la date limite de dépôt

Si, après avoir signé la déclaration, il s'avère que celle-ci doit être corrigée ou complétée, il suffira alors de rectifier les informations saisies **dans la date limite de dépôt** et de la signer à nouveau. Toutes les déclarations signées seront alors disponibles sur l'espace personnel du contribuable et la dernière en date écrase la précédente. Dans le cas où la déclaration rectificative est déposée **après la date limite de dépôt** en ligne, un premier avis d'impôt sera d'abord envoyé, établi à partir de la précédente déclaration. Le second avis d'impôt suite à la déclaration rectificative tardive ne sera reçu qu'ultérieurement.

Au surplus, la majoration de 10 % s'applique uniquement à la déclaration « initiale » qui serait faite tardivement en ligne mais pas à la déclaration « rectificative » tardive.

2. La correction dans le délai d'un an

L'administration fiscale envoie un premier courriel vous indiquant la mise à disposition de l'avis d'imposition sur l'espace personnel du contribuable. Il sera suivi au mois d'août d'un second courriel vous informant de l'ouverture du service en ligne de correction de la déclaration et qui vous permettra de la corriger autant de fois que souhaité. Ce service est accessible jusqu'à la fin de l'année en cours.

Si la déclaration de revenus a été faite sur papier, il est nécessaire d'informer l'administration fiscale, soit en déposant une nouvelle déclaration sur papier en indiquant qu'il s'agit d'une « Déclaration rectificative, annule et remplace », soit par courrier en mentionnant les éléments à corriger.

3. La réclamation dans le délai de trois ans

Après la fermeture du service de correction en ligne, il ne sera plus possible de modifier la déclaration de revenus. Seule une réclamation est envisageable, et ce, jusqu'au 31 décembre N + 2. Par exemple, pour la déclaration des revenus de l'année 2022, la réclamation sera en principe recevable jusqu'au 31 décembre 2025 à minuit.

La réclamation permettra ainsi de signaler une erreur à l'administration à tout moment. Il suffit de se rendre sur son espace particulier et de signaler l'erreur au moyen de la messagerie sécurisée avec le formulaire « Je signale une erreur sur le calcul de mon impôt ». Il est également possible de prendre attache avec l'administration fiscale.

Zeren Mercan et Marie-Pierre Pédron

RÉFÉRENCES

- Art. 1730 du Code général des impôts.
- Art. R* 196-1 du Livre des procédures fiscales.

43

COMMENT DÉCLARER MES REVENUS L'ANNÉE DE MON DIVORCE OU DE MA RUPTURE DE PACS ?

Pour bénéficier au plus vite d'un taux de prélèvement à la source en lien avec votre nouvelle situation familiale, il est de votre intérêt de déclarer le changement à l'administration fiscale. Le divorce et la rupture du Pacs doivent être déclarés dans un délai de soixante jours à compter de l'évènement.

Par principe, les époux font l'objet d'impositions distinctes lorsqu'ils sont séparés de biens et ne vivent pas sous le même toit. Il en va de même lorsqu'ils sont en instance de séparation de corps ou de divorce et qu'ils ont été autorisés à avoir des résidences séparées.

En théorie, le point de départ de l'imposition distincte est fixé au 1er janvier de l'année au cours de laquelle les époux ont été autorisés à résider séparément. En pratique, l'imposition distincte débute l'année du divorce lui-même, lorsqu'il s'agit d'un divorce par consentement mutuel ou l'année de l'ordonnance de non-conciliation, lorsqu'il s'agit d'un divorce autre que par consentement mutuel.

S'agissant de la déclaration de revenus, chaque époux doit souscrire sa propre déclaration l'année où cesse l'imposition commune. Chaque déclaration portera, d'une part, sur les revenus personnels dont l'époux a disposé pendant l'année entière et, d'autre part, sur la quote-part justifiée des revenus communs lui revenant au titre de la même année. Les salaires, les pensions, les rentes viagères ou encore les bénéfices non commerciaux sont des revenus personnels. À l'inverse, les autres revenus que le couple aurait perçus au cours de l'année de la séparation sont réputés constituer des revenus communs. Ils peuvent néanmoins apporter la preuve contraire en justifiant de la propriété exclusive sur les biens ou sommes à l'origine de ces revenus. Cette preuve peut consister en un acte authentique mentionnant l'origine de la propriété ou des justificatifs établis par les banques. À défaut de justification de cette quote-part, les revenus communs sont partagés par moitié entre les deux époux. En pratique, il s'agit des revenus fonciers ou des revenus de capitaux mobiliers.

S'agissant du taux de prélèvement à la source de chacun, il sera déterminé en retenant les revenus propres respectifs et estimés, sous leur responsabilité, pour l'année en cours. Cela implique notamment de prendre en compte les conditions de garde d'enfant et les éventuelles pensions alimentaires versées.

La régularisation du taux de prélèvement à la source est en principe assez rapide puisque le nouveau taux s'appliquera, au plus tard, le troisième mois qui suit celui de la déclaration de divorce ou de la séparation.

La déclaration de changement de situation peut se faire depuis l'espace personnel de chacun des époux sur impots.gouv.fr.

Enfin, chaque évènement est en principe déclaré séparément et donne lieu à une nouvelle modification du taux. Aussi, en cas de mariage ou de Pacs, puis d'un divorce ou d'une séparation au cours de la même année, le taux de prélèvement sera modifié deux fois.

Zeren Mercan et Marie-Pierre Pédron

RÉFÉRENCES

- Art. 6 et 204 I du Code général des impôts.
- Art. 43 *bis*, III 2°, annexe III du Code général des impôts.
- Art. 6-6 du Code général des impôts.

44
MON ENFANT EST MAJEUR, COMMENT LE DÉCLARER ?

En principe, les enfants majeurs sont imposables au titre de leur propre foyer fiscal. Cependant, s'ils restent à la charge des parents, plusieurs options sont envisageables. Ces derniers peuvent opter entre le rattachement des enfants majeurs au foyer fiscal et la déduction d'une pension alimentaire. La loi n'autorise pas le cumul des deux régimes.

En principe, les enfants majeurs sont imposables au titre de leur propre foyer fiscal. Cependant, s'ils restent à la charge des parents, plusieurs options sont envisageables.

1. Le rattachement au foyer fiscal parental

Le rattachement s'opère au profit des contribuables qui avaient la charge de l'enfant durant sa minorité (la plupart du temps, ses parents). Si les parents de l'enfant majeur célibataire sont imposés séparément, la loi admet que l'enfant puisse demander le rattachement à l'un ou l'autre de ses parents. Pour bénéficier du rattachement, l'enfant majeur doit soit être âgé de moins de 21 ans, soit être âgé de moins de 25 ans en poursuite d'études.

En outre, les parents ont l'obligation d'inclure dans leurs revenus imposables les revenus perçus par l'enfant pendant l'année entière. Si l'enfant majeur rattaché est célibataire, l'avantage fiscal se traduit par la prise en compte de l'enfant pour l'application du quotient familial. Si l'enfant majeur rattaché est marié, lié par un Pacs ou chargé de famille, l'avantage fiscal se traduit par un abattement sur le revenu net global des parents. Le rattachement demandé est global, c'est-à-dire au nom du jeune ménage avec les deux conjoints et, le cas échéant, leurs enfants.

2. La déduction d'une pension alimentaire

L'enfant majeur peut opter pour l'imposition de ses revenus en son nom et effectuer sa propre déclaration. Si ses revenus sont insuffisants et qu'il perçoit une pension alimentaire de la part de ses parents, ces derniers peuvent déduire la pension versée de leur revenu global net (déduction limitée à 6 042 euros par enfant majeur).

Si l'enfant majeur est marié ou lié par un Pacs, ce montant est doublé au profit des parents qui justifient participer seuls à l'entretien du jeune ménage.

Zeren Mercan et Marie-Pierre Pédron

RÉFÉRENCES

- Art. 6-4 et 6-3, 2° du Code général des impôts.
- Art. 196 B du Code général des impôts.
- Art. 196 B du Code général des impôts, sur renvoi de l'art. 156 du même code.
- *Bulletin officiel des finances publiques* n° BOI-IR-LIQ-10-10-10-20, § 150.

45

EN CAS DE SÉPARATION OU DE CONCUBINAGE, COMMENT DÉCLARER LES ENFANTS À CHARGE ?

Lorsque les parents font l'objet d'une imposition séparée, chacun est considéré comme un célibataire ayant à sa charge les enfants dont il assume l'entretien à titre principal.

1. En cas de divorce ou de rupture du Pacs

Dans l'hypothèse où l'enfant est considéré comme étant **à la charge du parent chez lequel il réside à titre principal**, l'enfant sera fiscalement rattaché à ce parent.

En cas d'instance de divorce, le parent chez lequel réside l'enfant est déterminé par la convention homologuée par jugement ou par un commun accord des parents.

En cas de divorce, l'enfant est à la charge du parent au domicile duquel le juge a fixé le lieu de résidence habituelle de l'enfant. Cependant, si l'autre parent assume la charge principale et exclusive de l'enfant, ce dernier sera en charge de l'enfant.

Dans tous les cas, le parent qui n'assume pas à titre principal l'entretien de l'enfant ne peut le compter comme étant à sa charge. Toutefois, la pension alimentaire qu'il verse pour l'entretien et l'éducation de l'enfant sera déductible de son revenu imposable. Lorsqu'il est mineur, ce montant déductible n'est pas plafonné. Cependant, lorsque la pension continue à être versée à la majorité de l'enfant, le montant déductible de la pension alimentaire est plafonné à 6 042 euros.

Par ailleurs, si le montant versé pour l'entretien de plusieurs enfants a été fixé globalement par le tribunal, il faut admettre qu'en pratique, la répartition des pensions peut être effectuée par fractions égales.

Dans l'hypothèse où l'enfant est réputé **à charge égale** des deux parents, il ouvre droit à une majoration de quotient familial partagée de manière égale entre les parents. En revanche, aucune déduction n'est possible au titre des pensions alimentaires versées pour un enfant qui serait en garde alternée entre les deux parents.

2. En cas de concubinage

Chaque concubin doit déclarer isolément les revenus qu'il a perçus durant l'année. Ils doivent chacun compter comme à leur charge les enfants dont ils assument la charge d'entretien à titre exclusif ou principal, ou dont ils partagent la charge pour moitié avec l'autre parent dans le cadre d'une résidence alternée.

En cas d'enfant commun reconnu par les deux parents concubins, il peut tout d'abord **être compté indifféremment à charge de l'un des deux parents**. Celui des parents qui renonce alors à compter l'enfant mineur à sa charge sera imposable comme un célibataire sans charge de famille. Cependant, il peut déduire l'éventuelle pension alimentaire qu'il verse pour l'entretien de l'enfant.

Ensuite, l'enfant commun peut aussi **être réputé à charge égale de chacun des parents**. L'enfant mineur sera à charge équitablement partagée entre les deux parents comme en garde alternée. Cette prise en charge égale ouvre droit, pour chacun des parents, à une majoration de quotient familial divisée par deux.

Enfin, si plusieurs enfants mineurs sont reconnus, il est également possible de **déclarer pour chacun des parents concubins un enfant à charge différent**.

Zeren Mercan et Marie-Pierre Pédron

RÉFÉRENCES

- Réponse ministérielle Bonhomme, n° 16702, *JOAN*, 29 mars 1975, p. 1135.
- Arrêt du Conseil d'État du 20 décembre 2017, n° 397650, § 3.

46
MON ENFANT A ATTEINT SA MAJORITÉ PENDANT L'ANNÉE, COMMENT LE DÉCLARER ?

Selon le Code général des impôts (art. 196 et 6.2), un enfant de moins de 18 ans est considéré comme étant à la charge du contribuable qui le déclare.

Lorsque l'enfant atteint sa majorité au cours d'une année N (enfant mineur au 1er janvier et devenu majeur avant ou au 31 décembre), deux solutions sont possibles lors de la déclaration des revenus des parents.

- *L'enfant peut sortir du foyer fiscal au titre de l'année N*

Les parents peuvent demander l'imposition distincte de leur enfant mineur au 1er janvier N. L'enfant et les parents déposent des déclarations de revenus distinctes et sont imposés séparément sur la totalité des revenus qu'ils perçoivent chacun au cours de l'année.

Pour engager cette option, la demande doit être rédigée par écrit par les membres du foyer fiscal auquel était rattaché l'enfant devenu majeur et jointe à la déclaration de revenus de ce même foyer fiscal.

- *L'enfant peut être rattaché au foyer fiscal des parents au titre de l'année N*

L'enfant peut être gardé à charge du foyer fiscal des parents au titre de l'année de sa majorité. Si cette option est choisie :

- **du 1er janvier à la date de majorité :** les revenus perçus par l'enfant doivent apparaître sur la déclaration du foyer fiscal auquel il est rattaché ;
- **de la date de la majorité au 31 décembre :** soit les revenus perçus par l'enfant peuvent être déclarés par le foyer fiscal de rattachement, soit l'enfant remplit lui-même une déclaration personnelle, indiquant les revenus qu'il a perçus entre sa majorité et le 31 décembre.

Si les parents sont séparés, l'enfant ne peut demander le rattachement qu'au seul parent qui le compte à charge au 1er janvier N. En cas de perception d'une pension alimentaire, le parent choisit entre la déduction de cette pension ou le rattachement de l'enfant majeur à son foyer fiscal. Il n'est pas possible de cumuler les deux.

Pour les années suivant la majorité, et sauf en cas de rattachement au foyer fiscal de ses parents (demandé annuellement par l'enfant, et accepté par les parents), l'enfant est imposable sous sa propre responsabilité, et dépose une déclaration de revenus en son nom.

Zeren Mercan et Marie-Pierre Pédron

RÉFÉRENCES

- *Bulletin officiel des finances publiques* n° BOI-IR-LIQ-10-10-10-10 – IR – Liquidation – Détermination du quotient familial – Personnes à charge – Enfants mineurs | bofip.impots.gouv.fr.
- *Bulletin officiel des finances publiques* n° BOI-IR-LIQ-10-10-10-20 – IR – Liquidation – Détermination du quotient familial – Personnes à charge – Enfants majeurs, mariés ou infirmes | bofip.impots.gouv.fr.
- *Bulletin officiel des finances publiques* n° BOI-IR-CHAMP-20-20-20 – IR – Champ d'application et territorialité – Dérogations obligatoires à la règle de l'imposition par foyer fiscal | bofip.impots.gouv.fr.
- Brochure Impôt sur le revenu 2022 au titre des revenus 2021, rubrique « Situation du foyer », p. 79-88.

47
MÊME MARIÉ OU PACSÉ, PUIS-JE ÊTRE RATTACHÉ AU FOYER DE MES PARENTS ?

Quel que soit son âge, lorsqu'un individu se pacse ou se marie, il constitue avec son/sa partenaire un foyer fiscal imposable à raison des revenus qu'ils perçoivent. De fait, l'enfant qui se marie ou se pacse appartient à un foyer fiscal bien distinct de celui de ses parents. Une seule déclaration unique doit être souscrite pour un même foyer fiscal (constitué du contribuable [célibataire, veuf, divorcé, séparé], ou des deux conjoints [couple marié ou pacsé] ainsi que des personnes qu'ils ont à leur charge au titre de l'année imposable).

Donc, théoriquement, les parents et l'enfant marié/pacsé doivent déposer des déclarations distinctes au nom de leur foyer fiscal respectif.

Cependant, le Code général des impôts (art. 6-3, 2°) prévoit qu'un enfant marié ou pacsé, qu'il soit majeur ou mineur, puisse être rattaché au foyer fiscal d'un autre membre de sa famille (parents). Ce rattachement a pour conséquence de compter à charge le jeune couple au sein du foyer fiscal des parents.

- *Suis-je concerné ?*

L'enfant marié ou pacsé, ayant ou non des enfants, peut demander ce rattachement.

L'enfant doit être âgé de moins de 21 ans, de moins de 25 ans s'il justifie d'une poursuite d'études et effectue son service national.

Il est possible de demander le rattachement au foyer fiscal d'un parent si l'un des époux ou partenaires remplit les conditions ci-dessus.

- *Comment procéder ?*

L'un ou l'autre des conjoints peut effectuer par écrit la demande de rattachement fiscal auprès des parents de l'un ou de l'autre. Le rattachement doit être demandé annuellement, et l'option est en principe irrévocable pour l'année au cours de laquelle elle s'applique.

En cas de parents divorcés ou imposés séparément, le rattachement doit être demandé auprès de l'un ou de l'autre. Il ne peut être demandé auprès de deux foyers fiscaux distincts.

Quel que soit son âge, lorsqu'un individu se pacse ou se marie, il constitue avec son/sa partenaire un foyer fiscal imposable à raison des revenus qu'ils perçoivent.

Une fois rattaché au foyer fiscal d'un/de ses parents, le jeune couple pacsé ou marié ne dépose pas de déclaration de revenus. Le parent, lors de sa déclaration de revenus annuelle, devra indiquer la totalité des revenus perçus par l'ensemble de son foyer fiscal, et bénéficiera d'un abattement sur le revenu pour chaque personne dont il a la charge.

Zeren Mercan et Marie-Pierre Pédron

RÉFÉRENCES

- *Bulletin officiel des finances publiques* n° BOI-IR-LIQ-10-10-10-20 – IR – Liquidation – Détermination du quotient familial – Personnes à charge – Enfants majeurs, mariés ou infirmes | bofip.impots.gouv.fr.
- Brochure Impôt sur le revenu 2022 au titre des revenus 2021, rubrique « Situation du foyer », p. 79-88.
- Art. 6-3 et 196 B du Code général des impôts.
- *Bulletin officiel des finances publiques* n° BOI-IR-LIQ-10-10-10-20.

48

MON AVIS DE TAXE D'HABITATION/DE TAXE FONCIÈRE NE TIENT PAS COMPTE DE MES PAIEMENTS, QUE FAIRE ?

Si vous constatez une erreur, ou que vous contestez le bien-fondé de votre taxe d'habitation ou de votre taxe foncière, vous pouvez formuler une réclamation auprès de l'administration. Une réclamation est une procédure à travers laquelle vous demandez à l'administration de revoir le montant ou bien le calcul de votre impôt. Dans le cas présent, il s'agit d'exprimer un désaccord sur le montant de l'impôt et de demander la correction de cette erreur.

Attention : déposer une réclamation auprès de l'administration ne vous dispense pas de payer l'impôt que vous contestez.

- *Comment déposer une réclamation ?*

En ligne depuis votre espace particulier impots.gouv.fr, *via* la rubrique « Ma messagerie sécurisée », puis en choisissant le formulaire « Je signale une erreur de calcul de l'impôt ».

Vous recevrez un e-mail vous informant du traitement de votre demande et vous pourrez ainsi échanger avec l'administration fiscale depuis votre espace de messagerie personnalisé.

Vous pouvez également choisir de vous déplacer au service des impôts en charge de votre taxe foncière/d'habitation ou de faire votre réclamation par voie postale à destination de ce service. L'administration dispose d'un délai de six mois pour statuer sur votre demande à compter de la date de la présentation de la réclamation.

Si votre demande est acceptée, vous en serez informé par écrit et les sommes éventuellement dues vous seront remboursées par votre centre des finances publiques. Si votre demande fait l'objet d'un rejet, vous en serez informé par un courrier vous expliquant les raisons de ce rejet.

- *Quand déposer une réclamation ?*

La taxe d'habitation et la taxe foncière sont des impôts locaux. Il est possible de déposer une réclamation jusqu'au 31 décembre de l'année suivant celle de la mise en recouvrement de l'impôt. Exemple : pour ma taxe d'habitation mise en recouvrement en 2021, je peux déposer une réclamation jusqu'au 31 décembre 2022.

Lorsque vous effectuez une réclamation à l'intention des services fiscaux en ligne, vous pouvez faire une demande de sursis de paiement en même temps. Si le montant contesté est supérieur ou égal à 4 500 euros, des garanties pourront vous être demandées. Si votre réclamation de sursis en paiement est rejetée et que vous n'avez pas payé votre impôt, il sera assorti d'une majoration de 10 % pour retard de paiement.

Zeren Mercan et Marie-Pierre Pédron

RÉFÉRENCES

- Art. R* 196-2 du Livre des procédures fiscales.
- Brochure Impôts locaux 2022, p. 109.

49

FAMILLE, VOISIN… PUIS-JE CONSULTER L'AVIS D'IMPOSITION D'UNE AUTRE PERSONNE ?

Il n'est pas autorisé de consulter l'avis d'imposition d'une tierce personne.

Cependant, il est possible de prendre connaissance de certaines informations sur d'autres contribuables dans le respect de conditions strictes.

- *Je cherche des informations sur un tiers dans le cadre du versement d'une pension alimentaire*

Si je suis bénéficiaire d'une pension alimentaire suite à une décision de justice, je peux accéder à certaines informations concernant la personne qui doit verser la pension (même si cette personne vit dans un autre département). Je peux prendre connaissance du montant de l'impôt sur le revenu, du revenu imposable, du nombre de parts retenues pour le calcul du quotient familial, du nom, de l'adresse et de la première lettre du prénom de la personne redevable de la personne chargée de verser la pension.

Si je dois verser une pension alimentaire, je peux accéder aux mêmes informations.

Les renseignements sont transmis oralement, et la demande ne peut être effectuée dans un objectif commercial.

- *Je cherche des informations sur l'avis d'un tiers, sans lien avec le versement d'une pension alimentaire*

Dans ce cas, l'administration fiscale ne communique que certaines informations concernant uniquement les contribuables domiciliés dans votre département. Il est possible d'obtenir les informations suivantes : le revenu imposable, le montant de l'impôt sur le revenu et le nombre de parts retenues pour le calcul du quotient familial.

- *Modalités de consultation*

La demande doit être faite auprès de la Direction départementale des finances publiques (DDFIP). La procédure nécessite la présentation d'une pièce d'identité et la signature d'une demande écrite qui sera conservée par le service. Il n'est pas nécessaire de préciser le motif de la consultation. L'usage de ces informations dans le cadre d'un démarchage est interdit, et la consultation de ces données doit rester dans un cadre strictement privé.

- *Sanctions en cas de non-respect des informations obtenues auprès des services fiscaux*

La personne qui divulgue les informations obtenues dans le cadre des procédures énoncées ci-dessus encourt une amende égale au montant des impôts divulgués. De plus, la personne dont les revenus ou l'impôt ont été rendus publics peut déposer plainte à l'encontre de celui qui les a divulgués, qui encourt alors une amende de 4 500 euros et/ou jusqu'à cinq ans d'emprisonnement. L'infraction peut également être portée à la connaissance du procureur de la République par l'administration, conformément à l'art. 40 du C. pr. pén.

Zeren Mercan et Marie-Pierre Pédron

RÉFÉRENCES

- Art. L. 111-II du Livre des procédures fiscales.
- Art. 1762 du Code général des impôts.
- Art. 1772 du Code général des impôts.
- *Bulletin officiel des finances publiques* n° BOI-DJC-SECR-10-20-90 – DJC – Secret fiscal – Publicité de l'impôt sur le revenu | bofip.impots.gouv.fr.

50
JE PERÇOIS DES INDEMNITÉS JOURNALIÈRES DE MALADIE, DOIS-JE LES DÉCLARER ?

Les indemnités journalières de maladie versées par les organismes de sécurité sociale et la mutualité sociale agricole sont en principe imposables (art. 80 *quinquies* du Code général des impôts).

1. Les indemnités journalières de sécurité sociale

Les organismes qui versent les indemnités journalières de maladie varient en fonction du statut de l'assuré et sont :

- les caisses primaires d'assurance maladie du régime général de la sécurité sociale pour les salariés du commerce et de l'industrie ;
- les caisses relevant de la Mutualité sociale agricole pour les salariés des professions agricoles et forestières ;
- certains régimes spéciaux de sécurité sociale. Dans certains autres régimes spéciaux, le salaire est maintenu par l'employeur.

Si je suis affilié au régime normal, à l'un des régimes spéciaux de sécurité sociale, ou au régime de la Mutualité sociale agricole, je déclare (dans la catégorie des traitements, salaires, pensions et rentes viagères, cases 1AJ à 1DJ de ma déclaration n° 2042) l'ensemble des indemnités journalières que j'ai perçues du 1er janvier au 31 décembre de l'année N. Pour rappel, il appartient à chaque contribuable de vérifier l'exactitude des sommes ainsi reportées et de les modifier en cas d'erreur.

Néanmoins, certaines indemnités font l'objet d'une exonération partielle ou totale d'imposition. En effet, les indemnités journalières versées aux victimes d'accidents du travail ou de maladies professionnelles sont imposables pour 50 % de leur montant, comme l'indemnité temporaire d'inaptitude.

Dans certains autres cas, je ne déclare pas mes indemnités journalières de maladie.

2. Les indemnités complémentaires

Les sommes perçues dans le cadre d'un régime complémentaire obligatoire (sommes perçues en plus des indemnités journalières de sécurité sociale) sont soumises à l'impôt sur le revenu au nom du bénéficiaire. Cependant, si j'ai moi-même souscrit un contrat d'assurance afin de compléter mon régime légal de protection sociale, les sommes versées par cet organisme ne sont pas soumises à l'impôt sur le revenu.

3. Statut des fonctionnaires

Si je suis fonctionnaire en congé de maladie, je ne suis pas rémunéré en vertu de mon régime de sécurité sociale de l'assurance maladie, mais en application de mon statut général. Donc, je conserve durant une période plus ou moins longue le bénéfice de ma rémunération de façon complète ou partielle. Dans ces conditions, les sommes que je perçois au titre de mon arrêt maladie sont considérées en totalité comme un revenu imposable.

Zeren Mercan et Marie-Pierre Pédron

RÉFÉRENCES

- Brochure Impôt sur le revenu 2022 au titre des revenus 2021, rubrique « Traitements et salaires », p. 91-117.
- *Bulletin officiel des finances publiques* n° BOI-RSA-CHAMP-20-30-20 – RSA – Champ d'application – Éléments du revenu imposable – Revenus accessoires – Indemnités ou allocations journalières versées aux salariés en cas de maladie, accident ou maternité | bofip.impots.gouv.fr – voir I. B. § 230 – Indemnités complémentaires.

51
MON ENFANT EST ÉTUDIANT, LES REVENUS QU'IL A PERÇUS SONT-ILS IMPOSABLES ?

Si mon enfant est à ma charge, je remplis ma déclaration en fonction du type de rémunération qu'il a perçue au cours de l'année.

Certaines sommes perçues doivent être mentionnées dans la déclaration de revenus de l'étudiant, il s'agit :

- **des allocations d'année préparatoire et des allocations d'institut universitaire de formation des maîtres (IUFM) ;**
- **des sommes perçues dans l'exercice d'une activité salariée, même occasionnelle ;**
- **des bourses d'études allouées pour des travaux ou des recherches déterminés ;**
- **de l'allocation pour la diversité dans la fonction publique.**

Les bourses accordées par l'État ou les collectivités locales ne doivent pas être déclarées.

Si mon enfant effectue des stages ou des périodes d'apprentissage en milieu professionnel, les sommes perçues ne doivent pas être déclarées si elles sont inférieures au montant annuel du Smic, soit 18 760 euros en 2021 (ce montant correspond au seuil d'exonération et est recalculé chaque année). Cette règle est prévue à l'art. 81 *bis* du Code général des impôts et s'applique aux gratifications versées dans le cadre des stages dont la durée est supérieure à deux mois (art. L. 124-6 du Code de l'éducation).

Je ne déclare que la partie du salaire (net imposable) supérieure au seuil d'exonération. Si mon enfant est en alternance, il n'entre pas dans le champ de cette exonération.

Si mon enfant est collégien, lycéen ou étudiant, et qu'il perçoit des revenus en contrepartie d'une activité exercée au cours de l'année ou durant les congés scolaire ou universitaire (jobs d'été/jobs étudiants), ses revenus peuvent être exonérés d'impôt si l'ensemble de ce qu'il a perçu en une année est inférieur à trois fois le montant du Smic (le même seuil d'exonération que ci-dessus). Dans ce cas, je peux choisir de ne pas les déclarer. Cette règle est prévue au 36° de l'art. 81 du Code général des impôts et ne s'applique qu'aux jeunes ayant au maximum 25 ans au 1er janvier de l'année N.

Si mon enfant a plus de 26 ans au 1er janvier de l'année N, je dois déclarer l'intégralité de ses salaires perçus, même occasionnels.

Les revenus perçus par un enfant en résidence alternée doivent être déclarés à hauteur de la moitié par chacun des deux parents.

L'enfant étudiant ayant son propre foyer fiscal distinct de celui de ses parents doit remplir sa propre déclaration de revenus conformément aux règles exposées ci-dessus.

Zeren Mercan et Marie-Pierre Pédron

RÉFÉRENCES

- Art. 81 *bis* du Code général des impôts.
- Loi n° 2014-788 du 10 juillet 2014 tendant au développement, à l'encadrement des stages et à l'amélioration du statut des stagiaires.
- Brochure Impôt sur le revenu 2022 au titre des revenus 2021, rubrique « Traitements et salaires », p. 91-117.
- *Bulletin officiel des finances publiques* n° BOI-RSA-CHAMP-20-50-50 – RSA – Champ d'application – Éléments du revenu imposable – Exonérations diverses | bofip.impots.gouv.fr.

52
JE BÉNÉFICIE DU RSA, QUE DOIS-JE DÉCLARER ?

Le revenu de solidarité active (RSA) est prévu à l'art. L. 262-1 du Code de l'action sociale et des familles. Il a été créé pour assurer aux personnes sans ressources un niveau minimum de revenu, et son montant varie selon certaines conditions liées à la situation de celui qui en bénéficie. Le RSA peut être versé aux personnes de nationalité française ou étrangère.

Pour en être bénéficiaire, une demande doit être effectuée auprès de la Caisse d'allocations familiales (Caf) ou de la Mutuelle sociale agricole (MSA) dont le demandeur dépend. Le bénéficiaire du RSA doit entre autres déclarer trimestriellement ses revenus pour que le montant de son allocation soit réévalué régulièrement et corresponde au mieux à ses besoins.

Le RSA est une aide à caractère social versée dans le but d'apporter aux foyers bénéficiaires un versement financier destiné à assurer un minimum de revenus, il n'est pas imposable.

Pour être guidé lors des démarches pour demander à bénéficier du RSA, vous pouvez vous rendre sur le site service-public.fr, rubrique « Fiches pratiques par thème », puis « Social – santé », « Revenu de solidarité active (RSA) » et enfin vous verrez une rubrique « Services en ligne et formulaires » qui vous indiquera les liens à suivre pour effectuer votre demande.

Les bénéficiaires du RSA peuvent entrer dans plusieurs catégories : avoir 25 ans ou plus, être jeunes actifs (18 à 24 ans), jeunes parents, parent isolé (célibataire, divorcé[e], séparé[e], veuf[ve] ayant des enfants à charge), ou être une femme enceinte ne vivant pas en couple de manière déclarée et ne partageant pas ses ressources.

L'une des conditions principales du versement du RSA est la prise en compte des revenus du foyer. Étant donné que le RSA est une aide à caractère social versée dans le but d'apporter aux foyers bénéficiaires un versement financier destiné à assurer un minimum de revenus, il n'est pas imposable.

Je ne déclare donc pas les sommes que je perçois au titre du RSA lors du remplissage de ma déclaration sur les revenus. Cette exonération est prévue en application du 9° de l'art. 81 du Code général des impôts.

Zeren Mercan et Marie-Pierre Pédron

RÉFÉRENCES

- RSA – Déclarer ses ressources trimestrielles (démarche en ligne) | service-public.fr.
- Brochure Impôt sur le revenu 2022 au titre des revenus 2021, rubrique « Traitements et salaires », p. 91-117.

53

J'AI DÉMÉNAGÉ EN COURS D'ANNÉE, DOIS-JE PAYER LA TAXE D'HABITATION POUR L'ANNÉE ENTIÈRE ?

L'impôt est dû au titre d'une année civile, du 1er janvier au 31 décembre.

De fait, lorsqu'au 1er janvier d'une année N, j'occupe un local imposable (appartement ou autre), je suis redevable de la taxe d'habitation au titre de l'année N, même si je déménage.

Cette règle est énoncée aux termes de l'art. 1415 du Code général des impôts, « la taxe d'habitation est établie pour l'année entière d'après les faits existant au 1er janvier de l'année d'imposition ».

- *Suis-je concerné ?*

C'est à l'art. 1408 du Code général des impôts que sont énoncées les personnes redevables de la taxe d'habitation. Il faut être une personne physique ou une personne morale, et avoir, au 1er janvier de l'année N, la jouissance ou la disposition à titre privatif d'un local imposable.

Par exemple, sont imposables à la taxe d'habitation : le propriétaire d'une résidence principale ou secondaire, une personne ayant un domicile à l'étranger mais disposant en France d'un logement qu'elle peut occuper à tout moment, les fonctionnaires logés, etc.

Les locataires de locaux meublés sont également redevables de la taxe d'habitation dès lors que l'occupation privative des lieux est suffisamment permanente, sauf s'il s'agit d'un étudiant qui loue, ou sous-loue, une chambre meublée chez une autre personne.

Zeren Mercan et Marie-Pierre Pédron

L'impôt est dû au titre d'une année civile, du 1er janvier au 31 décembre.

RÉFÉRENCES

- *Bulletin officiel des finances publiques* n° BOI-IF-TH-10-20-10 – IF – TH – Champ d'application – Personnes imposables – Conditions d'assujettissement | bofip.impots.gouv.fr.
- Brochure pratique Impôts locaux 2022, p. 92.
- *Bulletin officiel des finances publiques* n° BOI-IF-TH-10-20-20 – IF – TH – Champ d'application – Personnes imposables – Cas particuliers | bofip.impots.gouv.fr.
- La notion de disposition d'un local imposable, qui a été précisée par le Conseil d'État, suppose que le contribuable ou sa famille ait la possibilité de l'occuper à tout moment et qu'il en ait la jouissance à titre privatif. BOI-IF-TH-10-20-10-IF-TH – Champ d'application – Personnes imposables – Conditions d'assujettissement | bofip.impots.gouv.fr

54

QUELLES DÉMARCHES ACCOMPLIR AUPRÈS DE L'ADMINISTRATION FISCALE À LA SUITE D'UN DÉMÉNAGEMENT ?

Lors d'un déménagement, l'émission des avis d'imposition des taxes d'habitation et de taxe foncière est gérée par le centre des finances publiques de votre ancien domicile pour l'année du déménagement (année N). Pour l'année suivante (N + 1), vos impôts sont gérés par le centre des finances publiques de votre nouveau domicile.

• En cas de déménagement en France

Vous devez déclarer votre changement d'adresse auprès de la Direction générale des finances publiques. Pour cela, il existe plusieurs options :

- en ligne : lors du remplissage de votre déclaration de revenus de l'année N (année du déménagement) ou bien à tout moment depuis votre espace particulier sur le site impots.gouv.fr ;
- par voie postale : en contactant le centre des finances publiques dont dépend votre adresse au 1er janvier de l'année N, en indiquant l'ancienne adresse, la nouvelle adresse, en précisant votre numéro fiscal (qui se trouve sur votre avis d'imposition) et vos coordonnées (nom, prénom, date et lieu de naissance, numéro de téléphone). Les coordonnées du centre des finances publiques gestionnaire du dossier figurent sur les avis d'impôt, dans le cadre « VOS DÉMARCHES », ou sur le site impots.gouv.fr, rubrique « Contact ».

Le changement d'adresse aura des effets sur l'émission de vos futures taxes foncières ou taxes d'habitation. Si vous décelez des anomalies à ce sujet lors de la réception de vos avis d'imposition, vous pouvez contacter votre centre des finances publiques ou bien effectuer une réclamation en ligne depuis votre espace personnel sur le site impots.gouv.fr.

• En cas de déménagement à l'étranger

Le centre des impôts dont vous dépendiez reste en charge de votre dossier jusqu'à votre déclaration de revenus de l'année N (année du déménagement), que vous remplirez en N + 1. Lors du remplissage de cette déclaration, il suffit de confirmer votre nouvelle adresse.

Si l'année du déménagement (année N), vous avez perçu des revenus imposables en France, avant et après votre départ, vous devrez remplir au titre de l'année N le formulaire n° 2042 en y inscrivant la totalité de vos revenus perçus entre le 1er janvier et votre date de déménagement, ainsi qu'un formulaire n° 2042-NR (non-résident) qui devra comprendre vos revenus de source française imposables en France, de la date du déménagement au 31 décembre.

Si durant l'année du déménagement, vous avez perçu des revenus de source étrangère entre le 1er janvier et la date du départ, ils doivent être déclarés sur le formulaire n° 2047 puis reportés sur la déclaration n° 2042.

Zeren Mercan et Marie-Pierre Pédron

RÉFÉRENCES

- Art. 1407 à 1417 du Code général des impôts.
- *Bulletin officiel des finances publiques* n° BOI-IF-TH.
- *Bulletin officiel des finances publiques* n° BOI-IF-TFB.
- Site service-public.fr – rubrique « Fiches pratiques par thème », « Argent – impôts – consommation », section « Impôts locaux ».

55

DOIT-ON DÉCLARER L'ARGENT GAGNÉ SUR LES PLATEFORMES VINTED, AIRBNB, LEBONCOIN... ?

LOUISE, Fouesnant (29)

L'argent gagné sur des plateformes collaboratives en ligne, quel que soit leur objet (ventes de biens ou de services, locations, etc.), doit en principe être déclaré même s'il s'agit de **revenus occasionnels** dès lors qu'ils proviennent de l'exercice d'une **activité lucrative** destinée à réaliser un bénéfice. C'est ainsi que la **vente de métaux précieux**, de bijoux, d'objets d'art, de collection ou d'antiquités pour un montant supérieur à 5 000 euros vous impose le paiement, au plus tard dans le mois suivant, d'une taxe forfaitaire sur les métaux précieux. De même, la **vente d'autres biens meubles** que vous ne souhaitez plus conserver (jouets, disques, vêtements, etc.) et dont le prix est également supérieur à 5 000 euros (hors meubles meublants, électroménagers ou automobiles qui sont exonérés) vous soumet, au plus tard dans le mois suivant, au régime d'imposition des plus-values de cession de biens meubles au taux de 19 %. La **location de biens meublés** même pour une courte durée vous oblige à en déclarer les revenus. Si le montant total de ces gains est inférieur à 72 600 euros, vous pouvez choisir entre deux dispositifs fiscaux : le régime « micro-BIC », le plus simple et le plus adapté aux activités occasionnelles, ou le régime « réel », plus complexe mais adapté aux activités professionnelles.

Sachez que depuis 2020, les plateformes et places de marché en ligne sont tenues d'adresser, au plus tard le 31 janvier de chaque année, un **décompte des opérations** réalisées et du montant brut perçu à ce titre à chacun de leurs utilisateurs et à l'administration fiscale.

Toutefois, une **dispense de déclaration** par les plateformes est prévue pour les revenus issus de la vente de biens d'occasion entre particuliers, ainsi qu'en cas de service sans objectif lucratif, dans le cadre d'un déplacement effectué pour son propre compte et avec partage de frais avec les bénéficiaires (de type covoiturage). Cette dérogation ne s'applique cependant qu'à condition de ne pas dépasser certains seuils d'activité fixés sur l'ensemble de l'année à moins de 3 000 euros de recettes ou moins de 20 transactions. Si vous avez dépassé chacun de ces 2 seuils (plus de 3 000 euros et plus de 20 transactions), la plateforme doit déclarer les revenus à l'administration fiscale et vous devez les déclarer également de votre côté.

Erwan Royer

RÉFÉRENCES

- Art. 242 *bis* (information de leurs utilisateurs par les plateformes de mise en relation par voie électronique) et 150-VI du Code général des impôts (taxe sur les métaux précieux, les bijoux, les objets d'art, de collection et d'antiquité).
- Sur les revenus de locations meublées : www.impots.gouv.fr/particulier/location-meublee.
- Sur les revenus de biens meubles (hors biens précieux) : www.impots.gouv.fr/sites/default/files/media/1_metier/1_particulier/EV/1_declarer/141_autres_revenus/eco-collabo-fiscal-vente-biens.pdf.

VOUS AUSSI, POSEZ VOS QUESTIONS

04

JUSTICE DU QUOTIDIEN

56
QUI A DROIT À L'AIDE JURIDIQUE ?

L'aide juridique englobe :

- l'aide juridictionnelle : frais générés par une procédure devant un tribunal judiciaire (procédure civile ou pénale) et devant un tribunal administratif ;
- l'aide à l'intervention de l'avocat dans les procédures non juridictionnelles : par exemple l'assistance à une personne placée en garde à vue.

Peuvent en bénéficier **les personnes de nationalité française, les ressortissants de l'Union européenne et les autres personnes étrangères lorsqu'elles résident habituellement et régulièrement sur le territoire français.** Par exception, les personnes ne remplissant pas ces conditions peuvent en bénéficier, soit en raison de leur âge (les mineurs), de leur situation procédurale (partie à une procédure pénale notamment), soit quand leur situation est particulièrement digne d'intérêt.

L'aide est attribuée sous conditions de ressources et lorsque la personne n'a pas d'assurance prenant en charge les frais de justice.

Le caractère insuffisant des ressources est apprécié en tenant compte :

- du revenu fiscal de référence : en 2022 pour une personne seule, ce seuil est de 11 580 euros (aide juridictionnelle totale) et 17 367 euros (aide juridictionnelle partielle). Ces plafonds de ressources sont revalorisés annuellement. Lorsque l'application du revenu fiscal de référence n'est pas possible, ce sont les ressources imposables qui sont prises en compte. Par exemple lorsqu'une personne veut divorcer, ce sont ses propres revenus qui seront pris en compte sur les six derniers mois et non le revenu fiscal du couple ;
- de la composition du foyer fiscal (majorations du plafond de ressources) ;
- de la valeur du patrimoine immobilier (terrains, maisons, etc.) et du patrimoine mobilier (épargne financière, voitures, autres biens de valeur). Actuellement, le plafond du patrimoine immobilier est de 34 734 euros et le plafond de l'épargne est de 11 580 euros. Ne sont pas pris en compte les biens dont la vente entraînerait un trouble grave pour la personne, par exemple lorsqu'elle a de faibles ressources, pas d'épargne et que son seul bien immobilier est la maison dans laquelle elle habite.

Aucune condition de ressource n'est exigée du mineur qui demande à être entendu dans une procédure le concernant, des victimes d'actes terroristes ou d'infractions graves de violences ou des personnes dont la situation est particulièrement digne d'intérêt.

Lorsque l'aide est partielle (55 ou 25 %), la personne supporte une partie des frais.

Quand l'aide est accordée, l'État prend en charge la rémunération de l'avocat, de l'huissier (devenu « commissaire de justice » depuis juillet 2022), **du notaire qui intervient lors du procès, mais également d'autres frais** (frais d'expertise...). En revanche, l'aide ne couvre pas les sommes auxquelles est condamnée la personne à l'issue de la procédure.

L'aide est refusée lorsque la procédure envisagée est manifestement irrecevable ou sans fondement, ou lorsque la demande est formée après la fin de la procédure.

Philippe Astruc et Cécile Capeau

RÉFÉRENCES

- Loi n° 91-647 du 10 juillet 1991.
- Décret n° 2020-1717 du 28 décembre 2020.
- Arrêté du 5 janvier 2022.

57

SI UNE PERSONNE REFUSE DE ME REMBOURSER L'ARGENT QU'ELLE ME DOIT, VERS QUI ME TOURNER ?

La saisie des rémunérations est une mesure d'exécution forcée qui porte sur les revenus d'activité d'un débiteur salarié, indemnités journalières de maladie, d'accident de travail ou ses indemnités versées par Pôle emploi. Ainsi, un créancier qui l'exerce peut se voir directement verser une partie du salaire de son débiteur en remboursement de la créance qui lui est due. Une retenue est alors effectuée par l'employeur qui doit verser mensuellement la somme prélevée au tribunal. Toutefois, les sommes ne peuvent être en principe prélevées que dans certaines limites fixées par un barème mis à jour chaque année. Il est toutefois obligatoire de laisser à la disposition du débiteur le solde bancaire insaisissable, c'est-à-dire au moins 575,52 euros.

Si les parties ne parviennent pas à trouver un accord ou que le débiteur ne comparait pas, la saisie est ordonnée.

Pour pouvoir engager une procédure de saisie de rémunération, il faut disposer d'un titre exécutoire, comme un jugement revêtu de la formule exécutoire, car il bénéficie de l'exécution provisoire ou qu'il n'est plus susceptible de recours.

Une requête est alors à adresser par le créancier au tribunal dont dépend le domicile du débiteur. Si celui-ci réside à l'étranger ou n'a pas de domicile connu, la procédure est portée devant le juge du lieu où demeure le tiers saisi (employeur). Une copie du titre exécutoire est jointe à la requête. Il n'est pas nécessaire d'être assisté d'un avocat ou d'un commissaire de justice même si cela peut être opportun afin de mesurer les chances de succès de cette procédure.

À la réception de la requête, le greffe convoque le débiteur et le créancier à une audience de conciliation devant le juge de l'exécution. Si le débiteur ne va pas retirer la lettre recommandée avec accusé de réception contenant la convocation et ne se présente pas à l'audience, il convient alors de le faire citer à une nouvelle audience par un commissaire de justice.

Lors de l'audience de conciliation, le juge tente de concilier le créancier et le débiteur (ou son représentant, en pratique souvent un commissaire de justice) sur un montant mensuel qui doit être versé par le débiteur directement au créancier avant une date convenue entre eux.

Si les parties ne parviennent pas à trouver un accord ou que le débiteur ne comparaît pas, la saisie est ordonnée.

Si les parties trouvent un accord, celui-ci est alors repris dans un procès-verbal de conciliation signé par elles et le juge. Si le débiteur ne respecte pas les termes de l'accord, le créancier peut alors immédiatement demander au greffe du tribunal de mettre en place la saisie des rémunérations, sans nouvelle convocation devant le juge.

Guillaume Mosser

RÉFÉRENCES

- www.justice.fr/simulateurs/saisies-remunerations/bareme.
- La liste des titres exécutoires figure dans l'art. L. 111-3 du Code des procédures civiles d'exécution.
- Modèle de requête : www.formulaires.service-public.fr/gf/cerfa_15708.do.
- Nouveau titre des anciens huissiers de justice depuis le 1er juillet 2022.

58
PUIS-JE REFUSER UNE CONVOCATION PAR LA POLICE OU LA GENDARMERIE ?

Les enquêtes pénales reposent beaucoup, au moins au départ, sur ce que peuvent dire les personnes concernées, qu'elles soient de simples témoins, une victime ou une personne suspectée. **Il est donc important pour les enquêteurs de pouvoir recueillir leurs déclarations dans des auditions** (on parle d'interrogatoire uniquement par un juge d'instruction s'agissant d'une personne mise en examen) dont le contenu sera consigné dans un **procès-verbal**.

Aussi, quel que soit le cadre juridique de l'enquête, la personne convoquée par un officier de police judiciaire (OPJ) est « tenue de comparaître », c'est-à-dire de se présenter au commissariat de police ou à la brigade de gendarmerie au jour et à l'heure mentionnés dans la convocation. En cas de difficulté, il convient de contacter téléphoniquement l'officier de police judiciaire dont le nom figure sur la convocation.

Si le témoin ou la personne suspectée ne se présente pas à la convocation, l'OPJ va en informer le procureur de la République **qui pourra la contraindre à le faire, au besoin par la force publique**. Il en est de même s'il est à craindre que la personne ne se présente pas à la convocation (en cas de risque de fuite, de risque de concertation ou de disparition des preuves par exemple).

Cette autorisation à contraindre la personne à comparaître par la force publique ne permet cependant pas à l'OPJ de pénétrer de force dans un domicile.

Le simple témoin ne pourra être retenu pour sa part que le temps strictement nécessaire à son audition, sans que cette durée ne puisse excéder quatre heures.

S'agissant de la personne suspectée dont on ignore où elle peut se trouver, le procureur de la République peut délivrer **un mandat de recherche**. Lorsque la personne sera découverte, elle sera alors placée en garde à vue.

S'agissant des enquêtes conduites par un juge d'instruction, des dispositions semblables existent, permettant de contraindre les personnes à comparaître.

Le Conseil constitutionnel et la Cour européenne des droits de l'homme ont validé ce type de dispositions qui cherchent à trouver un équilibre entre les nécessités de l'enquête et les libertés fondamentales des citoyens.

Philippe Astruc et Cécile Capeau

RÉFÉRENCES

- Décision n° 2012-257 QPC du 18 juin 2012.
- CEDH, 22 février 2011, *Soares c/ Roumanie*.
- Textes de référence : Art. 62, alinéa 2, 70, 77-4 et 78, alinéa 1 du C. pr. pén.

59

QUI PEUT ÊTRE APPELÉ COMME JURÉ ET PEUT-ON REFUSER D'ACCOMPLIR CE DEVOIR CIVIQUE ?

Le Code de procédure pénale en son article (Art. 255 du C. pr. pén.) dispose : « Peuvent remplir les fonctions de juré les citoyens de l'un ou l'autre sexe, âgés de plus de 23 ans, sachant lire et écrire en français, jouissant des droits politiques, civils et de famille et ne se trouvant pas dans une situation d'incapacité ou d'incompatibilité énumérés par les deux articles suivants. »

Le principe du droit français en matière de participation des citoyens aux jurys criminels est celui d'un caractère à la fois universel et obligatoire sanctionné en cas de défaut d'une amende pouvant aller jusqu'à 3 750 euros, le cas échéant, dans le cadre d'une contravention de cinquième classe.

Peuvent remplir les fonctions de juré les citoyens de l'un ou l'autre sexe, âgés de plus de 23 ans, sachant lire et écrire en français, jouissant des droits politiques, civils et de famille et ne se trouvant pas dans une situation d'incapacité ou d'incompatibilité.

Il existe toutefois des exceptions que sont les incapacités, incompatibilités et motifs de dispense.

Les causes d'empêchement sont évoquées lors d'une audience de révision de la liste des jurés de session et font l'objet d'un arrêt de révision.

- Les incapacités : elles résident dans la qualité de conjoint, parent, allié jusqu'au degré d'oncle ou de neveu de l'accusé et de son avocat, l'absence de maîtrise de la lecture et de l'écriture de la langue française, l'existence d'une mention au bulletin n° 1 du casier judiciaire, le fait d'être mis en accusation ou visé par un mandat de dépôt ou d'arrêt, pour les fonctionnaires le fait d'être révoqués, pour les officiers ministériels et membres des ordres professionnels d'être frappés d'interdiction d'exercer, pour les personnes d'être déclarées en état de faillite et non réhabilitées, le statut de majeurs protégés, la privation des droits politiques, civils et de famille par l'effet d'une condamnation judiciaire au fait d'avoir exercé les fonctions de juré depuis moins de cinq ans, ou encore d'être âgé de plus de 70 ans.
- Les incompatibilités : elles sont liées à l'exercice de missions ou mandats politiques nationaux, de magistrat, de haut fonctionnaire de l'État, de fonctionnaire des services de la police nationale ou de l'administration pénitentiaire, de militaire de la gendarmerie nationale en activité de service.
- Les dispenses : il s'agit des impossibilités de siéger pour motifs familiaux, professionnels ou de santé. Les jurés qui justifient d'un empêchement dûment documenté doivent se présenter à l'audience de révision et exposer les raisons qui les empêchent de siéger. On peut ici évoquer au premier chef les motifs médicaux concernant la personne de soi-même en produisant un certificat médical, les justifications familiales liées au décès d'un proche, à la garde d'enfants ou de parents âgés, dépendants ou malades, les raisons professionnelles telles que la gestion d'un commerce, d'une entreprise unipersonnelle et l'absence d'employés pour faire face à l'activité économique, l'exercice d'une activité libérale sans collaborateurs ni employés.

Les dispenses peuvent être soit totales, soit partielles.

David Sénat

RÉFÉRENCE

- Art. 254 à 267 et 288 à 292 du C. pr. pén.

60
LA PLAINTE QUE J'AI DÉPOSÉE A ÉTÉ CLASSÉE SANS SUITE, QUE FAIRE ?

Dans l'hypothèse où une plainte pénale est classée sans suite par le procureur de la République, il est d'abord possible de déposer un recours hiérarchique devant le procureur général près la Cour d'appel. Ce recours s'effectue sous la forme d'une lettre recommandée avec accusé de réception étant observé que les adresses postales des tribunaux judiciaires et des cours d'appel se trouvent aisément sur internet. Si le procureur général estime que le classement sans suite n'est pas fondé, il peut enjoindre au procureur de la République d'engager des poursuites. En revanche, s'il estime le recours hiérarchique infondé, il en informe l'intéressé (l'auteur du recours).

Il y a aussi une seconde possibilité : déposer une plainte avec constitution de partie civile devant le doyen des juges d'instruction du tribunal judiciaire (non pas de l'endroit où vous habitez, mais de celui dans le ressort duquel l'infraction a été commise ou bien où réside l'auteur présumé de l'infraction). Selon des conditions précisées dans le Code pénal (art. 113-1 et s. C. pén.), il est possible de saisir la justice française d'une infraction (vol, escroquerie, violences, etc.) qui aurait été commise à l'étranger. Dans toute plainte avec constitution de partie civile, il faut justifier de votre plainte préalable adressée au procureur de la République et du classement sans suite subséquent (ou de l'absence de réponse du procureur de la République depuis trois mois). En pratique, la plainte avec constitution de partie civile reprend les termes de la plainte préalable adressée au procureur de la République. Cette plainte doit être accompagnée de toutes les pièces justificatives se rapportant à l'infraction pénale (ITT par exemple) et des trois derniers avis d'imposition de l'auteur de la plainte. Ces avis sont précieux au moment où le doyen des juges d'instruction est appelé à déterminer le montant de la consignation (somme d'argent) que l'auteur de la plainte doit en règle générale (sauf dispense tenant à la faiblesse des revenus) verser au greffe de la juridiction dans un délai qui est en principe d'un mois. Cette consignation est destinée à garantir le paiement d'une éventuelle amende civile (d'un montant maximal de 15 000 euros) dans l'hypothèse où la plainte serait jugée abusive ou dilatoire.

Enfin, la dernière possibilité de vaincre l'inertie du procureur de la République consiste à procéder par voie de citation directe devant la juridiction de jugement. Cette procédure qui permet de saisir directement une juridiction de jugement (tribunal de police, tribunal correctionnel à l'exclusion d'une cour d'assises) est possible en matière de contraventions et de délits. Elle suppose que toutes les preuves de l'infraction soient déjà suffisamment rassemblées. La procédure de citation directe nécessite d'avoir recours à un commissaire de justice (anciennement huissier de justice) aux fins de notifier à l'auteur prétendu de l'infraction une convocation à comparaître devant la juridiction compétente à une date convenue d'un commun accord avec les services judiciaires. Sans être obligatoire, le recours aux services d'un avocat est ici fortement conseillé…

Dominique Inchauspé

RÉFÉRENCES

- Art. 40-3, 52, 88-1, 177-2, 550 et s. du C. pr. pén.
- Art. 113-3 et 113-7 du C. pén.

61
QUELS SONT MES DROITS À L'OCCASION D'UNE OPÉRATION DE CONTRÔLE D'IDENTITÉ ?

Les contrôles d'identité peuvent être définis comme des pratiques policières visant à établir l'identité d'une personne qui se trouve le plus souvent sur la voie ou dans un lieu public. **Les opérations de contrôles d'identité comportent deux étapes. La première, obligée, se situe au moment où l'agent des forces de l'ordre demande l'identité de la personne qui est mise à sa disposition : c'est le contrôle d'identité sens strict. La seconde phase, facultative, prend naissance au moment où l'intéressé va devoir être retenu aux fins d'investigation coercitive car il ne peut pas ou ne veut pas justifier de son identité. C'est la phase dite de vérification d'identité.**

Les contrôles d'identité peuvent prendre place dans de multiples situations (art. 78 et s. C. pr. pén.). Certains contrôles – dit de police judiciaire – sont étroitement liés à la situation de la personne contrôlée à l'encontre de laquelle le policier ou le gendarme a des soupçons d'avoir commis ou tenté de commettre une infraction, de se préparer à commettre un crime ou un délit, de faire l'objet de recherches ordonnées par l'autorité judiciaire, etc. D'autres contrôles ont une finalité préventive et visent à prévenir une atteinte à l'ordre public, singulièrement une atteinte à la sécurité des personnes et des biens. À ces deux catégories de contrôles traditionnels s'ajoutent désormais des contrôles plus novateurs. Sur réquisitions écrites aux fins de recherche et de poursuite d'infractions qu'il précise, le procureur de la République peut en effet ordonner des contrôles d'identité d'une certaine envergure dans des lieux et pour une période de temps qu'il détermine. Enfin, des opérations de contrôle d'identité peuvent prendre place dans des zones particulièrement perméables à l'immigration clandestine et aux trafics. Ce sont les contrôles « Schengen » dans les gares ferroviaires et routières, les ports, les aéroports, les zones frontalières ainsi que certaines sections autoroutières et lignes ferroviaires effectuant une liaison internationale.

Sans être obligatoire, le port de la carte nationale d'identité ou de documents administratifs équivalents (passeport, permis de conduire) **est fortement conseillé**. En l'absence de papiers suffisamment probants, la personne contrôlée a de fortes chances d'être conduite au commissariat ou à la brigade de gendarmerie pour de plus amples vérifications. Coercitive, cette phase de vérification d'identité se traduit concrètement par la rétention de la personne qui refuse de justifier de son identité ou qui se trouve dans l'impossibilité de le faire. Décidée par un officier de police judiciaire, cette rétention ne doit durer que le temps strictement nécessaire à l'établissement de l'identité sans pouvoir excéder quatre heures. Si la personne retenue persiste dans son refus de révéler son identité ou fournit des renseignements manifestement inexacts, ces vérifications sommaires laisseront place à des investigations techniques fondées sur la prise d'empreintes digitales ou de photographies. Tout refus de se prêter à ces vérifications constitue un délit pénal. Soulignons enfin que toute personne retenue doit avoir la possibilité de prévenir (ou de faire prévenir) sa famille ou toute personne de son choix ainsi que le procureur de la République de la mesure.

Frédéric Debove

RÉFÉRENCES

- Art. 78-1 à 78-7 du C. pr. pén.
- C. cons., décision n° 93-323 DC du 5 août 1993
- C. cons., décision n° 2016-606 QPC du 24 janvier 2017
- C. civ., 1re, 9 novembre 2016, pourvoi n° 15-25.873

62

DOIS-JE OBLIGATOIREMENT ÊTRE ASSISTÉ PAR UN AVOCAT À L'OCCASION D'UN PROCÈS ?

En matière pénale, le principe est celui de la possibilité d'être assisté par un avocat et, de façon limitée, l'obligation de l'être.

Cette possibilité résulte notamment de l'art. 6-3 de la Convention européenne de sauvegarde des droits de l'homme qui énonce que « toute personne a droit notamment à se défendre lui-même ou avoir assistance d'un défenseur de son choix et, s'il n'a pas les moyens de rémunérer un défenseur, pouvoir être assisté gratuitement par un avocat d'office, lorsque les intérêts de la justice l'exigent ».

Ce principe a été repris dans l'article préliminaire du Code de procédure pénale qui prévoit que « toute personne suspectée ou poursuivie [...] a droit [...] d'être assistée d'un défenseur ».

Il y a une obligation à être assisté par un avocat dans des cas limités :

- pour les audiences criminelles ;
- pour un mineur, à toutes les audiences qui concernent la juridiction des mineurs ou s'il s'agit d'une personne atteinte d'une infirmité de nature à compromettre sa défense ;
- pour les audiences de comparution immédiate devant le tribunal correctionnel ;
- pour les procédures correctionnelles de comparution sur reconnaissance préalable de culpabilité (CRPC).

En matière civile, l'assistance de l'avocat est possible pour tous les contentieux et obligatoire pour certaines actions en justice :

- pour les litiges dont le montant de la demande est supérieur à 10 000 euros ou dont le montant est indéterminé ;
- pour régler les difficultés d'exécution de ces décisions, ainsi que pour liquider les astreintes supérieures à 10 000 euros ;
- en matière familiale, pour les changements de contrat de mariage, les procédures de divorce ou de séparation de corps, la révision de la prestation compensatoire, l'action en partage, le retrait d'autorité parentale, une demande de droit de visite des grands-parents, une action en recherche de paternité ou en contestation de filiation, pour certaines procédures d'adoption, pour les litiges relatifs aux successions ;
- dans d'autres domaines : lors d'une procédure d'expropriation, de saisie immobilière, pour contester un refus de délivrance d'un certificat de nationalité française, lors d'une procédure fiscale ou douanière, pour une demande en réparation d'un préjudice corporel ;
- pour certaines procédures urgentes lorsque l'adversaire n'est pas informé (ordonnances sur requête présentées au président du tribunal judiciaire).

Devant la cour d'appel, les parties sont tenues, sauf exception, de se faire assister par un avocat.

Philippe Astruc et Cécile Capeau

RÉFÉRENCES

- Art. 317, 397, 417, al. 4 et 495-8 du C. pr. pén.
- Art. L. 12-4 du Code de la justice pénale des mineurs.
- Art. 760, 761, 846, 899 et 1139 du C. pr. civ.
- Art. R. 311-9 du Code de l'expropriation pour cause d'utilité publique.
- Art. R. 311-4 du Code des procédures civiles d'exécution.
- Art. L. 211-4-1 du Code de l'organisation judiciaire.

63 COMMENT SONT FIXÉS LES HONORAIRES D'UN AVOCAT ?

L'honoraire de l'avocat est la légitime rémunération du travail fourni et du service rendu.

La profession d'avocat n'étant pas réglementée comme l'est celle de notaire notamment, **la fixation des honoraires d'un avocat repose donc sur un principe de liberté et de négociation de ceux-ci**, selon un modèle libéral classique assez proche de celui applicable aux relations entre un professionnel et un profane, modèle libéral toutefois tempéré par le recours préalable au médiateur national de la consommation de la profession d'avocat, au bâtonnier et au premier président de la cour d'appel pour faire taxer les honoraires.

Le principe est donc celui de la liberté de la fixation des honoraires par l'avocat, qui les soumet à son client lors d'un premier rendez-vous, à charge pour ce dernier de les accepter ou non dans le cadre d'une discussion préalable qui doit être le cadre d'un échange permettant au client d'être pleinement informé de la dimension financière de la défense, et notamment du calcul de celle-ci. La détermination des honoraires peut et, le cas échéant, doit donc faire l'objet d'une négociation entre l'avocat et le client potentiel.

La proposition faite par l'avocat à son client est fonction de plusieurs facteurs pondérés : la situation de fortune du client, la notoriété et la compétence particulière de l'avocat qui peut faire état d'une spécialité officiellement reconnue par la profession, la complexité de l'affaire et les recherches à effectuer, les coûts exposés par l'avocat, et bien entendu le temps passé.

La proposition doit faire l'objet d'un règlement forfaitaire dans le cadre d'une convention écrite globale et définitive, conclue et signée dès le début de la relation professionnelle par l'avocat et son client qui précise le montant ou le mode de détermination des honoraires couvrant les diligences prévisibles, ainsi que les divers frais et débours envisagés. Celle-ci peut, le cas échéant, prévoir un honoraire complémentaire en fonction du résultat obtenu par l'avocat, le service rendu et la situation financière du client si celle-ci devait évoluer de manière positive par hypothèse.

En cas de litige concernant les honoraires et leur montant, le client peut soit saisir préalablement le médiateur de la consommation de la profession d'avocat, soit saisir directement le bâtonnier d'une procédure de taxation d'honoraires, à charge d'appel devant la cour d'appel.

David Sénat

RÉFÉRENCES

- Loi du 31 décembre 1971.
- Loi du 10 juillet 1991.
- Loi du 6 août 2015.
- Art. L. 612-1 du C. cons.
- Art. 11.2 et s. du règlement intérieur national de la profession d'avocat.

64

QUELS SONT MES DROITS EN GARDE À VUE OU EN AUDITION LIBRE ?

La garde à vue et l'audition libre sont deux régimes d'audition visant à entendre une personne à l'égard de laquelle il existe des raisons plausibles de soupçonner qu'elle a commis ou tenté de commettre une infraction.

À la différence de l'audition libre, la garde à vue contraint la personne soupçonnée à être entendue en la maintenant à la disposition des enquêteurs dans les locaux de la police ou de la gendarmerie.

Les personnes entendues sous le régime de l'audition libre, quant à elles, peuvent quitter les locaux à tout moment. En pratique, dans cette hypothèse, l'officier de police judiciaire pourra transformer cette audition libre en garde à vue.

Le choix entre l'audition libre et la garde à vue relève, en fonction du cadre procédural (enquête ou information judiciaire), de la compétence de l'officier de police judiciaire, du procureur de la République ou du juge d'instruction. Ils peuvent intervenir sur convocation.

Compte tenu du caractère coercitif de la garde à vue, les droits conférés à la personne gardée à vue diffèrent de ceux octroyés à la personne auditionnée librement.

Ainsi, **les droits en matière d'audition libre sont les suivants** :

- la notification de la qualification, de la date et du lieu présumé de l'infraction qu'elle est soupçonnée d'avoir commis ou tenté de commettre ;
- le droit de quitter les locaux ;
- le droit d'être assistée d'un interprète ;
- s'il lui est reproché une infraction punie d'une peine d'emprisonnement, le droit d'être assistée par un avocat ;
- le droit de se taire.

La personne gardée à vue dispose, en outre, des droits supplémentaires afin de tenir compte de la situation de contrainte dans laquelle elle est placée :

- le droit de faire prévenir téléphoniquement un proche ;
- le droit de se faire examiner par un médecin ;
- le droit à l'assistance d'un avocat.

En principe, la garde à vue a une durée de vingt-quatre heures renouvelable une fois. Comme l'audition libre n'est pas une audition sous contrainte, il n'existe aucune durée maximale.

En toute hypothèse, que ce soit pour une garde à vue ou une audition libre, il est fortement conseillé de consulter un avocat. Les déclarations recueillies au cours de ces auditions seront utilisées plusieurs mois, voire plusieurs années après, au stade du jugement : il s'agit donc de la première étape d'un marathon judiciaire.

Paul Mallet

RÉFÉRENCES

- Art. 61-1 et 77 (audition libre), 62-2 à 65 du C. pr. pén. (garde à vue)
- Art. L. 411-1 et s. du Code de justice pénale des mineurs.
- Cons. const., QPC, 30 juillet 2010, n° 2010-14/22
- Cass. crim., 24 mai 2016, n° 16-80.564 (délai pour informer le procureur).
- Cass. crim., 2 mai 2002, n° 01-88.453 (notification tardive des droits).
- Cass. crim., 26 mars 2008, n° 07-83.814 (conséquences de la nullité de la garde à vue).

65
J'AI REÇU UNE RÉQUISITION JUDICIAIRE, DOIS-JE OBLIGATOIREMENT Y RÉPONDRE ?

Les réquisitions judiciaires sont un moyen de recherche de preuves qui permettent aux autorités de requérir la remise de documents, la mise à disposition d'informations ou la conservation de données intéressant l'enquête ou l'information judiciaire.

Les officiers de police judiciaire agissant dans le cadre d'une enquête de police, ou le juge d'instruction dans le cadre d'une information judiciaire, ont ainsi la possibilité de requérir « de toute personne, de tout établissement ou organisme privé ou public ou de toute administration publique qui sont susceptibles de détenir des informations intéressant l'enquête, y compris celles issues d'un système informatique ou d'un traitement de données nominatives, de [leur] remettre ces documents, sans que puisse lui être opposée, sans motif légitime, l'obligation au secret professionnel ».

« [T]oute personne » (à l'exception de certaines professions comme les avocats, les journalistes, les médecins, les huissiers et les notaires) est tenue de répondre à la réquisition.

« [T]oute personne » (à l'exception de certaines professions comme les avocats, les journalistes, les médecins, les huissiers et les notaires) est tenue de répondre à la réquisition. Le fait de s'opposer à une telle réquisition ou de ne pas y répondre « dans les meilleurs délais » est puni d'une amende de 3 750 euros.

Les personnes morales, par exemple une société commerciale, sont comprises dans les personnes tenues de répondre aux réquisitions judiciaires, et ce d'autant que le taux maximum de l'amende applicable à ces personnes est égal au quintuple de celui prévu pour les personnes physiques (soit une amende de 18 750 euros).

En pratique, à réception de la réquisition judiciaire, il convient de toujours vérifier sur le document les références de la procédure, le numéro de téléphone et l'identité de l'expéditeur. On constate ces derniers mois une augmentation des fraudes de type « fraude au président » où une personne se fait passer pour une autorité judiciaire afin de se voir remettre une somme d'argent ou un bien.

Il est également conseillé de ne jamais évoquer une réquisition judiciaire avec un tiers. Il s'agit d'un acte d'enquête qui peut, s'il est révélé à des tiers, entraver le bon déroulement des investigations et de la manifestation de la vérité.

En pratique, si la réquisition porte sur un nombre important de documents, il est recommandé de conserver une liste et un double des documents. À la suite d'une réquisition, les autorités de poursuite peuvent effectivement procéder à l'audition de la personne destinataire de la réquisition (audition libre ou garde à vue par exemple). Il sera utile à votre avocat, pour la préparation de cette audition, d'avoir connaissance des documents préalablement remis.

Paul Mallet

RÉFÉRENCES

- Art. 60-1 et 60-2 (enquête de flagrance), 77-1-1 et 77-1-2 (enquête préliminaire), 99-3 et 99-4 (information judiciaire) et 131-38 (personnes morales) du C. pr. pén.
- Cass. crim., 17 décembre 2013 : *Bull. crim.* n° 259.
- Cass. crim., 19 mars 2014 : *Bull. crim.* n° 88.

66
PUIS-JE FAIRE EFFACER MON CASIER JUDICIAIRE ?

Il est possible de faire effacer son casier judiciaire sous certaines conditions.

Le casier judiciaire d'une personne recense toutes les décisions judiciaires ayant fait l'objet d'une condamnation pénale.

Celui-ci est composé de trois bulletins :

- **Le bulletin n° 1** est le relevé intégral des condamnations, y compris les contraventions ou encore les peines prononcées lors de la minorité.

  Seules les autorités judiciaires ont accès au B1.
- **Le bulletin n° 2** est un relevé de condamnations expurgées (certaines condamnations n'y figurent pas).

  Seuls le service public et certains employeurs privés ont accès au B2.
- **Le bulletin n° 3** comporte uniquement les condamnations les plus graves et notamment les peines privatives de liberté d'une durée supérieure à deux ans.

Lors de l'audience, le justiciable peut solliciter une non-inscription au B2. La requête est alors acceptée ou rejetée, selon la libre appréciation des magistrats.

L'effacement du casier judiciaire peut être automatique (réhabilitation légale) ou faire l'objet d'une procédure judiciaire sur requête de l'intéressé (réhabilitation judiciaire).

Il n'est pas possible pour les condamnations les plus graves (crimes, délits d'agression sexuelle, etc.).

La suppression d'une mention sur le B1 entraîne sa suppression sur les B2 et B3 automatiquement.

En cas de réhabilitation légale, certains délais s'imposent :

- 3 ans pour les dispenses de peine et les contraventions ;
- 5 ans pour une condamnation d'une peine d'emprisonnement de 1 an maximum ou une peine alternative ;
- 10 ans pour une condamnation à une seule peine d'emprisonnement de 10 ans maximum ou pour des condamnations à plusieurs peines d'emprisonnement ne dépassant pas une durée supérieure à 5 ans au total ;
- 40 ans pour toutes les autres mentions du casier judiciaire ;
- les crimes contre l'humanité et les crimes de guerre sont imprescriptibles.

Ces délais courent à compter du jour de l'accomplissement total de la peine ou de sa prescription (3 ans pour les contraventions, 6 ans pour les délits et 20 ans pour les crimes). Ils sont doublés en cas de récidive légale.

En outre, le décès de la personne concernée ou son 100e anniversaire entraîne l'effacement automatique de son casier judiciaire.

L'effacement du B2 et du B3, par voie de réhabilitation judiciaire, permet de s'exonérer du délai de réhabilitation légale.

Une requête doit être adressée au procureur de la République du tribunal judiciaire ayant prononcé la dernière condamnation.

Le requérant doit avoir exécuté intégralement sa peine et justifier d'un intérêt (souvent professionnel) à cet effacement.

À l'issue de l'instruction de la requête par le ministère public, le requérant est convoqué à une audience au cours de laquelle il devra communiquer tous les justificatifs.

Un avocat n'est pas obligatoire pour une telle procédure, mais son intervention reste fortement conseillée.

Jessica Fievez

RÉFÉRENCES

- Art. 133-12 à 133-17 du C. pén.
- Art. 774 et s. et art. R. 70 du C. pr. pén.

67
VICTIME D'UN ACCIDENT DE LA CIRCULATION, COMMENT OBTENIR L'INDEMNISATION DE MON PRÉJUDICE AUPRÈS DE L'ASSURANCE DU RESPONSABLE ?

L'accident de la circulation peut revêtir de nombreuses situations, pouvant aller du bris de taule à des conséquences corporelles dramatiques. La loi du 5 juillet 1985 est venue encadrer toutes les situations découlant d'un accident de la circulation. **Pour être considéré comme un accident de la circulation, celui-ci doit avoir lieu sur une voie de circulation, publique ou privée.**

Il convient d'insister sur le critère de véhicule terrestre à moteur (VTM) pour déterminer si la loi du 5 juillet 1985 est applicable. Ainsi, l'utilisateur d'un fauteuil roulant électrique, d'une trottinette, d'un vélo (y compris les cycles à vitesse limitée avec assistance électrique nécessitant une action de pédalage) est considéré comme un piéton. En revanche, les trottinettes électriques dont la vitesse peut dépasser 25 km/h et les cycles électriques (sans obligation de pédaler) sont assimilés à un VTM.

Chaque accident doit faire l'objet d'une déclaration à sa compagnie d'assurances. C'est sur la base de celle-ci que la compagnie va prendre les premières décisions (provisions, remboursement du véhicule, etc.). Ensuite, **il est essentiel de démontrer la matérialité des faits**, par le biais d'un constat rempli par les conducteurs impliqués, ou alors pour les accidents les plus graves grâce à l'intervention des forces de l'ordre.

En effet, généralement la compagnie d'assurances va attendre de recevoir l'un de ces documents pour se prononcer sur les responsabilités des conducteurs impliqués (**les passagers et les piétions bénéficiant d'une indemnisation intégrale, sauf s'ils ont volontairement recherché le dommage subi**).

Lorsque les circonstances de l'accident demeurent indéterminées, la jurisprudence a instauré un régime protecteur : le doute profite à la victime et son indemnisation demeure intégrale.

Si le conducteur est entièrement responsable de son accident, il est possible d'être indemnisé de ses préjudices s'il dispose d'une garantie du conducteur (voitures) ou du pilote (motos). Ici, l'indemnisation de son préjudice est délimitée par son contrat.

Une fois la déclaration d'accident faite et la matérialité de l'accident démontrée, la compagnie d'assurances de la victime mettra en place les premiers jalons de l'indemnisation (envoi d'un questionnaire pour obtenir les informations, notamment sur l'état de santé des victimes). De ces informations, la compagnie pourra tirer les premières conséquences, comme verser une provision et organiser une expertise médicale.

Enfin, lorsque le tiers responsable de l'accident n'est pas assuré, est inconnu ou est un animal sauvage, par exemple, le Fonds de garantie intervient dans les mêmes conditions que n'importe quel assureur, sauf que l'intervention de celui-ci est subsidiaire (il n'indemnise que ce qui n'a pu l'être par un autre assureur).

Antoine Duvergé

RÉFÉRENCES

- Loi n° 85-677 du 5 juillet 1985.
- Art. R. 412-34, R. 412-43-1 à R. 412-43-3 et R. 311-1 du C. route.
- Art. 211-9 et L. 240-1 du Code des assurances.
- Cass. civ. 2e, 6 mai 2021, n° 20-14551.
- Cass. civ. 2e, 8 juin 1995, n° 93-18.524.
- Cass. civ. 2e, 21 décembre 2006, n° 05-20.900.
- Décret n° 2016-364 du 29 mars 2016 fixant les exigences de sécurité concernant les bicyclettes.

68
JE CHUTE À DOMICILE, PUIS-JE ÊTRE INDEMNISÉ ?

Une chute à son domicile est une situation des plus banales. Qui n'est jamais tombé chez soi ?

Si bien heureusement la plupart du temps il s'agit de chutes anodines, certaines entraînent des conséquences bien plus graves. La gravité des chutes étant très souvent en relation avec l'âge, il paraît essentiel d'être « couvert » pour ce type de chute.

En cas de chute à son domicile, le premier réflexe est de penser à son assurance habitation. Or celle-ci n'a pas pour but de garantir les dommages corporels de l'assuré mais uniquement ceux relatifs à l'habitation assurée ou ceux causés par l'assuré à un tiers.

Lorsque l'assuré lui-même se blesse à son domicile, il doit alors vérifier ses autres contrats d'assurance.

Il est possible d'interroger directement son assureur et de solliciter la copie des conditions générales (fascicule reprenant les garanties) et particulières (documents signés par les parties synthétisant les garanties) de l'ensemble des contrats d'assurance souscrits.

Une fois en possession de ces documents, **il est essentiel de rechercher si l'un des contrats est un contrat garantissant les « accidents de la vie »**. Classiquement, l'accident est défini comme un évènement survenu lors d'activités domestiques, scolaires et de loisirs.

Bien évidemment, chaque contrat est différent et l'indemnisation varie selon les garanties ou les options souscrites.

Ensuite, **il est important d'examiner les conditions « d'application » du contrat** grâce aux conditions particulières et générales de celui-ci.

En effet, les contrats dits « garantie accident de la vie » comprennent un certain nombre d'exclusions, comme les actes de violences volontaires, les accidents pouvant être indemnisés par un tiers (accident de la circulation par exemple).

Il conviendra alors de déclarer à la compagnie d'assurances l'accident ayant entraîné un dommage corporel afin de mettre en œuvre les garanties du contrat.

Les contrats de garantie d'accidents de la vie ont généralement un seuil d'intervention minimum, c'est-à-dire qu'en dessous d'un certain niveau de séquelles, le contrat ne s'applique pas ou les garanties varient selon l'évaluation des séquelles. Il est donc essentiel d'évaluer ses séquelles par le biais d'une expertise médicale.

Cette expertise est organisée par le médecin de la compagnie d'assurances et éventuellement le médecin choisi par l'assuré.

Enfin, **il existe plusieurs types d'indemnisations prévus dans les contrats de garantie d'accidents de la vie**, soit :

- indemnitaire : sur les bases du droit commun mais en fonction des postes de préjudices et leurs définitions retenues dans le contrat ;
- forfaitaire : selon le mode de calcul défini dans le contrat ;
- mixte : une partie forfaitaire selon les séquelles pour certains postes de préjudices et indemnitaire pour d'autres postes de préjudices.

Une fois les conséquences de l'accident connues, la compagnie d'assurances formule une offre d'indemnisation à la victime conformément aux garanties contractuelles. La victime a la possibilité de négocier cette offre à la condition qu'il ne s'agisse pas d'une indemnisation forfaitaire (puisque le montant de l'indemnisation est fixé par le contrat).

Antoine Duvergé

RÉFÉRENCE

- Art. 1101 et s. du C. civil.

69

VICTIME D'UNE AGRESSION, COMMENT PUIS-JE ÊTRE INDEMNISÉ SI MON AGRESSEUR N'A PAS LES MOYENS DE LE FAIRE ?

Une agression est un fait volontaire pénalement répréhensible portant atteinte à l'intégrité tant physique que mentale de la victime. Il peut s'agir de faits volontaires comme des violences, d'un vol ou encore de faits involontaires.

Il est essentiel que la victime dépose plainte afin de dénoncer les faits dont elle a été victime et de faire connaître sa qualité de victime à l'autorité judiciaire.

Lorsqu'un procès pénal est engagé à l'encontre de l'auteur d'une infraction, il est essentiel que **la victime se constitue partie civile**, c'est-à-dire qu'elle demande la reconnaissance de son statut de victime.

Ce n'est qu'à cette condition que la victime peut solliciter une indemnisation à la suite de son préjudice.

Si l'auteur de l'infraction n'a pas les moyens financiers de réparer le préjudice qu'il a causé, ou s'il est inconnu ou a disparu, plusieurs institutions ont été créées par le législateur pour permettre aux victimes d'être indemnisées.

Il s'agit de la **Commission d'indemnisation des victimes d'infractions** (Civi) et du **Service d'aide au recouvrement des victimes d'infractions** (Sarvi).

Ces procédures distinctes ne peuvent pas se cumuler.

L'organisme qui est alors chargé d'indemniser la victime est le Fonds de garantie des victimes des actes de terrorisme et d'autres infractions (FGTI).

Pour toutes les atteintes mineures et les atteintes aux biens, il est possible de saisir le Sarvi, sous certaines conditions :

- être un particulier ;
- avoir une décision pénale qui reconnaît la qualité de victime et octroie des dommages-intérêts ;
- la décision judiciaire doit être devenue définitive (aucun appel ni pourvoi en cassation formé par les parties) ;
- le condamné n'a pas réglé les sommes qui sont dues à la victime ;
- la demande d'indemnisation au Sarvi doit être adressée dans l'année suivant la décision définitive allouant ces sommes.

La Civi est une juridiction judiciaire à part entière. Elle doit être saisie par voie de requête dans les trois ans suivant l'infraction ou dans l'année suivant la décision pénale définitive.

Il existe plusieurs conditions cumulatives pour saisir la Civi :

- être victime de faits volontaires ou non qui présentent le caractère matériel d'une infraction ;
- le fait doit :
  - avoir entraîné la mort, ou une incapacité permanente ou encore une incapacité totale de travail personnel au minimum d'un mois,
  - être une infraction à caractère sexuel, tel que le viol, une agression ou atteinte sexuelle ou encore la traite d'êtres humains ;
- la victime doit être de nationalité française ou le fait doit avoir été commis sur le territoire national.

Ce fait ne doit pas être un accident de la circulation relevant de la loi n° 85-677 du 5 juillet 1985, ni d'acte de chasse, ni un acte de terrorisme ou un acte lié à l'amiante.

Devant la Civi, le FGTI est à la fois la partie adverse et l'organisme en charge de l'indemnisation de la victime.

Il est important de rappeler que devant la Civi, le FGTI peut opposer la faute de la victime (c'est-à-dire qu'elle a contribué à son propre dommage) pour exclure ou réduire son indemnisation.

La Civi est une juridiction totalement autonome qui n'est pas tenue par les décisions du juge pénal.

Antoine Duvergé

RÉFÉRENCE

- Art. 418 à 426, 706-3 à 706-15 et 706-15-1 à 706-15-2 du C. pr. pén.

70
QUEL DOMMAGE EXACTEMENT EST INDEMNISÉ LORSQUE JE SUIS UNE VICTIME ?

Lorsque l'on est une victime, il est essentiel de pouvoir déterminer l'étendue de son préjudice afin de savoir ce qui peut être indemnisé.

L'adage « tout le préjudice, rien que le préjudice » peut se traduire par le principe selon lequel la réparation a pour but de rétablir la victime dans la situation antérieure à l'accident, comme si le fait dommageable n'avait jamais eu lieu.

Cette réparation intégrale du préjudice irrigue toute procédure de réparation du préjudice corporel en France.

Bien évidemment, certaines victimes ou leurs proches ne pourront jamais retrouver la situation antérieure. Reste que le législateur et le monde judiciaire ont dû trouver des réponses adéquates pour permettre à la victime d'obtenir une réparation.

Le **préjudice matériel** est la dégradation ou la destruction d'un bien, comme une voiture, à la suite du fait dommageable.

Il suffit alors de démontrer la propriété du bien, sa valeur pour en demander la réparation. Il est possible qu'une expertise du bien soit réalisée.

Si la Cour de cassation rappelle régulièrement que la réparation du dommage ne doit procurer aucun enrichissement à celui qui en est la victime, le dommage ne peut davantage lui causer une perte.

En ce qui concerne le **préjudice corporel**, il convient de déterminer l'atteinte subie. Pour ce faire, il a été nécessaire d'élaborer une nomenclature commune servant de référentiel pour avoir une classification non exhaustive des préjudices corporels : la nomenclature Dintilhac. Cette nomenclature sert de socle à la réparation du préjudice corporel notamment pour les expertises médicales réalisées pour connaître l'étendue du dommage corporel de la victime.

Elle vient dresser une liste de postes de préjudices distinguant l'ensemble des préjudices temporaires (avant la date de consolidation), des préjudices permanents (après la date de consolidation) ainsi que des préjudices pour les victimes par ricochet :

- Les préjudices patrimoniaux temporaires, par exemple :
  - dépenses de santé actuelles ;
  - pertes de gains professionnels actuels.
- Les préjudices patrimoniaux permanents, par exemple :
  - dépenses de santé futures ;
  - frais de véhicule adapté ;
  - préjudice scolaire.
- Les préjudices extrapatrimoniaux temporaires, par exemple :
  - déficit fonctionnel temporaire (**évalué entre 0 à 100 %**) ;
  - souffrances endurées (échelle de 0 à 7) ;
  - préjudice esthétique temporaire (échelle de 0 à 7).
- Les préjudices extrapatrimoniaux définitifs, par exemple :
  - déficit fonctionnel permanent (évalué entre 0 à 100 %) ;
  - préjudice esthétique permanent (échelle de 0 à 7).
- Les préjudices liés à des pathologies évolutives.
- Les victimes indirectes (par ricochet) : pour les proches d'une victime décédée ou gravement blessée :
  - en cas de décès de la victime directe, par exemple :
    > frais d'obsèques,
    > perte de revenus des proches ;
  - en cas de survie de la victime directe, par exemple :
    > perte de revenus des proches.

Il n'existe pas de liste complète de tous les dommages qui peuvent être indemnisés, car il y a autant de postes de préjudices qu'il y a de victimes. Il appartient néanmoins à la victime de démontrer et de prouver l'ensemble des dommages qu'elle a subi.

Antoine Duvergé

RÉFÉRENCES

- Art. 1240 du C. civ.
- Cass. civ. 2e, 28 octobre 1954, *JCP*, 1955, II, 8765.
- Cass. crim., 24 février 2009, n° 08-83.956.
- Nomenclature Dintilhac.

71
COMMENT ÉVALUER MON PRÉJUDICE ET LE CHIFFRER ?

L'évaluation du préjudice est au cœur de la réparation du préjudice corporel. L'expertise médicale joue un rôle central puisque c'est sur la base des conclusions médico-légales que va être évalué le préjudice.

Les conclusions d'un rapport d'expertise médico-légale restent néanmoins complexes à analyser. Il convient de rappeler que même si elle n'a pas de valeur normative (c'est-à-dire obligatoire), la nomenclature Dintilhac est l'outil primordial pour évaluer son préjudice au regard des conclusions médico-légales.

Les conclusions du rapport d'expertise médicale vont déterminer et évaluer, selon les médecins examinateurs, les préjudices de la victime, d'après les conséquences découlant du fait générateur ayant déclenché l'expertise (accident de la route, agression, chute, etc.).

Les conclusions sont donc propres à chaque victime. Ainsi le(s) médecin(s) conseil(s) va (vont) évaluer les postes de préjudices directement en lien avec le dommage. C'est sur la base de ces conclusions que la victime et la compagnie d'assurances devront négocier l'indemnisation.

Le(s) médecin(s) doi(ven)t déterminer si le dommage a engendré des séquelles (taux de déficit fonctionnel permanent) et si au jour de l'expertise la victime est consolidée ainsi qu'un certain nombre de postes de préjudices :

- période de déficit fonctionnel (totale ou temporaire) évaluée de 0 à 100 % ;
- incidence professionnelle ;
- arrêt de travail imputable ;
- souffrances endurées évaluées de 0 à 7 ;
- déficit fonctionnel permanent (DFP) évalué de 0 à 100 % ;
- préjudice esthétique temporaire évalué de 0 à 7 ;
- préjudice esthétique permanent évalué de 0 à 7 ;
- préjudice d'agrément ;
- etc.

Un certain nombre de postes de préjudices ne sont pas déterminés lors de l'expertise car ils ne peuvent l'être médicalement, comme les dépenses de santé actuelles ou encore les frais de déplacement ou les objets détériorés lors du dommage…

Il en est de même du préjudice professionnel et notamment en ce qui concerne les pertes de gains actuels ou futurs, qui dépendent des arrêts de travail imputables au dommage ou encore de l'aménagement du poste ou du temps de travail de la victime.

Reste que l'ensemble des postes de préjudices de la victime, médicalement constatés ou non, devront être impérativement justifiés par la victime.

Ainsi à titre d'exemple il est nécessaire de transmettre pour :

- le préjudice esthétique : des photographies de cicatrices, blessures initiales, etc. ;
- les dépenses de santé : les factures non intégralement remboursées par les organismes sociaux de la victime (copie des bordereaux de la Sécurité sociale et/ou la mutuelle) ;
- les pertes de gains actuels : copie des arrêts de travail, relevé de versement des indemnités journalières versées par la Sécurité sociale et la complémentaire, attestation de perte de gains par l'employeur, perte de primes, etc.

En plus de les justifier auprès de la compagnie d'assurances, il est important de pouvoir évaluer les différents postes de préjudices.

Pour ce faire, il existe plusieurs référentiels indicatifs, comme celui de la cour d'appel de Paris ou de Rouen. Ces barèmes proposent des fourchettes d'indemnisation habituellement allouées par la cour d'appel.

Ainsi chaque poste de préjudice doit être spécifiquement justifié et évalué par la victime pour en obtenir la réparation.

Antoine Duvergé

RÉFÉRENCES

- Référentiel indicatif de la cour d'appel de Paris.
- Référentiel indicatif de la cour d'appel de Rouen.
- Nomenclature Dintilhac.

72

SUIS-JE RESPONSABLE DES DÉGÂTS CAUSÉS PAR MON ANIMAL ?

Le propriétaire ou possesseur d'un animal est en effet responsable des préjudices causés par celui-ci.

Cette responsabilité peut être engagée soit sur le fondement de la responsabilité civile devant le juge civil, soit devant le juge pénal par voie de constitution de partie civile à l'occasion de poursuites pénales.

Le droit de la responsabilité civile désigne le propriétaire ou détenteur d'un animal comme le responsable de l'animal placé sous sa garde. Selon le Code civil : « Le propriétaire d'un animal, ou celui qui s'en sert, pendant qu'il est à son usage, est responsable du dommage que l'animal a causé, soit que l'animal fût sous sa garde, soit qu'il se fût égaré ou échappé. »

Si on confie son animal à un tiers, voisin ou parent, le transfert de la garde emporte transfert de la responsabilité vers la personne qui en a la garde, sous réserve toutefois que la durée soit suffisante : quelques jours de garde emportent transfert de responsabilité et évidemment pas une simple promenade. Le transfert est toutefois effectif dès que l'animal est confié à un professionnel.

Les dommages corporels ou matériels causés par les animaux de compagnie sont couverts par l'assurance de responsabilité civile qui couvrent les dommages causés par ces derniers et, le cas échéant, en fonction des contrats, ceux occasionnés par les animaux de bétail (chevaux, bovins, caprins, etc.).

Les chiens de chasse font l'objet d'un contrat de responsabilité civile particulier, en raison de la spécificité des sinistres.

Le droit de la responsabilité pénale peut aussi être mis en œuvre en cas de dommages causés par des animaux. Le propriétaire ou détenteur d'un animal pourra ainsi être visé par des poursuites des chefs d'homicide involontaire, mise en danger d'autrui, blessures involontaires délictuelles ou contraventionnelles. Dans ce cadre, l'action civile en réparation des préjudices pourra être exercée par voie de constitution de partie civile.

Le droit de la responsabilité civile désigne le propriétaire ou détenteur d'un animal comme le responsable de l'animal placé sous sa garde.

On soulignera le cas particulier des troubles anormaux du voisinage potentiellement causés par les bruits et autres nuisances causés par certains animaux tels les coqs lorsqu'ils chantent. La loi dispose à cet égard qu'aucun bruit particulier ne doit par sa durée, sa répétition ou son intensité porter atteinte à la tranquillité du voisinage. Le juge apprécie l'existence du trouble allégué au regard des circonstances de chaque espèce, pour prononcer, le cas échéant, une peine contraventionnelle de la première classe et des dommages et intérêts.

David Sénat

RÉFÉRENCES

- Art. 1243 du C. civ.
- Art. L. 651 du C. cons.
- Art. 121-3, 221-6, 222-19 à 222-21, 223-1 et 223-2, R. 623-2 du C. pén.
- Art. L. 110-1 du Code de l'environnement.
- Arrêt de la cour d'appel de Paris du 19 juin 2019.
- Arrêt de la cour d'appel de Toulouse du 9 novembre 2020.

73
PUIS-JE REFUSER DE ME SOUMETTRE À UN CONTRÔLE ROUTIER?

En France, la liberté d'aller et venir est garantie par l'art. 13 de la Déclaration universelle des droits de l'homme. Cette liberté n'est pas absolue. C'est ainsi que toute personne se trouvant sur le territoire national ou frontalier a l'obligation de « justifier », à tout moment, de son identité (art. 78-1 et s. du C. pr. pén.) ou de l'autorisation de conduire un véhicule (art. R. 233-1 du C. route).

Dans le cadre d'un contrôle routier, les agents de l'autorité compétente (agents de police municipale, agents de police nationale, gendarmerie, douanes...) peuvent arrêter tout véhicule en circulation, avec ou sans infraction préalable, afin de s'assurer que le conducteur est bien titulaire du permis de conduire ou détenteur du certificat ou de l'attestation *ad hoc*.

Il est prudent de préciser que **le fait, pour tout conducteur, d'omettre d'obtempérer à une sommation de s'arrêter, émanant d'un agent de l'autorité muni des insignes extérieurs et apparents de sa qualité, constitue un délit puni de deux ans d'emprisonnement et de 15000 euros d'amende et d'un retrait de six points sur son permis de conduire.** De même, le refus de présenter son permis de conduire lors d'un contrôle routier est passible de 3750 euros d'amende, d'une perte de six points sur son permis de conduire et jusqu'à trois mois d'emprisonnement. En fonction de la situation, d'autres peines complémentaires, comme la suspension du permis, ou encore des heures de travail d'intérêt général peuvent être appliquées.

Sachez enfin que la non-présentation du permis de conduire, prévue à l'art. R. 233-1 du C. route, est passible d'une contravention de première classe d'un montant de 38 euros, assortie d'une obligation de présentation sous cinq jours.

Franck Denion

RÉFÉRENCES

- Art. 78-1 à 78-7 du C. pr. pén., chapitre III : Contrôles, vérifications et relevés d'identité.
- Art. 67 et s. du Code des douanes, relatifs au pouvoir des agents des douanes et au contrôle des titres par les agents des douanes.
- Art. R. 434-16 du Code de la sécurité intérieure.
- Arrêté du 22 mars 2012 relatif aux contrôles de titres et aux contrôles d'identité faits dans les ports, aéroports, gares et trains assurant une liaison internationale.
- Cass. crim., 20 janvier 1993, pourvoi n° 93-78-089.
- Cass. crim., 12 mai 1999, pourvoi n° 99-81.153.
- Cass. ass. plén., 29 juin 2010, n° 10-40.001.
- Cons. const., déc. n° 93-323 DC du 5 août 1993.
- CJUE, Gr. Ch., 22 juin 2010, aff. C-188-10 et C-189-10.

74

QUEL EST LE RÔLE DES EXPERTS JUDICIAIRES ET DES MÉDECINS-CONSEILS MISSIONNÉS PAR LE TRIBUNAL OU LA COMPAGNIE D'ASSURANCES ?

L'expertise médicale est l'étape préalable et déterminante d'une procédure d'indemnisation pour la victime. Celle-ci peut être judiciaire ou amiable :

- **L'expertise judiciaire** a lieu à la suite d'une décision judiciaire. Il est possible pour la victime de saisir un tribunal pour obtenir l'organisation d'une expertise réalisée sous les auspices d'un expert judiciaire présent sur les listes de la cour d'appel de la juridiction.

S'il est fait droit à la demande d'expertise judiciaire, le juge procédera à la désignation de l'expert et condamnera l'une des parties aux frais de consignation (provision sur les honoraires à venir de l'expert désigné).

Le principe veut que les frais de consignation reviennent au demandeur, généralement la victime. Il est alors important de solliciter que ces frais soient assurés par la partie en charge de l'indemnisation ou alors de solliciter une provision pour faire face à ces frais.

La victime, demandeuse à l'expertise, doit nécessairement se présenter à la convocation de l'expert.

L'expert a la faculté de s'adjoindre tout sapiteur qu'il juge nécessaire afin de réaliser sa mission.

- **L'expertise amiable réalisée dans un cadre privé** a lieu entre la victime et le tiers en charge de l'indemnisation. Comme l'expertise judiciaire, elle peut intervenir dans n'importe quelle spécialité en fonction des séquelles de la victime. Elle se déroule généralement à la demande de la compagnie d'assurances ou de la victime. Le médecin de la compagnie d'assurances convoquera la victime qui a toujours la possibilité, ici encore, d'être assistée de son propre médecin-conseil et de son avocat. Dans cette hypothèse, il est important que l'expertise bénéficie d'un caractère contradictoire et amiable entre les deux médecins (de la compagnie d'assurances et de la victime).

En tout état de cause, les médecins devront répondre avec précision aux questions posées dans la mission visée et donc déterminer l'étendue du préjudice.

Il est possible de poser une question très précise et technique aux médecins, comme l'imputabilité des séquelles à un accident.

Aux termes de l'expertise, un rapport d'expertise est rendu. Il s'agit d'un document médical dont la victime doit nécessairement être rendue destinataire.

Ce rapport doit reprendre l'ensemble des éléments évoqués lors de l'expertise. Il contient un bref rappel des faits, un commémoratif du parcours médical de l'accident au jour de l'expertise. Il est alors essentiel pour la victime d'avoir un dossier médical le plus complet possible à la disposition des médecins.

Le rapport doit également reprendre les doléances de la victime. Il est important que la victime puisse expliquer précisément les conséquences de l'accident sur sa vie quotidienne, depuis l'accident jusqu'au jour de l'expertise.

Ensuite, le rapport reprend l'examen médical de la victime par les médecins, lesquels rédigent une discussion en reprenant les éléments qu'ils jugent en relation avec l'accident dont ils sont saisis.

Enfin, ils établiront des conclusions reprenant l'ensemble des préjudices indemnisables en se fondant sur la nomenclature Dintilhac.

C'est sur la base des conclusions médico-légales du rapport d'expertise que le préjudice de la victime sera évalué et liquidé soit à titre amiable, soit au cours d'une procédure judiciaire.

Antoine Duvergé

RÉFÉRENCES

- Art. 145 et 269 du C. pr. civ.
- Nomenclature Dintilhac.

75

POUR RÉGLER UN CONFLIT DE VOISINAGE, QUELLE EST LA DIFFÉRENCE ENTRE CONCILIATION, MÉDIATION ET NÉGOCIATION ?

GEORGES, La Ferté-Bernard (72)

La médiation, la conciliation et la négociation sont trois modes de résolution amiable des différends qui permettent de rechercher la solution à un litige sans engager de procédure en justice ou en parallèle d'une telle procédure.

Aucun cadre juridique particulier ne régit la négociation. Il s'agit d'une discussion avec l'autre partie pour essayer de trouver un terrain d'entente. Une tierce personne peut accompagner la négociation, mais il n'existe aucune accréditation pour cette fonction. Pour régler un conflit de voisinage, il est toujours possible de commencer par tenter de négocier directement avec son voisin.

La médiation et la conciliation sont des processus structurés, par lesquels deux (ou plus) parties tentent de parvenir à un accord avec l'aide d'un tiers choisi par elles qui accomplit sa mission avec impartialité, compétence, diligence et confidentialité.

Les conciliateurs de justice sont des personnes qui exercent ces missions bénévolement, sont sélectionnées dans chaque cour d'appel pour leurs compétences et leur expérience juridique, sont astreintes à une formation spécifique et prêtent serment lors de leur nomination. Ces conciliateurs peuvent être saisis sans forme particulière (par courrier, par appel téléphonique sur leur lieu de permanence, etc.). Le conciliateur invitera en principe les personnes concernées par le litige à venir le voir. Il peut également se rendre sur les lieux et entendre toutes les personnes utiles, sous réserve de leur accord. Le conciliateur aide les personnes à trouver une solution à leur conflit sans imposer de solution, il n'a pas de pouvoir de décision. À l'issue des entretiens de conciliation, si les parties ont abouti à un accord, elles établissent avec le conciliateur un constat qui est signé. Cette procédure est totalement gratuite pour les personnes y ayant recours.

Les médiateurs sont des professionnels qualifiés pour exercer des médiations, de par leur profession et/ou leur formation. L'objectif de la médiation est également de permettre aux parties d'aboutir à un accord sur l'objet de leur conflit, avec la prise en compte d'une dimension plus globale : le processus de médiation a pour but d'apaiser en profondeur les relations et de restaurer une communication durable entre les parties. Le premier entretien d'information sur le processus de médiation est gratuit. Le ou les suivants sont payants, selon un tarif fixé en accord avec les parties.

L'accord de médiation et l'accord de conciliation peuvent être homologués par le juge ultérieurement.

On peut préciser qu'une tentative de résolution amiable du conflit est obligatoire avant toute saisine du juge pour les litiges de faible montant (< 5 000 euros) et les litiges de voisinage.

Philippe Astruc et Cécile Capeau

RÉFÉRENCES

- Art. 1530 et 1531 du C. pr. civ.
- Décret n° 78-381 du 20 mars 1978 relatif aux conciliateurs de justice.
- Art. 1536 à 1540 du C. pr. civ.
- Art. 1533 du C. pr. civ.
- Si la médiation est ordonnée par un juge ou en cas de saisine du juge aux fins d'homologation d'un accord intervenu à l'issue d'une médiation conventionnelle, les parties peuvent bénéficier de l'aide juridictionnelle en cas de ressources insuffisantes.
- Art. 1534 et 1541 du C. pr. civ.
- Art. 750-1 du C. pr. civ.

VOUS AUSSI, POSEZ VOS QUESTIONS

05

ADMINISTRATION ET NOTAIRE

76

QUE DOIS-JE FAIRE SI J'AI OUBLIÉ UN DOCUMENT DANS L'ENVOI D'UN DOSSIER AUPRÈS DE L'ADMINISTRATION ?

Rassurez-vous : l'administration étudie votre dossier même s'il manque un document. Toutefois, elle peut **interrompre** l'étude de votre demande si le document manquant est indispensable. Dans tous les cas, l'administration doit vous indiquer les documents et informations manquants et exigés par les textes législatifs et réglementaires, et doit fixer un délai pour leur obtention. Ces éléments sont précisés dans l'accusé de réception (AR) de votre dossier. Si l'AR indique que la demande est refusée en l'absence de réponse écrite, il s'agit d'une **décision implicite de rejet** pour laquelle le délai – généralement de deux mois – qui fait naître cette décision est suspendu pendant le délai imparti pour produire les pièces et informations requises. Toutefois, la production de ces pièces et informations avant l'expiration du délai fixé met fin à cette suspension. Si, au contraire, l'AR indique que la demande est acceptée en l'absence de réponse écrite, il s'agit d'une **décision implicite d'acceptation** pour laquelle le délai – généralement de deux mois – qui fait également naître cette décision ne court qu'à compter de la réception des pièces et informations requises.

Dans le cas où votre dossier concerne plus particulièrement l'**attribution d'un droit** (par exemple, une prestation d'aide sociale) et qu'une pièce est manquante, l'administration ne peut pas en suspendre l'étude dans l'attente de la transmission de la pièce manquante. Si la pièce fait toujours défaut au moment de la décision d'attribution du droit concerné, cette attribution n'est effective qu'après la réception par l'administration de cette pièce, sauf dans le cas où la pièce manquante est indispensable à l'administration pour instruire valablement le dossier.

Erwan Royer

Dans le cas où votre dossier concerne plus particulièrement l'attribution d'un droit (par exemple, une prestation d'aide sociale) et qu'une pièce est manquante, l'administration ne peut pas en suspendre l'étude dans l'attente de la transmission de la pièce manquante.

RÉFÉRENCE

- Art. L. 114-5 à L. 114-6 du Code des relations entre le public et l'administration.

77

QU'APPELLE-T-ON COMMUNÉMENT « FRAIS DE NOTAIRE » ?

Les **frais de notaire** correspondent à l'ensemble des sommes demandées par le notaire en contrepartie d'une prestation. Il existe quatre catégories de frais.

1. Les émoluments

L'émolument correspond à la somme perçue par le notaire en contrepartie d'une prestation dont le tarif est réglementé (vente, donation, contrat de mariage, successions). Son montant est identique quel que soit le notaire choisi. Selon le type de prestation, l'émolument peut être fixe (acte de notoriété) ou proportionnel (déclaration de succession, vente).

Pour l'achat d'un bien immobilier, les émoluments sont calculés selon le barème suivant :

Tranche de prix	Taux applicable (depuis le 1er janvier 2021)
De 0 à 6 500 euros	3,870 %
De 6 500 à 17 000 euros	1,596 %
De 17 000 à 60 000 euros	1,064 %
Plus de 60 000 euros	0,799 %

Exemple : si vous achetez un appartement d'un montant de 300 000 euros, les émoluments du notaire s'élèvent à 2 794,25 euros HT.

Soit = 251,55 euros (6 500 × 3,870/100) + 167,58 euros ([17 000 – 6 500] × 1,596/100) + 457,52 euros ([60 000 – 17 000] × 1,064/100) + 1 917,60 euros ([300 000 – 60 000] × 0,799/100).

2. Les honoraires

L'honoraire correspond à la somme perçue par le notaire en contrepartie d'une prestation dont le tarif n'est pas réglementé. Il s'agit, par exemple, d'une consultation juridique non suivie de la rédaction d'un acte, une vente d'un fonds de commerce, un bail commercial. Le montant de l'honoraire est librement déterminé par le notaire et peut varier d'un notaire à un autre.

3. Les débours

Les débours correspondent aux sommes avancées par le notaire, et qui sont donc remboursables par ses clients. Il s'agit, par exemple, de rémunération d'intervenants (géomètre expert, confrère pour la délivrance de copies d'actes, généalogiste, etc.), du coût lié à l'obtention de différents documents ou encore à l'inscription des garanties hypothécaires, frais de publication de vente, etc.

4. Les droits et taxes

Il s'agit des sommes collectées par le notaire et reversées à l'État et aux collectivités territoriales (commune, département, région, etc.) : droits d'enregistrement, TVA, droits de mutation à titre gratuit ou onéreux.

Dans le cas d'une vente immobilière, ils comprennent les droits d'enregistrement, droits de timbre, taxe de publicité foncière, droits de mutation à titre onéreux, etc.

Depuis 2014, chaque département peut fixer la taxe départementale dans une fourchette comprise entre 3,8 et 4,5 %. La majorité des départements a procédé à cette hausse. Avec les autres taxes, les **droits de mutation** s'élèvent à 5,80 % du prix de vente du bien (5,09 % dans les départements qui n'ont pas appliqué la hausse).

Pour conclure, les frais de notaire sont nommés ainsi à tort, car le notaire ne perçoit qu'une partie de cette somme, la majorité revenant à l'État. Le notaire ne fait que collecter la somme globale avant d'en reverser une partie à l'État et aux collectivités locales.

Marie Houzet

RÉFÉRENCES

- Art. R. 444-4 du C. com. issu des décret n° 2016-230 du 26 février 2016 et arrêté du 28 février 2020 fixant les tarifs réglementés des notaires.
- Loi n° 2013-1278 du 29 décembre 2013 de finances pour 2014.

78
FAUT-IL PRENDRE RENDEZ-VOUS AVEC UN NOTAIRE AVANT DE SE MARIER ?

Il est fortement conseillé de prendre rendez-vous chez un notaire avant de se marier, bien que cela ne soit en aucun cas une obligation.

Tout d'abord, il semble nécessaire de rappeler ici qu'un notaire est détenteur d'une mission de service public ; à ce titre, il est tenu de délivrer ses conseils à toute personne qui le sollicite, et cela gratuitement, notamment si ce rendez-vous de conseil est suivi de la signature d'un acte (un contrat de mariage dans le cas d'espèce). Il ne faut donc pas hésiter à consulter un notaire car, dans la plupart des cas, ce rendez-vous de conseil ne sera pas facturé.

> Il est fortement conseillé de prendre rendez-vous chez un notaire avant de se marier, bien que cela ne soit en aucun cas une obligation.

Il est important de prendre rendez-vous chez un notaire avant de se marier, car ce dernier va pouvoir conseiller les futurs époux sur le choix de leur régime matrimonial. En effet, le mariage est un contrat entre deux parties ; dans un mariage, l'une et l'autre partie s'engagent, et le régime matrimonial va régler le sort des rapports patrimoniaux entre eux.

Il est cependant tout à fait possible de se marier sans signer au préalable de contrat de mariage ; dans ce cas, les époux seront mariés sous le régime légal de la communauté de biens réduite aux acquêts : ce régime prévoit que les biens acquis ou possédés par les époux avant le mariage leur restent propres, tandis que ceux acquis par les époux au cours du mariage leur sont communs, à l'exception des biens dont ils héritent ou qu'ils acquièrent par donation. Mais ce régime n'est pas forcément adapté à tous les couples.

C'est pour cela que la consultation d'un notaire est particulièrement importante car il saura orienter les époux vers le régime matrimonial le mieux adapté à leur situation, à leurs projets de vie, et va leur permettre d'anticiper la plupart des situations.

Par exemple, pour un couple dont l'un des époux souhaite créer sa société et devenir chef d'entreprise, le notaire va logiquement leur conseiller d'opter pour un régime séparatiste, ce dernier étant plus protecteur pour le patrimoine de l'autre, qui ne risquera pas d'être saisi par d'éventuels créanciers professionnels de son conjoint.

Ou bien encore, si l'un des époux souhaite acquérir un bien seul au cours du mariage, cela ne sera pas forcément possible, notamment si les époux ont opté pour un régime communautaire.

Au-delà du projet de vie, il faut également penser à ce qu'il va se passer à la fin du mariage, que ce dernier s'achève par un décès ou un divorce. En effet, les conséquences financières seront différentes pour le conjoint survivant ou l'ex-conjoint selon le régime matrimonial ayant été choisi au cours du mariage.

Pour toutes ces raisons, la consultation d'un notaire est plus que recommandée, et il est important ici de préciser que, si les époux optent pour un contrat de mariage, ce dernier devra impérativement être signé chez le notaire avant la tenue du mariage civil en mairie.

Marie Houzet

RÉFÉRENCE

- Art. 1387 à 1399 du C. civ..

79

PUIS-JE CRÉER UNE ASSOCIATION SANS LA DÉCLARER EN PRÉFECTURE ?

Créer une association **ne nécessite pas de la déclarer** en préfecture. Il s'agira d'une **association de fait** constituée par au moins deux personnes physiques ou morales ne souhaitant pas accomplir les formalités de déclaration. Une telle association est tout à fait **légale**. Elle pourra fonctionner et même être dissoute sans autorisation ni déclaration. En qualité de membres, vous pouvez librement choisir les règles de fonctionnement ou d'organisation de votre organisation. En revanche, comme elle ne dispose pas de la capacité juridique, elle ne peut être assignée en justice. Mais elle peut contester, par la voie du recours pour excès de pouvoir devant les juridictions administratives, la légalité des actes administratifs au nom des intérêts qu'elle défend.

Vous devez savoir que cette liberté absolue a toutefois des **contreparties** ! L'association non déclarée ne bénéficie pas de la capacité juridique de la personne morale, donc elle ne dispose pas par elle-même de droits et d'obligations. Tous les actes effectués sont réputés faits par ses membres. Son nom ou sa dénomination ne peuvent être protégés. Par ailleurs, l'association ne peut pas ouvrir de compte bancaire à son nom, mais peut disposer d'un compte chèque postal sur lequel les fonds déposés sont la propriété indivise de ses membres. Elle ne peut passer aucun contrat, ni signer de bail pour la location d'un local. Elle ne peut pas non plus devenir propriétaire : les biens acquis sont la propriété indivise des membres. Elle ne peut pas percevoir de subvention publique, ni recevoir des dons, ni recueillir des donations ou des legs, mais elle peut percevoir les cotisations de ses membres. Elle ne peut pas non plus solliciter d'agrément.

En conclusion, vous pouvez vous affranchir de déclaration en préfecture si votre association n'a **pas vocation à avoir des relations avec d'autres personnes morales**.

Erwan Royer

RÉFÉRENCES

- Art. 2 de la loi du 1er juillet 1901 relative au contrat d'association.
- Cass. soc., 12 juillet 2010, n° 09-41.402 (absence d'assignation en justice).
- CE, 9 avril 1999, université Paris-Dauphine, req. n° 154186 (possibilité de contester un acte administratif devant une juridiction administrative).

80

MON FILS VENANT D'ÊTRE RENVOYÉ DÉFINITIVEMENT DE SON COLLÈGE, PEUT-ON M'IMPOSER UN ÉTABLISSEMENT QUI N'EST PAS PROCHE DE MON DOMICILE ?

Le renvoi définitif de votre fils de son collège peut amener à vous imposer un établissement éloigné de votre domicile si aucun établissement proche n'est en mesure de l'accueillir. En effet, les textes obligent les autorités administratives de l'Éducation nationale à **rescolariser un élève exclu** par un conseil de discipline compte tenu de l'obligation scolaire pour les enfants de moins de 16 ans. Dans ce cas, le recteur ou le directeur académique des services de l'Éducation nationale (Dasen) agissant sur délégation de ce dernier en est immédiatement informé. Il pourvoit aussitôt à l'inscription dans un autre établissement ou dans un centre public d'enseignement par correspondance. Afin que la réaffectation d'un élève exclu soit assurée sans délai, le chef d'établissement de l'établissement de scolarisation de l'élève prend contact avec le directeur académique des services départementaux de l'Éducation nationale avant la tenue du conseil de discipline lorsqu'une sanction d'exclusion définitive risquerait d'être prononcée.

En outre, le recteur ou le Dasen peut, compte tenu des circonstances ayant conduit à l'exclusion définitive de l'élève et des besoins spécifiques de ce dernier (problèmes de comportement et difficultés d'apprentissage), procéder à son inscription, à titre transitoire et dans la limite d'une année scolaire, dans une **classe relais** du nouvel établissement d'accueil ou d'un établissement tiers. Les classes relais, dont l'encadrement peut inclure des éducateurs spécialisés, comprennent des élèves.

Dans certains cas, des **partenariats** peuvent être développés localement entre les collèges et des **équipes spécialisées** pour prévenir l'exclusion et, le cas échéant, participer à l'accueil et au suivi des élèves exclus. Une prise en charge peut être proposée par les **services sociaux**, **éducatifs et de santé de proximité** ainsi que dans le cadre des programmes de réussite éducative. Enfin, dans le cadre de la protection de l'enfance et de la prise en charge des mineurs en danger ou délinquants, la mise en place de mesures d'aide et d'assistance éducatives peut être envisagée respectivement par l'**aide sociale à l'enfance** (dépendant du conseil départemental), la **protection judiciaire de la jeunesse** avec le concours des associations habilitées. Les élèves bénéficiant de ces dispositifs restent inscrits dans leur établissement et une convention individuelle avec la structure d'accueil précise la façon dont l'établissement assume sa mission éducative à leur égard. Un suivi de l'élève par une personne référente au sein de la structure d'accueil doit être prévu.

Erwan Royer

RÉFÉRENCES

- Art. L. 131-1 (obligation de scolarité) et D. 511-43 (prise en charge de l'élève exclu) du Code de l'éducation.
- Circulaire MEN n° 2014-059 du 27 mai 2014 (modalités de prise en charge de l'exclusion définitive).

81
PUIS-JE FAIRE L'ÉCOLE À DOMICILE À MON ENFANT ?

En tant que parent, vous pouvez faire l'instruction scolaire à votre ou à vos enfants dans votre domicile, mais sous certaines conditions et modalités. L'« école à la maison » n'est possible que pour certains **motifs** : état de santé de l'enfant, situation de handicap de l'enfant, pratique d'activités sportives ou artistiques intensives de l'enfant, itinérance de la famille en France, éloignement géographique de tout établissement scolaire public, existence d'une situation propre à l'enfant motivant le projet éducatif, intégrité physique ou morale de l'enfant menacée dans son établissement scolaire.

De plus, une autorisation auprès du directeur académique des services de l'Éducation nationale (Dasen) est nécessaire depuis septembre 2022 pour l'instruction de votre enfant dans la famille. Elle remplace le **régime déclaratif** qui continue à s'appliquer pour un enfant instruit dans sa famille durant l'année précédente. Dans cette hypothèse, un **contrôle pédagogique** est initié par le Dasen. Si les résultats sont jugés suffisants, vous pouvez obtenir une demande de dérogation pour 2022-2023 et 2023-2024. Puis, vous passerez ensuite dans le régime normal, qui est celui de l'autorisation. En revanche, si les résultats sont insuffisants, un second contrôle peut être imposé. Si les seconds résultats sont toujours insuffisants, le Dasen exigera l'inscription de l'enfant dans un établissement scolaire dans les quinze jours.

Si vous souhaitez dispenser l'école à la maison à votre enfant durant l'année scolaire 2022-2023, une **autorisation** sera requise. Les modalités de la demande diffèrent selon la nature du motif. En principe, la demande d'autorisation doit être renouvelée chaque année. Elle doit être transmise la première fois entre le 1er mars et le 31 mai inclus précédant la rentrée scolaire, sauf dans le cas d'une menace sur l'intégrité physique ou morale de votre enfant pour laquelle la demande peut être réalisée à tout moment de l'année. Une absence de réponse du directeur académique sous deux mois après une demande d'autorisation formulée vaut **décision d'acceptation**. En cas de décision défavorable, un recours administratif préalable, c'est-à-dire une réévaluation de sa décision, introduit dans les quinze jours suivant le refus est effectué par une commission présidée par le recteur d'académie.

Des contrôles restent toujours possibles à la fois de la part du maire et du Dasen notamment pour évaluer la situation de l'enfant et de sa famille, et pour vérifier leur capacité à assurer l'instruction dans la famille. Sachez que si vous donnez à votre enfant l'instruction dans la famille sans y être autorisé, vous risquez une **amende de 1 500 euros**. Par ailleurs, vous opposer à un contrôle pédagogique peut amener le Dasen à faire un **signalement au procureur de la République**. En cas de persistance, vous risquez **six mois d'emprisonnement et 7 500 euros d'amende**.

Erwan Royer

RÉFÉRENCES

- Art. L. 131-5, R. 131-11 à D. 131-11-13 (modalités de délivrance de l'autorisation d'instruction dans la famille), R. 131-12 à R. 131-16-4 (contrôle du contenu des connaissances requis des enfants instruits dans la famille), R. 131-18 à R. 131-19 du Code de l'éducation.
- Art. 227-15 à 227-28-3 du C. pén. (sanctions pénales).

82

SUIS-JE TENU DE PAYER LES FRAIS D'OBSÈQUES EN CAS DE DÉCÈS D'UNE PERSONNE DE MA FAMILLE ?

Selon le lien avec le proche défunt, vous pouvez être tenu de payer les frais d'obsèques. Généralement, si vous êtes un ascendant (parent, grand-parent) ou un descendant (enfant, petit-enfant), vous devez en qualité d'héritier payer les frais funéraires, même si vous renoncez à la succession. En ce qui concerne le décès d'un ou d'une conjoint(e), le survivant doit s'acquitter des frais d'obsèques. En revanche, un enfant n'est toutefois pas tenu de les payer si son parent a gravement manqué à ses obligations envers lui. Par ailleurs, si le proche décédé est un frère ou une sœur, vous n'avez aucune obligation de régler les frais d'obsèques.

Si vous et votre famille n'avez pas de ressources suffisantes, la commune du lieu de décès du défunt doit prendre en charge les frais d'obsèques.

Si vous avez choisi de renoncer à la succession et si la valeur des biens du défunt ne suffit pas à couvrir les frais, vous pouvez demander aux proches (ascendants comme descendants) de s'acquitter de ces frais selon leurs ressources. Si les membres de la famille ne sont pas d'accord entre eux, il faut saisir le juge aux affaires familiales (Jaf). Dans le cas où vous acceptez la succession, les frais d'obsèques peuvent être déduits de la succession dans la limite de 1 500 euros. Les héritiers peuvent demander à la banque du défunt de prélever les sommes avancées sur ses comptes, dans la limite de 5 000 euros. Ils doivent présenter la facture réglée. Si le solde des comptes est insuffisant, les frais sont répartis entre les héritiers, en proportion de la valeur de ce que chacun recueille dans la succession. Les héritiers doivent se mettre d'accord devant le notaire, si le recours à ce dernier est obligatoire, ou entre eux. En l'absence d'accord, ce sera au Jaf de fixer cette répartition.

Si vous et votre famille n'avez pas de ressources suffisantes, la commune du lieu de décès du défunt doit prendre en charge les frais d'obsèques.

Enfin, avant de signer un devis et de verser un acompte qui vous engageront définitivement auprès de l'entreprise de pompes funèbres, vérifiez si le défunt avait souscrit un contrat d'assurance pour le paiement de ses obsèques. Si c'est le cas, la personne désignée dans le contrat reçoit une somme d'argent qui permet de payer tout ou partie des obsèques.

De plus, afin de vous aider à payer ou à supporter les frais d'obsèques, la Sécurité sociale ou l'administration de rattachement selon que le défunt était salarié ou agent public peut également vous verser un capital décès.

Erwan Royer

RÉFÉRENCES

- Art. 775 du Code général des impôts (prélèvement sur l'actif de la succession).
- Art. 806 du C. civ. (renonciation à la succession).
- Art. L. 312-1-4 du Code monétaire et financier (prélèvement sur compte bancaire).
- Art. L. 2223-27 du Code général des collectivités territoriales (gratuité pour les personnes dépourvues de ressources suffisantes).
- Art. L. 361-1 à L. 361-5 du Code de la sécurité sociale (capital décès de la Sécurité sociale).

83

AI-JE LE DROIT DE DISPERSER LES CENDRES D'UN PROCHE N'IMPORTE OÙ ?

Vous pouvez disperser les cendres d'un proche mais **pas n'importe où** et à **certaines conditions**. La loi autorise leur dispersion dans un **espace aménagé** à cet effet (jardin du souvenir), d'un cimetière ou d'un site cinéraire ou en pleine nature.

Dans le cas où vous choisissez de disperser les cendres en **pleine nature**, vous, en tant que personne chargée des obsèques, devez faire une **déclaration** à la mairie du lieu de naissance du défunt. C'est ensuite la commune qui procède à l'inscription du nom du défunt et de la date et du lieu de dispersion des cendres sur un registre spécifique. En principe, l'entreprise de pompes funèbres n'intervient pas dans cette opération, mais elle peut, si vous le lui demandez, se charger, contre rémunération, de la dispersion elle-même.

Mais attention : en pleine nature ne signifie pas dans n'importe quel lieu ! Bien qu'il n'existe pas de définition juridique de cette notion, seule l'interprétation des tribunaux permet d'en préciser le contenu. Concrètement, la dispersion est **interdite sur la voie publique ou dans un lieu public** (stade, square, jardin public, etc.). La dispersion des cendres ou l'immersion de l'urne (en matière biodégradable) est en revanche autorisée en pleine mer mais peut être interdite sur les voies fluviales et les cours d'eau. Dans ce dernier cas, nous vous conseillons de vous renseigner auprès de la mairie de la commune concernée. La dispersion dans une grande étendue (champ, prairie, forêt, etc.) accessible au public mais appartenant à une personne privée est possible sous réserve de l'accord préalable du propriétaire du terrain et que cet espace privé ne soit pas cultivé. De plus, la dispersion des cendres par **voie aérienne** est légale, si elle intervient en surplomb d'espaces naturels dépourvus de voies publiques.

Sachez que si vous ou vos proches n'avez pas pris de décision sur le sort des cendres du défunt à l'issue d'un **délai d'un an**, elles seront alors dispersées dans un espace dédié du cimetière de la commune du lieu de décès, ou, le cas échéant, sur le site cinéraire le plus proche. Par ailleurs, enfreindre ces règles vous expose à une **amende de 15 000 euros** par infraction !

Erwan Royer

RÉFÉRENCES

- Art. L. 2223-18-2 (lieux autorisés pour la dispersion des cendres), L. 2223-18-3 (déclaration pour la dispersion des cendres) et L. 2223-18-4 (sanction pénale) du Code général des collectivités territoriales.
- Circulaire NOR : IOCB0915243 C du 14 décembre 2009 relative à la mise en œuvre de la loi du 19 décembre 2008 relative à la législation funéraire (modalités et conditions de dispersion en pleine nature).
- Réponse ministérielle n° 2690, *JOAN*, 21 juin 1999, p. 3851 (dispersion par voie aérienne).

84
LA POLICE OU LA GENDARMERIE PEUT-ELLE PÉNÉTRER SANS AUTORISATION DANS LE GARAGE D'UN IMMEUBLE ?

La police et la gendarmerie – mais également les services d'incendie et de secours – peuvent pénétrer sans autorisation dans le garage d'un immeuble. En effet, la loi prévoit désormais **l'accès aux parties communes de plein droit**, autrement dit sans autorisation préalable, pour les services nationaux des forces de l'ordre et de secours. Il faut pour cela que l'administrateur, le gestionnaire ou le syndic rende l'immeuble accessible aux services des forces de l'ordre et de secours concernés. En revanche, les **services de police municipale** doivent disposer d'une **autorisation permanente** pour accéder au(x) garage(s) d'un immeuble. Par conséquent, l'administrateur, le gestionnaire ou le syndic doit obtenir l'accord du propriétaire ou des copropriétaires pour autoriser de manière permanente la police municipale à pénétrer dans les parties communes. Pour rappel, cet accord s'obtient à l'occasion du vote en assemblée générale des copropriétaires d'une résolution en ce sens adopté à la **majorité simple**.

Les services de police municipale doivent disposer d'une autorisation permanente pour accéder au(x) garage(s) d'un immeuble. Par conséquent, l'administrateur, le gestionnaire ou le syndic doit obtenir l'accord du propriétaire ou des copropriétaires pour autoriser de manière permanente la police municipale à pénétrer dans les parties communes.

Par ailleurs, les propriétaires ou exploitants d'immeubles à usage d'habitation ou leurs représentants, qui satisfont à l'obligation d'accès des forces de l'ordre et de secours aux parties communes de l'immeuble, peuvent également faire appel à la police ou à la gendarmerie nationales ou à la police municipale pour **rétablir la jouissance paisible de ces lieux**. Cela vise les cas d'occupation des espaces communs du bâti par des personnes qui entravent l'accès et la libre circulation des locataires, qui empêchent le bon fonctionnement des dispositifs de sécurité et de sûreté ou encore qui nuisent à la tranquillité des lieux.

Erwan Royer

RÉFÉRENCES

- Art. L. 272-1 (obligation d'accès aux forces de l'ordre et de sécurité) et L. 272-3 (appel aux forces de l'ordre pour rétablir la jouissance paisible des lieux) du Code de la sécurité intérieure.
- Art. 24 h) de la loi n° 65-557 du 10 juillet 1965 fixant le statut de la copropriété des immeubles bâtis.

85

À QUELLES AIDES AI-JE DROIT POUR LA GARDE PAR UNE ASSISTANTE MATERNELLE AGRÉÉE DE MON ENFANT ?

Vous pouvez avoir droit à plusieurs aides pour financer la garde par une assistante maternelle agréée de votre enfant. Toutes répondent à certaines conditions, mais certaines d'entre elles sont cumulables. Attention : contrairement à une idée reçue trop répandue, le chèque emploi service universel (Cesu) ne peut pas être utilisé pour l'emploi d'une assistante maternelle agréée.

Le **complément de libre choix du mode de garde (CMG)** est la principale. Il fait partie de la prestation d'accueil du jeune enfant (Paje). Il s'agit d'une prise en charge partielle de la rémunération d'une assistante maternelle agréée. Le montant de la CMG varie selon le nombre d'enfants à charge, l'âge de votre enfant et vos ressources. Un minimum de 15 % des frais reste à votre charge. Elle est versée par la Caisse d'allocations familiales (Caf) ou la Mutualité sociale agricole (MSA).

L'**aide à la garde d'enfants pour parents isolés (Agepi)** permet aux demandeurs d'emploi qui élèvent seuls un enfant de moins de 10 ans de bénéficier d'une aide ponctuelle afin de prendre en charge des frais de garde engendrés par la reprise d'activité ou l'entrée en formation. Elle peut être cumulée avec le CMG seulement si votre conjoint travaille.

Les **collectivités** – généralement les communes, les départements, voire les régions – proposent des allocations financières afin de permettre aux parents de faire garder les jeunes enfants. Nous vous conseillons de contacter votre centre communal d'actions sociales (CCAS) pour savoir si vous pouvez bénéficier d'une aide dans ce cadre-là.

De plus, votre **employeur** peut également intervenir. En effet, une aide financière peut être versée aux salariés du secteur privé, aux chefs d'entreprise, aux fonctionnaires et aux agents non titulaires de la fonction publique. Les dirigeants sociaux peuvent également la toucher si les salariés en bénéficient dans les mêmes conditions. Le montant maximum de l'aide est de 2 265 euros par an. Cette participation peut être versée par l'employeur ou par le comité social et économique (CSE) ou le comité d'action sociale dans le secteur public. Pour savoir si vous y avez droit et dans quelles conditions, nous vous conseillons de vous renseigner auprès de votre service des ressources humaines.

Enfin, vous pouvez bénéficier, sous conditions, d'un **crédit d'impôt pour les frais de garde** de votre enfant à charge de moins de 6 ans. Les dépenses concernent uniquement la garde d'enfant, à l'exception des frais de nourriture. Les aides perçues pour la garde des enfants doivent être déduites, notamment le CMG et les éventuelles aides versées par votre employeur. Le crédit d'impôt est égal au plus à 50 % des sommes versées dans la limite d'un plafond de 2 300 euros par enfant pour les frais de garde.

Erwan Royer

RÉFÉRENCES

- Art. R. 531-5 et R. 531-6, D. 531-17 à D. 531-20 et D. 531-22 à D. 531-24 du Code de la sécurité sociale (CMG).
- Instruction Pôle emploi n° 2013-94 du 6 novembre 2013 (Agepi).
- Art. L. 7233-4, L. 7233-7 (régime fiscal de l'aide employeur), R. 7233-12, D. 7233-6, D. 7233-7 (objet et bénéficiaires de l'aide), D. 7233-8 (montant de l'aide employeur) et D. 7233-11 (attestation de l'aide versée par l'employeur) du Code du travail.
- Art. 200 *quater* B du Code général des impôts (crédit d'impôt pour frais de garde des jeunes enfants).

86

SANS CONTRAT DE MARIAGE, L'ARGENT HÉRITÉ PAR LE/LA CONJOINT·E APPARTIENT-IL AU COUPLE ?

Lorsque les époux décident de s'unir sans contrat de mariage, ils sont automatiquement soumis au régime légal de **la communauté réduite aux acquêts** qui distingue :

- **les biens propres** à chacun des époux. Bien **mobilier** : **qui peut être déplacé. Il peut s'agir d'un bien corporel (objets, mobilier, marchandise, etc.) ou d'un bien incorporel (droits d'auteur, parts sociales, etc.)** ; ou **immobilier** : **ne pouvant pas être déplacé (terrain, appartement, etc.) ou objet en faisant partie intégrante (clôture du terrain, etc.)** possédés avant le mariage ;
- **les biens communs** : biens acquis pendant le mariage, revenus, etc.

Sous le régime légal, les biens reçus par l'un des époux par donation ou hérités par lui à l'occasion d'une succession lui restent également propres. Cela se conçoit assez aisément lorsque l'on parle d'un bien corporel, mobilier ou immobilier (appartement, meuble, bijoux, etc.), mais comment cela se matérialise-t-il lorsque les biens reçus constituent des sommes d'argent ? Car, en effet, dans le régime légal, les sommes détenues sur les comptes en banque des époux sont réputées communes aux deux époux, même celles détenues sur un compte au nom d'un seul des époux.

Il est d'ailleurs important de préciser que, sous le régime légal de la communauté, tout bien est réputé commun, **sauf preuve du contraire (art. 1402 du Code civil)**. Ainsi, toute la question va être de savoir **comment prouver** le caractère propre de sommes d'argent reçues par donation ou succession au cours du mariage.

Deux cas de figure peuvent se présenter :

1. Lesdites sommes d'argent n'ont pas été employées pour l'achat d'un bien, les détenir sur un compte à son nom n'est pas suffisant. Il est donc important de garder en lieu sûr les **justificatifs de la provenance des fonds** (acte de donation, facture de vente d'un bien propre, etc.). Autre solution possible : faire signer par l'autre **un acte notarié établissant l'origine de l'argent**.

2. Si au contraire, les sommes d'argent servent à acquérir un bien pendant le mariage, l'ensemble des biens acquis durant le mariage à l'aide de fonds propres restent propres à l'époux détenteur des fonds, **à condition que l'époux acquéreur indique dans l'acte d'acquisition, *via* une clause d'emploi, qu'il s'agit bien de son argent personnel**.

Il faut également noter qu'un bien peut également être acquis pendant le mariage au moyen pour partie de fonds propres à l'un des époux et pour partie à l'aide de fonds communs. Dans ce cas, la règle est la suivante : si la quote-part des fonds propres est prédominante, le bien sera alors caractérisé de propre à l'époux, mais ce dernier aura une créance envers la communauté à hauteur des fonds communs ayant servi à l'achat du bien. Si au contraire la quote-part des fonds communs est prédominante, le bien sera alors commun, mais la communauté devra alors ce qu'on appelle « **une récompense** » à l'époux apporteur de fonds propres, au moment de la liquidation du régime (divorce ou décès). **Il faudra dans tous les cas faire préciser par le notaire l'origine des fonds dans l'acte d'achat.**

Marie Houzet

RÉFÉRENCES

- Art. 1407, 1433, 1436 et 1437 et 1468 à 1474 du C. civ..
- Cass. civ. 1re, 8 février 2005, n° 03-13.456.

87

QUELS SONT LES AVANTAGES DE L'ACHAT EN DÉMEMBREMENT DE PROPRIÉTÉ ?

Tout d'abord, qu'est-ce que le démembrement de propriété ? La propriété d'un bien en France est composée de deux éléments :

- la **nue-propriété**, soit la possession des murs, qui donne le droit de vendre le bien et de le transmettre avec accord de l'usufruitier, mais pas le droit de l'occuper ni de percevoir les loyers ;
- l'**usufruit**, soit le droit d'occuper et de percevoir les fruits produits par le bien, les loyers, par exemple, si le bien est loué.

Ensemble, ils forment **la pleine propriété**.

Dans le cas de l'achat en démembrement de propriété, l'un des acquéreurs achète la nue-propriété du bien, et l'autre achète l'usufruit. C'est parfois le cas des acquisitions familiales, lorsque des parents acquièrent un bien en usufruit, et les enfants acquièrent la nue-propriété. Généralement, au décès de l'un des parents usufruitiers, c'est le parent survivant qui en bénéficie jusqu'à son propre décès. Le nu-propriétaire devient alors pleinement propriétaire au décès du dernier survivant usufruitier.

L'achat en démembrement de propriété présente un certain nombre d'avantages :

1. Un **achat avec une forte réduction** puisque l'acquisition de la nue-propriété vaut entre 40 et 80 % du prix total du bien. En effet, lors du démembrement d'un bien immobilier, la valeur du bien est répartie entre la **nue-propriété** et l'**usufruit**. Cette répartition se fait selon un barème établi par l'administration fiscale, et qui **évolue en fonction de l'âge de l'usufruitier** au moment du démembrement, tel que dans le tableau suivant :

Âge de l'usufruiter	Valeur de la nue-propriété	Valeur de l'usufruit
Moins de 21 ans	10 %	90 %
Moins de 30 ans	20 %	80 %
Moins de 40 ans	30 %	70 %
Moins de 50 ans	40 %	60 %
Moins de 60 ans	50 %	50 %
Moins de 70 ans	60 %	40 %
Moins de 80 ans	70 %	30 %
Moins de 90 ans	80 %	20 %
Plus de 90 ans	90 %	10 %

Le nu-propriétaire fait également des **économies sur les frais de notaire** à l'achat qui s'appliquent uniquement sur la valeur de la nue-propriété.

2. Le nu-propriétaire n'a **aucune charge, ni impôt ni taxe foncière** à payer. Tout cela est pris en charge par l'usufruitier. L'investissement en nue-propriété ne rentre pas non plus dans la base taxable de l'impôt sur la fortune immobilière.

3. Acheter la nue-propriété d'un bien permet de **réduire l'impôt sur la plus-value à la revente** qui sera calculé à partir de la valeur totale du bien au moment de l'achat alors que le nu-propriétaire n'aura payé que le prix de la nue-propriété.

Mais c'est principalement sur le plan de la transmission que les achats en démembrement de propriété sont intéressants, car en achetant en démembrement de propriété entre parents et enfants, cela permet aux parents de conserver la jouissance du bien pendant la durée du démembrement, pour l'occuper ou le louer, et lors de l'ouverture de la succession des parents, l'usufruit et la nue-propriété se reconstituent pour former à nouveau la pleine propriété sur la tête des enfants, le tout en franchise de droits de succession.

Marie Houzet

RÉFÉRENCES

- Art. 669-1 du Code général des impôts.
- Art. 578 à 624 du C. civ..

88
COMMENT SORTIR D'UNE INDIVISION ?

L'indivision est la situation dans laquelle deux ou plusieurs personnes sont propriétaires ensemble d'un même bien. Une indivision n'est pas toujours simple à gérer. La plupart des décisions concernant le bien requièrent l'accord des indivisaires représentant les deux tiers des droits indivis, et certaines nécessitent un accord unanime. Pour éviter tout blocage, la loi a prévu plusieurs possibilités de sortir de l'indivision.

1. La vente par l'indivisaire de sa part à un autre indivisaire, ou licitation

Elle est réalisée devant un notaire dès lors qu'elle porte sur un bien immobilier ; l'acquéreur supporte les frais, sachant que celui-ci n'est pas redevable des droits de mutation de 5,80 % applicables en cas de vente, mais d'un **droit de partage réduit de 2,50 %**.

L'indivision est la situation dans laquelle deux ou plusieurs personnes sont propriétaires ensemble d'un même bien.

Il est possible de céder sa part à un tiers. Dans ce cas, les droits de vente ordinaires s'appliquent. Les autres indivisaires pourront exercer leur droit de préemption et acquérir la quote-part d'indivision à la place de l'acheteur.

2. La cession du bien à l'unanimité

L'ensemble des indivisaires se mettent d'accord pour céder le patrimoine commun, et à la condition que l'indivision porte sur des **biens** détenus en **pleine propriété** et pas sur des droits démembrés, et qu'aucun indivisaire ne soit hors d'état de manifester sa volonté. La décision de vendre peut être prise par un ou plusieurs indivisaires détenant les deux tiers des droits. Le notaire aura un mois pour informer l'ensemble des indivisaires de leur volonté de vendre les biens indivis ; ces derniers auront trois mois pour accepter la vente.

3. La vente sous contrôle judiciaire

Si certains indivisaires s'opposent à cette vente ou ne se manifestent pas dans les trois mois, les autres pourront saisir la justice pour obtenir une vente aux enchères. Le tribunal de grande instance autorisera la vente si elle ne porte pas une atteinte excessive aux droits des autres indivisaires. Les biens seront alors cédés au plus offrant, et le prix réparti entre les héritiers en fonction de leurs droits dans l'indivision.

4. Le partage amiable

Si tous les indivisaires souhaitent sortir de l'indivision et s'il existe plusieurs biens, ils peuvent se les partager entre eux en proportion de leurs droits. En présence de biens immobiliers, ce partage devra être constaté par un notaire. Si un indivisaire reçoit un lot d'une valeur supérieure à ses droits, il versera une compensation financière aux autres : la **soulte**.

5. Le partage judiciaire

En cas de désaccord, tout indivisaire peut demander le partage judiciaire de l'indivision, en déposant une assignation au greffe du TGI, qui sera notifiée par huissier aux autres indivisaires, comportant un descriptif des biens à partager et précisant les raisons pour lesquelles un partage amiable n'a pas été possible. Le juge désignera un notaire pour composer des lots qui seront attribués aux héritiers par tirage au sort, à charge pour ceux qui ont reçu davantage que leur part de verser une soulte aux autres.

Marie Houzet

RÉFÉRENCE

- Art. 815, 835 et 840 du C. civ..

89

QUE DOIS-JE FAIRE À L'OUVERTURE D'UNE SUCCESSION ET SOUS QUELS DÉLAIS ?

Lorsqu'une personne décède, la première chose à faire est de saisir un notaire pour le règlement de sa succession, en se munissant du livret de famille du défunt, de son contrat de mariage s'il en a été établi un, de son jugement de divorce le cas échéant. Les héritiers doivent également justifier de leur identité en présentant une pièce d'identité au notaire qui en fera copie. Pour rappel, la saisine du notaire n'est pas obligatoire dans les cas suivants :

- il n'y a pas de biens immobiliers dans la succession ;
- il n'y a pas de testament ;
- il n'y a pas de donation.

La première action du notaire sera l'interrogation du fichier central des dispositions de dernières volontés, pour savoir si le défunt avait établi un testament. Pour cela, un ou plusieurs extraits d'actes de décès devront être remis par les héritiers au notaire.

Si un testament existe, le premier acte du notaire sera **l'ouverture et le dépôt du testament**, qui suppose la convocation des parties à l'étude (conjoint et héritiers) afin de leur donner lecture de son contenu.

Le deuxième acte immédiatement indispensable est **l'acte de « notoriété »**, qui permet d'identifier tous les héritiers, de préciser leur degré de parenté avec le défunt, et la part revenant à chacun d'eux. Il constitue un moyen de preuve de la qualité juridique des héritiers vis-à-vis des tiers (banques, compagnies d'assurances, services de l'état civil, etc.).

Le notaire doit établir **une déclaration de succession** dans les six mois du décès, délai imposé par la loi pour le paiement des droits de succession (un an si le décès est survenu à l'étranger). Il s'agit de l'inventaire du patrimoine du défunt, biens mobiliers et immobiliers, comptes bancaires, titres, etc., mais aussi les dettes (prêts, factures non acquittées, etc.), et le montant des droits de succession qui en résulte pour chacun des héritiers. Si ce délai n'est pas respecté, des pénalités et majorations peuvent être infligées. À cet effet, les héritiers du défunt doivent transmettre au notaire des documents permettant d'évaluer l'actif et le passif de la succession :

- copie des relevés de comptes du défunt ;
- titres de propriété des biens immobiliers ;
- copie des titres de valeurs mobilières : livrets d'épargne, actions, contrats d'assurance vie.

Le notaire interrogera les différents organismes (banques, assurances, mutuelles, maisons de retraite, etc.) et collectera les avoirs disponibles du défunt pour les conserver à sa comptabilité, pour payer les factures en cours ou les droits de succession à prévoir.

Si le patrimoine du défunt contient un ou plusieurs biens immobiliers, le notaire devra rédiger une **attestation de propriété** pour chacun. C'est un acte authentique obligatoire important pour les héritiers, car il constitue leur titre de propriété sur les biens transmis.

Marie Houzet

RÉFÉRENCES

- Décret n° 55-22 du 4 janvier 1955 portant réforme de la publicité foncière.
- Art. 730 à 730-5 et 1003 à 1009 du C. civ..
- Art. 641 à 645, 656 et 800 à 802 du Code général des impôts.

90

DANS LE CADRE D'UN MARIAGE SOUS LE RÉGIME DE LA COMMUNAUTÉ DE BIENS, QUELS SONT LES DROITS DU CONJOINT SURVIVANT ?

Dans le cadre d'un mariage, le conjoint survivant est considéré comme un véritable héritier, il dispose automatiquement de droits dans la succession de son conjoint, qui varient suivant que ce dernier avait ou non des enfants, et si ces enfants étaient communs au couple ou non.

En effet, si le défunt ne laisse que des enfants nés de son union avec son conjoint survivant, ce dernier recueille à son choix soit l'usufruit de la totalité des biens du défunt (le droit d'utiliser les biens ou d'en percevoir les revenus), soit la pleine propriété du quart.

Si le défunt laisse des enfants nés de différentes unions, le conjoint survivant n'a pas le choix et recueille la pleine propriété du quart des biens du défunt.

Si le défunt laisse ses père et mère (mais pas d'enfants), le conjoint survivant recueille la moitié de ses biens, et ses beaux-parents l'autre moitié à raison d'un quart chacun.

Si le défunt ne laisse que son père ou sa mère, le conjoint survivant reçoit alors les trois quarts des biens, et son beau-père ou sa belle-mère le quart restant.

Enfin, si le défunt ne laisse ni descendance, ni père, ni mère, le conjoint survivant hérite de tout, à l'exception toutefois des biens que le défunt avait reçus par donation ou succession de ses ascendants (parents ou grands-parents) et qui existent toujours dans la succession. La moitié de ces biens revient aux frères et sœurs du défunt ou à leurs descendants (art. 757-3 du C. civ.).

En l'absence de descendants, le conjoint est lui-même héritier réservataire pour un quart de la succession.

Enfin, en cas de mariage, le conjoint survivant dispose d'un droit viager au logement ; il peut habiter sa vie durant le logement principal du couple et utiliser le mobilier le garnissant, à la condition que le logement soit la propriété des deux membres du couple ou uniquement celle de la personne décédée.

Marie Houzet

91

EN CAS DE DÉCÈS, QUELS SONT LES DROITS DU PARTENAIRE DE PACS SURVIVANT ?

Dans le cadre d'un Pacs, le partenaire de Pacs n'hérite pas de droit de son partenaire décédé. Lorsque le Pacs est régi par le régime légal de la séparation de biens, tous les biens acquis durant le Pacs sont réputés appartenir à celui qui les a acquis ; ainsi, le partenaire survivant n'a aucun droit de propriété sur les biens acquis par son partenaire.

Si le Pacs était régi par convention au régime de l'indivision, tous les biens acquis pendant la durée du Pacs sont réputés appartenir pour moitié à chacun des deux partenaires ; en cas de décès d'un des deux membres du couple, l'autre se retrouvera donc en indivision avec les héritiers légaux de son ancien partenaire (enfants, père, mère, frère, sœur, etc.), ce qui peut mener à des situations compliquées.

La seule solution pour éviter cet écueil est de rédiger un testament ; si le partenaire décédé n'a pas d'enfants, il peut léguer la totalité de ses biens à son partenaire ; en revanche, en présence d'enfants, le legs est limité à la quotité disponible (la moitié du patrimoine en présence d'un enfant, un tiers en présence de deux enfants, et un quart en présence de trois enfants ou plus). Le partenaire survivant sera alors exonéré de droits de succession au même titre que le conjoint survivant.

Le partenaire de Pacs **ne bénéficie pas** du droit viager au logement. En revanche, il a le droit d'être logé pendant un an dans le bien qui constituait la résidence principale du couple avant le décès, et d'utiliser le mobilier qui s'y trouve, que le bien ait été la propriété du défunt ou que le couple ait été locataire. Il s'agit du **droit temporaire au logement** (art. 763 du C. civ.).

Marie Houzet

Si le Pacs était régi par convention au régime de l'indivision, tous les biens acquis pendant la durée du Pacs sont réputés appartenir pour moitié à chacun des deux partenaires.

RÉFÉRENCES

- Art. 515-1 à 515-7-1 du C. civ.
- Art. 763 du C. civ.
- Art. 831 du C. civ.

92
PEUT-ON LÉGUER SON PATRIMOINE À LA PERSONNE DE SON CHOIX ?

Toute personne peut librement répartir son patrimoine. Toutefois, **il existe une limite d'ordre public : la « réserve héréditaire »**, définie par l'art. 912 du Code civil comme étant « la part des biens et droits successoraux dont la loi assure la dévolution libre de charges à certains héritiers dits réservataires ». **Il est impossible de déshériter un héritier réservataire**. Cependant, le défunt dispose librement d'une partie de son patrimoine appelée « **quotité disponible** ».

Les héritiers réservataires désignent **les descendants du défunt** (enfants, petits-enfants, arrière-petits-enfants), et **le conjoint survivant**, en l'absence de descendance.

La quote-part de la réserve est déterminée en fonction de la présence ou non de descendants, et de la **situation maritale du défunt.** En résumé :

Nombre d'enfants		Réserve héréditaire	Quotité disponible
Aucun enfant	Défunt marié	¼ (conjoint)	¾
	Défunt non marié	Aucune	Tout
1		½	½
2		2/3	1/3
3 ou plus		¾	¼

La quotité disponible peut être librement léguée, **par testament**, à :

- un membre de sa famille, héritier de droit ou non ;
- une personne qui, de par les règles de l'héritage, ne recevrait rien au jour du décès (concubin, ami, etc.). Mais ce legs engendrera des frais de succession élevés ;
- une personne majeure ou non, sous tutelle ou curatelle.

Concernant les associations, seules certaines sont autorisées à recevoir un legs :

- associations reconnues d'utilité publique ;
- associations d'intérêt général déclarées depuis au moins trois ans, ayant un caractère philanthropique, éducatif, scientifique, social, humanitaire, sportif, familial, culturel ou concourant à la mise en valeur du patrimoine artistique, à la défense de l'environnement naturel ou à la diffusion de la culture, de la langue et des connaissances scientifiques françaises ;
- associations déclarées ayant pour objet exclusif l'assistance, la bienfaisance ou la recherche scientifique ou médicale ;
- associations cultuelles ;
- unions agréées d'associations familiales ;
- associations soumises au droit local d'Alsace-Moselle.

Enfin, les personnes susceptibles d'exercer une influence, du fait de leur statut ou de leurs fonctions, ne peuvent recevoir de legs :

- **professionnels de santé** (médecins, infirmiers et auxiliaires médicaux, pharmaciens) qui ont soigné la personne pendant la maladie dont elle est morte ;
- **ministres du culte** ;
- **propriétaires, administrateurs et employés des maisons de retraite**. En revanche, un legs peut être fait au profit de l'établissement qui accueille la personne âgée ou handicapée si celui-ci a obtenu une autorisation administrative de recevoir des dons et legs ;
- **tuteurs et curateurs professionnels** qui accompagnent les personnes protégées.

En revanche, suite à une décision du Conseil constitutionnel du 12 mars 2021, les **aides à domicile peuvent désormais être bénéficiaires d'un legs**.

Marie Houzet

RÉFÉRENCES

- Art. 909 et 912 à 917 du C. civ..
- Art. L. 116-4 du Code de l'action sociale et des familles.
- Décision n° 2020-888 QPC du 12 mars 2021.

93
COMMENT TRANSMETTRE MON ENTREPRISE À MES ENFANTS ?

Si la transmission d'une entreprise n'est pas anticipée, elle peut engendrer des droits de succession importants au décès du chef d'entreprise. La donation associée à d'autres dispositifs fiscaux permet de considérablement diminuer le coût de la transmission.

Tout d'abord, il faut mentionner le pacte Dutreil, qui permet de bénéficier d'une exonération partielle des droits de donation à hauteur de 75 % des titres reçus. **Quatre conditions** sont nécessaires :

- Le chef d'entreprise doit détenir son entreprise depuis au moins deux ans. Dans le cas d'une société, l'engagement de conservation des titres, de deux ans également, doit porter sur au moins 17 % des droits financiers et 34 % des droits de vote. Il doit être écrit et signé avec le ou les autres associés, c'est l'**engagement collectif**.
- L'héritier doit s'engager à conserver l'entreprise ou les titres de la société pendant au moins quatre ans. C'est l'**engagement individuel**.
- Le signataire de l'engagement individuel doit exercer une fonction de direction de l'entreprise durant les trois années suivant la transmission.
- Deux attestations doivent être adressées à l'administration fiscale, l'une établie le jour de la donation, l'autre au terme des obligations de détention, soit six ans après la donation (pour les sociétés), sous peine d'une remise en cause de l'avantage fiscal.

Si la valeur de l'entreprise est élevée, il est possible d'effectuer en plus du pacte Dutreil une **donation simple**, l'abattement consenti pour une donation à un enfant se cumulant avec l'abattement de 75 % du pacte Dutreil.

Exemple : l'entreprise est estimée 500 000 euros :

- Base taxable après abattement Dutreil : 125 000 euros.
- Base taxable après l'abattement relatif à la donation : 125 000 euros – 100 000 euros = 25 000 euros.
- Droits de succession à payer (20 % pour un enfant) : 25 000 euros × 0,20 = 5 000 euros.
- Droits à payer après avoir soustrait 1 806 euros portant sur la tranche comprise entre 15 932 euros et 552 324 euros : 5 000 euros – 1 806 euros = 3 194 euros.
- Si le donateur a moins de 70 ans et qu'il transmet l'entreprise en pleine propriété, l'enfant bénéficie d'une réduction de 50 % des droits de donation qui s'élèveront donc à **1 597 euros**.

S'il existe plusieurs héritiers, il est préférable d'opter pour une **donation-partage**. Si l'entreprise constitue l'essentiel du patrimoine, celui qui la reçoit devra dédommager les autres héritiers par le versement d'une soulte. Cette donation-partage prend en compte la valeur de l'entreprise au moment de la signature de l'accord ; si le successeur en multiplie la valeur, ses frères et sœurs ne pourront rien lui demander, ce qui peut éviter de nombreux conflits.

Enfin, la donation de la nue-propriété de l'entreprise à un enfant et la conservation de l'usufruit sont un autre moyen de se préserver. Combinée à un **pacte Dutreil**, elle se révèle très avantageuse car l'abattement de 75 % s'applique sur la valeur de l'entreprise en nue-propriété, moindre qu'en pleine propriété.

Marie Houzet

RÉFÉRENCES

- Loi n° 2003-721 du 1er août 2003.
- Art. 787 B du Code général des impôts.

94

QUELS SONT LES AVANTAGES ET INCONVÉNIENTS D'UN ACHAT IMMOBILIER EN SCI ?

Créer une société civile immobilière (SCI) pour acquérir un bien immobilier facilite l'achat, la gestion et la transmission du bien. Mais il existe également certains inconvénients.

Avantages de la création d'une SCI

- **Liberté d'organisation :** la SCI est une structure dont les statuts sont aménageables. Ils peuvent fixer les conditions de majorité et quorum. Dans une SCI, le représentant légal est le gérant. Il dispose des pleins pouvoirs mais les statuts peuvent les limiter.
- **Augmentation de la capacité d'achat :** la SCI permet de réunir les capitaux de plusieurs personnes qui, seules, n'auraient pas eu les moyens d'acheter et facilite l'obtention de financements externes.
- **Alternative à l'indivision :** en SCI, chaque associé peut vendre ses parts sociales en cas de mésentente.
- **Déduction des charges locatives :** on peut diminuer le résultat imposable de la SCI en déduisant les charges afférentes à la détention de l'immeuble (entretien, réparation).
- **Transmission de patrimoine facilitée :** la SCI permet d'effectuer des **donations successives de parts sociales** tous les quinze ans, en franchise de droits. Ainsi, les héritiers deviennent propriétaires du patrimoine immobilier au bout d'un certain nombre de donations, stratégie impossible en cas de détention directe.
- **Fiscalité avantageuse :** la SCI peut choisir son régime d'imposition des bénéfices : impôt sur le revenu (IR) ou sur les sociétés (IS).

Par défaut, les bénéfices sont taxés directement entre les mains des associés. Ils sont alors soumis à l'IR. En cas de revente, la plus-value peut bénéficier d'une exonération quasi totale d'impôts.

Mais la SCI peut opter pour l'IS et déduire une fraction de l'immeuble chaque année (amortissement). Cela permet d'atténuer le montant de l'impôt sur les bénéfices payé tous les ans. Si elle cède l'immeuble, elle doit toutefois s'acquitter de l'impôt sur la plus-value, tenant compte des amortissements déjà pratiqués sur le bien.

Inconvénients de la création d'une SCI

- **Un nombre minimum de deux associés.**
- **Les formalités de création lourdes et complexes**, et davantage **d'obligations administratives, comptables et fiscales** que la détention en nom propre. Les SCI soumises à l'IR peuvent se contenter d'une comptabilité de trésorerie. Les autres doivent tenir une comptabilité commerciale complète.

Enfin, le fonctionnement d'une SCI génère un **formalisme juridique** assez lourd : convocation des associés en assemblée générale avec rédaction d'un procès-verbal chaque année.

- **Responsabilité illimitée** des associés responsables personnellement des dettes de la SCI, proportionnellement à leur pourcentage de détention du capital.
- **Limitation du champ de l'activité :** une SCI doit uniquement servir à gérer les biens achetés, non à faire de l'achat-revente de biens immobiliers.
- **Sur le plan fiscal :** les associés ne peuvent bénéficier des avantages du pacte Dutreil en cas de transmission d'entreprise, ni de l'abattement de 30 % sur la résidence principale en matière d'impôt sur la fortune immobilière.

Marie Houzet

RÉFÉRENCE

- Art. 1845 à 1870-1 du C. civ..

95

PEUT-ON FAIRE ANNULER UN TESTAMENT ?

Le testament énonce les dernières volontés d'une personne. Il peut être révoqué par son auteur tant qu'il est en vie. En revanche, le testament acquiert force obligatoire au décès du testateur. Le contenu du testament est, par nature, varié. Il est souvent le siège de dispositions patrimoniales, tel un legs (la transmission d'un bien ou d'un ensemble de biens en propriété, en usufruit ou en nue-propriété, etc.). Il peut aussi énoncer des dispositions extrapatrimoniales, telle la reconnaissance d'un enfant, valable si le testament est notarié. Il existe enfin un testament aux funérailles permettant d'organiser ses obsèques et de déterminer le lieu de sa sépulture.

Le testament est un acte juridique unilatéral. Rédigé par un seul auteur, cet acte énonce ses dernières volontés, celles qui produiront leurs effets pour le temps où il n'existera plus. Un testament est valable s'il obéit à des conditions juridiques. Des conditions de fond analogues au contrat : un consentement lucide et la capacité testamentaire. Et des conditions de forme, variant suivant le type de testament : olographe, notarié ou mystique, international. Il est recommandé à toute personne qui veut rédiger son testament ou qui l'a rédigé de consulter un notaire pour en vérifier la validité.

Seul le tribunal judiciaire est habilité à annuler un testament et donc à le priver de tout effet juridique ; le ministère d'un avocat est obligatoire pour saisir le juge.

Un testament peut d'abord être annulé parce que le testateur l'a rédigé sous l'empire d'**un trouble mental**. Seuls les héritiers ont qualité à faire état de ce grief. Il leur faudra souvent produire des éléments médicaux : une altération des facultés mentales provoquée par la maladie d'Alzheimer ou toute autre affection neurodégénérative. Or, les héritiers auront accès au dossier médical et pourront établir le trouble mental. Plus rare est une action en nullité faisant état que le testateur était sous l'empire d'**une contrainte morale ou la victime d'une violence physique, d'une emprise ou d'une captation d'héritage**. La preuve est difficile à établir ; mais la preuve que le consentement n'a pas été manifesté librement ou par une personne consciente et lucide peut être rapportée par tous moyens (témoignages, attestations médicales) : un faisceau d'indices graves et concordants permet au juge de se forger une conviction.

Plus simple est l'hypothèse où le testateur était **protégé par une tutelle**. Contrairement au majeur en curatelle ou en habilitation familiale ou dont le mandat de protection future a pris effet, le majeur en tutelle ne peut rédiger valablement de testament sans y avoir été préalablement autorisé par le juge des tutelles. Il est d'usage que le juge auditionne seul le majeur protégé et demande au médecin une attestation par laquelle il est en état de tester. Le juge donne son autorisation par ordonnance. Dans ce cas, le testament peut être rédigé par le majeur en tutelle qui, à l'inverse, peut révoquer seul, sans autorisation judiciaire, tout testament rédigé avant ou après l'ouverture de la tutelle. Seuls les héritiers peuvent se prévaloir de l'incapacité de tester.

Enfin, **le testament dit « olographe »** doit être, en la forme, manuscrit, signé et daté par son auteur. Manuscrit pour l'authenticité ; signé pour distinguer l'acte définitif du brouillon ; daté pour vérifier si le testateur avait la capacité juridique. En cas de pluralité de testaments, ils sont classés par ordre chronologique, le dernier révoquant le précédent dans ses dispositions inconciliables. L'absence de signature et le caractère non manuscrit du testament olographe sont des causes de nullité absolue. Toute personne qui a un intérêt à agir peut s'en prévaloir. Pas seulement les héritiers ; les créanciers aussi. Les juges sauvent parfois des testaments non datés.

Gilles Raoul-Cormeil

96
OÙ PEUT-ON STATIONNER AVEC SON CAMPING-CAR ?

Un camping-car peut stationner, en principe, aussi librement que tout autre véhicule. Cela implique d'accepter certaines conditions et restrictions surtout sur l'espace public mais aussi sur des terrains privés !

Au regard de la législation concernant la circulation et le stationnement sur les **voies publiques**, le camping-car appartient à la catégorie de véhicules M1 (véhicule conçu et construit pour le transport de personnes et comportant, outre le siège du conducteur, 8 places assises au maximum), tout comme les véhicules particuliers avec un poids inférieur à 3,5 tonnes. Si aucun accessoire (toit relevable, cales, etc.) n'est sorti sur la voie publique, il sera considéré en stationnement et non en position de camper. De plus, pour ne pas être considéré en campement, le camping-car doit respecter les **règles de stationnement** : pas plus de sept jours au même emplacement et l'absence de caractère gênant ou dangereux. Outre ces restrictions prévues par le Code de la route, certains emplacements publics demeurent de fait interdits aux camping-cars : parkings souterrains inaccessibles compte tenu d'une hauteur limitée, places aériennes trop étroites...

Les maires peuvent également, au titre des **pouvoirs de police administrative** conférés tant par le Code général des collectivités territoriales que par le Code de la route, durcir les conditions de stationnement, voire interdire tout simplement leur stationnement. Sachez, dans ce cas, que toute interdiction doit se fonder sur des **circonstances locales avérées et motivées** sous peine d'illégalité. Le maire doit en effet définir avec précision les caractéristiques en se référant à des données en relation avec leur effet sur la circulation, telles que surface, encombrement, poids, et viser une catégorie globale de véhicules sans cibler les seuls camping-cars. Le cas échéant, l'interdiction sera annulée par le juge administratif.

Certaines communes – et même de plus en plus – ont bien compris l'intérêt économique d'accueillir les camping-caristes et ont aménagé **des aires d'accueil et de stationnement**. Gratuites ou payantes, leur durée de stationnement y est limitée à 24 ou 48 heures. Plusieurs applications existent pour localiser partout en France ces aires (par exemple : www.campingcarpark.com ou www.park4night.com). N'hésitez pas à les télécharger !

En dehors de la voie publique, le Code de l'urbanisme réaffirme le principe de la liberté de stationner du camping-car sur le **domaine privé**, cette liberté pouvant cependant être limitée pour protéger les espaces naturels ou les sites inscrits. Par conséquent, sur les terrains privés, le stationnement des camping-cars est possible après accord de la personne qui a la jouissance du terrain.

Erwan Royer

RÉFÉRENCES

- Art. R. 311-1 (catégories de véhicules), L. 417-1, R. 417-9 et R. 417-10 (règles de stationnement) du C. route.
- Art. R. 111-32 à R. 111-35 du Code de l'urbanisme (réglementation des camping-cars sur des emplacements privés).

97

ALORS QUE LES DÉLAIS EXPLOSENT POUR SE FAIRE FAIRE UN PASSEPORT, QUELS SONT LES PAYS POUR LESQUELS UNE SIMPLE CARTE NATIONALE D'IDENTITÉ EST SUFFISANTE ?

YVES, Coutances (50)

De manière générale, ce sont essentiellement des pays européens qui acceptent la carte nationale d'identité (CNI) pour se rendre sur leur territoire, les autres réclamant un passeport. En effet, les **États de l'Union européenne** et un certain nombre d'autres **pays d'Europe ou du pourtour méditerranéen** acceptent la carte d'identité comme document de voyage. Comme l'indique le site du ministère des Affaires étrangères (mis à jour régulièrement), il est possible de voyager dans ces pays, sans passeport, avec une nouvelle carte (format carte bancaire) ou avec une ancienne carte (plastifiée bleue). L'ancienne carte, si elle est en cours de validité, peut être utilisée pour voyager ou séjourner dans l'Union européenne jusqu'en 2031. Si votre carte d'identité a été délivrée entre le 2 janvier 2004 et le 31 décembre 2013 et si vous étiez majeur au moment de sa délivrance, sa durée de validité a été automatiquement prolongée de cinq ans.

Les autorités de dix-neuf pays (www.diplomatie.gouv.fr) ont officiellement confirmé qu'elles acceptaient les **anciennes cartes d'identité (plastifiées bleues)** en apparence périmées mais dont la durée de validité a été automatiquement prolongée de cinq ans. Il faut ajouter la Tunisie mais uniquement pour les binationaux ou personnes participant à des voyages de groupe organisés par un professionnel du tourisme.

Les autorités des pays suivants n'ont pas officiellement transmis leur position mais tolèrent habituellement les anciennes cartes d'identité (plastifiées bleues) en apparence périmées mais dont la durée de validité a été automatiquement prolongée de cinq ans : Allemagne, Autriche, Chypre, Danemark, Espagne, Finlande, Pays-Bas, Pologne, Portugal, Slovaquie, Suède ; certains États de l'espace Schengen (Liechtenstein, Vatican, Albanie, Macédoine du Nord, Bosnie-Herzégovine) ; Égypte.

Les autorités des pays suivants acceptent les anciennes cartes d'identité (plastifiées bleues) en cours de validité mais n'acceptent pas celles, en apparence périmées, dont la durée de validité a été automatiquement prolongée de cinq ans : Belgique, Lituanie, Norvège.

Erwan Royer

RÉFÉRENCE

- Site officiel du ministère de l'Europe et des Affaires étrangères : www.diplomatie.gouv.fr/fr/services-aux-francais/documents-officiels-a-l-etranger/article/duree-de-validite-de-la-carte-nationale-d-identite-et-sejour-a-l-etranger.

VOUS AUSSI, POSEZ VOS QUESTIONS

06

LOGEMENT ET RELATIONS DE VOISINAGE

98

QUE FAIRE SI MON PROPRIÉTAIRE REFUSE DE ME RENDRE MA CAUTION ?

Il est d'usage que le locataire verse au bailleur un « dépôt de garantie » pour garantir l'exécution de ses obligations locatives. Les non-initiés préfèrent le terme « caution » alors qu'en droit, ce terme qualifie dans un contrat de cautionnement la personne qui s'engage à payer la dette du débiteur à son créancier. Le dépôt de garantie est tout simplement une somme d'argent déposée entre les mains du bailleur pour garantir le paiement de la remise en ordre des lieux loués.

Il a longtemps été d'usage que le montant du dépôt de garantie était de deux loyers, mais une loi du 8 février 2008 a limité ce montant à « un mois de loyer en principal ». L'objectif est clairement de faciliter la conclusion d'un bail et d'éviter de priver de logement un locataire qui n'aurait pas la trésorerie suffisante pour payer d'avance son loyer et le dépôt de garantie. En contrepartie, la somme déposée en garantie peut ne pas suffire à réparer les dégradations causées à l'immeuble loué par le locataire. Dans ce cas, celui-ci devra rembourser à son bailleur les frais dûment justifiés de remise en l'état que ce dernier aura engagés.

Mais, si au jour de l'état des lieux de sortie les parties au bail admettent que l'immeuble loué est dans le même état qu'au jour de l'entrée en jouissance, alors le dépôt de garantie n'a plus d'objet. Il doit être restitué par le bailleur au locataire.

La restitution du dépôt de garantie peut s'opérer lors de la remise des clés ou après l'arrêté des comptes par le bailleur ou son mandataire. Cette formalité doit être réalisée au plus tard dans le mois suivant le jour de l'état des lieux de sortie déclarée conforme à l'état des lieux d'entrée. Ce délai d'un mois résulte de la loi Alur du 24 mars 2014. Il s'applique à tous les baux d'habitation, y compris ceux qui ont été conclus avant l'entrée en vigueur de cette loi.

Si le bailleur tarde à restituer le dépôt de garantie, le montant de sa dette est majoré d'une somme égale à 10 % du loyer mensuel en principal pour chaque période mensuelle commencée en retard. Ainsi, par exemple, si le dépôt de garantie, égal au montant d'un loyer, est de 850 euros et qu'il est dû le 28 juin, un mois après l'état de lieu de sortie réalisé le 28 mai, alors le 1er juillet et chaque premier jour des mois suivants, le bailleur doit au locataire la somme de 85 euros à titre de réparation forfaitaire. La sanction est plus dissuasive que le taux d'intérêt légal ; elle l'est assez pour convaincre le bailleur récalcitrant ou étourdi, sauf insolvabilité, il a intérêt à exécuter son obligation. Une mise en demeure n'est pas nécessaire mais peut s'avérer utile au locataire pour rappeler au bailleur le montant et le fondement de sa dette.

> Le locataire impayé peut […] assigner en justice le bailleur indélicat

Cette dette est soumise à la prescription extinctive. Le délai a été réduit à trois ans par la loi du 24 mars 2014. Le locataire impayé peut donc avoir intérêt à assigner en justice le bailleur indélicat devant le juge des contentieux de la protection. L'assignation interrompt la prescription.

À titre d'exception, la somme à restituer par le bailleur n'est pas majorée de 10 % si le locataire ne lui a pas communiqué l'adresse de son nouveau domicile.

Gilles Raoul-Cormeil

RÉFÉRENCE

- Art. 22, al. 7 de la loi n° 89-462 du 6 juillet 1989 tendant à améliorer les rapports locatifs, issu de la loi n° 2014-366 du 24 mars 2014, pour l'accès au logement et à l'urbanisme rénové.

99

MON PROPRIÉTAIRE PEUT-IL M'INTERDIRE D'AVOIR UN ANIMAL DE COMPAGNIE ?

La loi « répute non écrite » toute clause du bail tendant à interdire la « détention d'un animal » dans un local d'habitation dans la mesure où elle concerne « un animal familier ». Ce texte issu d'une loi de 1970 pose une limite à la liberté contractuelle.

Si le bailleur a introduit pareille clause dans le bail, même avec l'accord du locataire, la clause ne peut produire aucun effet juridique. Le réputé non écrit est une sanction efficace et légale qui n'a pas besoin d'un jugement pour s'imposer aux parties.

Le bailleur voit dans l'animal la cause d'une détérioration de l'immeuble d'habitation ; l'interdit est pour lui le respect de sa propriété. À l'inverse, le locataire qui choisit de vivre avec un animal y voit l'expression de sa liberté. Le législateur a choisi une voie médiane. **La liberté du locataire est encadrée ; elle n'est donc pas sans limite.**

D'abord, la loi pose une exception relative au type d'animal. Le locataire est libre de s'établir avec un **« animal familier »**. Assurément, il s'agit d'un animal de compagnie que le Code rural et de la pêche maritime définit comme « tout animal détenu ou destiné à être détenu par l'homme pour son agrément ». **La qualification exclut donc au moins les animaux d'élevage (poules, veaux, vaches, cochons, chevaux, etc.).**

De surcroît, la loi permet au bailleur d'interdire la « détention d'un chien appartenant à la première catégorie » (chien d'attaque). Le bailleur ne peut donc pas interdire la détention d'un chien de deuxième catégorie (chien de garde ou de défense). Le silence du bail signifie la liberté du locataire d'acquérir ou de détenir un chien d'attaque (mastiff, pitbull, tosa). Ce type de chiens doit être stérilisé et son possesseur doit être titulaire d'une attestation d'aptitude. Le maire de la commune où est domicilié son détenteur peut délivrer un permis provisoire valable un an.

Ensuite, la loi pose une exception relative au type de bail. La règle introduite par la loi du 10 juillet 1970 ne s'applique pas aux **« contrats de location saisonnière et de meublés de tourisme ». Pour ce type de contrats, le bailleur peut introduire une clause interdisant la détention d'un animal familier. Le bailleur peut ne pas avoir exercé sa faculté.** Dans le silence du bail de location saisonnière ou de meublés de tourisme, le locataire peut donc y séjourner avec un animal de compagnie.

Enfin, la liberté du locataire de détenir un animal familier est subordonnée « au fait que ledit animal ne cause aucun dégât à l'immeuble ni aucun trouble de jouissance aux occupants de celui-ci ». La détention de l'animal ne doit pas non plus causer de trouble anormal du voisinage (aboiements intempestifs, déjections non ramassées, etc.). Il est prudent, pédagogique même, que le bailleur précise cette limite dans une clause. Selon la jurisprudence, la formule « un » animal familier n'exclut pas la pluralité d'animaux. Pour autant, le nombre excessif est parfois à l'origine des troubles de la jouissance. Chacun appréciera en fonction des lieux loués. Une clause peut être utile.

Gilles Raoul-Cormeil

RÉFÉRENCES

- Art. 10 de la loi n° 70-958 du 9 juillet 1970.
- Art. L. 211-12 du Code rural et de la pêche maritime.
- Arrêté du 27 avril 1999.

100

PUIS-JE CESSER DE PAYER MON LOYER SI MON LOGEMENT DEVIENT INSALUBRE ?

Lorsqu'un logement présente un danger ou un risque pour la santé ou la sécurité physique des occupants, le préfet peut engager une procédure d'insalubrité à l'encontre du propriétaire. Le logement fait ensuite l'objet d'un arrêté d'insalubrité pris au vu d'un rapport constatant cette dernière établi par le directeur de l'agence régionale de santé (ARS) ou le directeur du service communal d'hygiène et de santé (SCHC). Dans ce cas, le loyer versé par l'occupant cesse d'être dû à compter du premier jour du mois qui suit l'envoi de la notification de l'arrêté ou de l'affichage à la mairie.

Le locataire devra de nouveau s'acquitter de son loyer à partir du premier jour qui suit l'envoi de la notification ou de l'arrêté mettant fin à l'interdiction temporaire d'habiter les lieux.

Dans le cas d'une interdiction définitive d'habiter les lieux insalubres, le loyer sera dû une fois que le locataire aura été relogé dans un nouveau logement aux frais du bailleur. À noter que la réponse de la justice est identique dans le cas d'immeubles présentant un danger pour la sécurité des occupants – habitats en péril.

En revanche, tant qu'aucun arrêté d'insalubrité n'a été pris, ne décidez jamais seul de ne plus payer votre loyer. Vous risquez d'être expulsé et de verser des indemnités à votre propriétaire, en plus des loyers impayés. La loi et les tribunaux estiment, en effet, que le locataire n'a pas à se faire justice lui-même.

De même, si le logement ne présente aucun danger pour la sécurité ou la santé des occupants, ou que le propriétaire refuse de faire les travaux dans un logement indécent, la justice considère là encore que le locataire est tenu de payer son loyer. Il convient,

> Tant qu'aucun arrêté d'insalubrité n'a été pris, ne décidez jamais seul de ne plus payer votre loyer. Vous risquez d'être expulsés et de verser des indemnités à votre propriétaire.

dans cette hypothèse, d'assigner le bailleur devant le juge des contentieux de la protection qui pourra, à votre demande, imposer la réalisation de travaux afin de rendre le logement décent et vous allouer des dommages et intérêts en réparation du trouble de jouissance subi. Dans cette dernière hypothèse, il est également possible, après avoir sollicité l'intervention de la commission départementale de conciliation afin de tenter une résolution amiable du litige, de demander au juge des contentieux de la protection l'autorisation de consigner le montant des loyers (hors charges) auprès de la Caisse des dépôts et consignations.

Guillaume Mosser

RÉFÉRENCES

- Art. L. 1331-22 du Code de la santé publique.
- Art. L. 511-1 à L. 511-22 et L. 521-2 du Code de la construction et de l'habitation.
- Art. 20, 20-1 et 25-1 de la loi n° 89-462 du 6 juillet 1989.

101
DOIS-JE PRÉVENIR MON PROPRIÉTAIRE SI JE SOUHAITE FAIRE DES TRAVAUX LÉGERS DANS LE LOGEMENT QUE JE LOUE ?

On peut distinguer les travaux d'entretien courant et de réparation qui sont des travaux contraints et les travaux d'aménagement/embellissement, réalisés par choix.

Concernant les premiers, **le locataire est tenu de prendre à sa charge l'entretien courant du logement et des équipements** précisés sur le contrat de bail, qui résulte de l'usage normal des locaux. Il doit également réaliser à ses frais les menues réparations et les autres réparations locatives, dont la liste (non exhaustive) est détaillée par décret. On peut citer, à titre d'exemple, la taille et l'élagage des arbres et arbustes dans un jardin privatif, le nettoyage des gouttières, la réfection des mastics des fenêtres, le graissage des verrous et serrures, le remplacement des interrupteurs électriques, des ampoules, le remplacement de quelques lames de parquet, la pose de raccords de moquettes notamment en cas de taches ou de trous, le ramonage des conduits d'évacuation des fumées, etc. **Nul besoin de prévenir son propriétaire pour ce type de travaux.** En revanche, si ces réparations locatives ne sont nécessitées que par la vétusté ou la force majeure, c'est au propriétaire de les prendre en charge.

Concernant les travaux d'embellissement, le locataire peut librement aménager le logement à sa convenance sans que le propriétaire ne puisse s'y opposer. À l'issue du bail, ces aménagements resteront acquis au bailleur sans indemnisation du locataire. Si ces aménagements ne conviennent pas au bailleur, il ne pourra pas mettre à la charge du locataire les travaux d'enlèvement ou de réfection.

En revanche, **la loi interdit par principe que le locataire « transforme » les locaux et équipements loués sans l'accord écrit du propriétaire**. Dans ce cas de figure, si cet accord écrit n'a pas été recueilli, le bailleur aura le choix, à la fin de la location, entre garder le bénéfice des améliorations sans indemniser le locataire ou exiger du locataire sortant la remise en l'état initial du logement à ses frais.

En principe, des travaux « légers » entrent dans la catégorie des travaux d'aménagement, sans obligation de prévenir le bailleur, mais la distinction avec la notion de travaux de transformation peut être ténue dans certains cas. En cas de doute, il est toujours préférable de demander l'accord du bailleur. Si un litige persiste à ce sujet, c'est le juge des contentieux de la protection qui sera compétent pour trancher la question.

Des règles spécifiques sont prévues pour les travaux d'adaptation du logement (handicap, perte d'autonomie) et les travaux de rénovation énergétique.

Philippe Astruc et Cécile Capeau

RÉFÉRENCES

- Art. 6 d), 7 d) et 7 f) de la loi n° 89-462 du 6 juillet 1989 tendant à améliorer les rapports locatifs.
- Décret n° 87-712 du 26 août 1987.
- Art. 1755 du C. civ., voir aussi Cass. civ. 3e, 17 octobre 1990, n° 88-20.194 et Cass. civ. 3e, 5 novembre 2015, n° 14-23.875.
- Décret n° 2016-1282 du 29 septembre 2016 sur les travaux d'adaptation du logement aux personnes handicapées ou en perte d'autonomie réalisés aux frais du locataire.
- Décret n° 2022-1026 du 20 juillet 2022 relatif aux travaux de rénovation énergétique réalisés aux frais du locataire.

102
PUIS-JE CONTESTER LE PERMIS DE CONSTRUIRE DE MON VOISIN ?

La loi autorise toujours à porter un recours devant le tribunal compétent, pour autant que vous justifiiez des conditions de capacité et d'un intérêt à agir de nature à légitimer l'action que vous engagez. À ce titre, la délivrance d'une autorisation d'urbanisme est toujours susceptible d'un recours, soit :

- amiable auprès de l'autorité administrative qui a délivré l'autorisation ;
- directement auprès du tribunal administratif compétent.

Toute décision administrative accordant l'autorisation d'entreprendre des travaux, qu'il s'agisse d'un arrêté autorisant une construction ou d'une autorisation exemptée du permis de construire, devra faire l'objet de publicité :

- l'autorisation délivrée par l'autorité administrative doit être impérativement affichée, qu'il s'agisse d'une autorisation de construire ou même de démolir ;
- ce panneau doit être visible depuis la voie publique et ses mentions suffisamment visibles, et doit mesurer plus de 80 cm en ses côtés ;
- il doit porter quelques mentions obligatoires : son numéro, sa date de délivrance, l'identité des bénéficiaires, la nature de l'opération, l'adresse et la superficie du terrain, la nature du projet, ainsi que la mention des délais et des voies de recours.

À défaut de ces mentions, l'affichage ne purgerait pas les droits des tiers.

Un affichage incomplet ne permettra pas de laisser courir valablement le délai de deux mois pendant lequel vous êtes autorisé à contester.

Il convient d'examiner la légalité de l'autorisation accordée au regard du Code de l'urbanisme et du plan local d'urbanisme.

Exposez en quoi le projet envisagé, s'il était réalisé, serait susceptible de vous causer un dommage susceptible d'être évité soit par la rétractation de la décision accordée à votre voisin, soit par son annulation, soit d'être indemnisé s'il venait à vous porter préjudice.

L'autorisation d'urbanisme doit être contestée dans un délai de deux mois, à compter de l'affichage continu sur le terrain de l'autorisation.

La date de réception de votre recours doit être comprise dans les deux mois ouvrés de la contestation résultant de l'affichage.

Dans l'hypothèse où le destinataire de votre courrier conserverait le silence pendant plus de deux mois, vous disposeriez alors d'un nouveau délai de deux mois pour saisir cette fois-ci le tribunal administratif.

Les dispositions de l'art. R. 600-1 du Code de l'urbanisme imposent de dénoncer votre requête ou votre mémoire ainsi que les pièces y annexées à la mairie ayant délivré l'autorisation administrative et au pétitionnaire, c'est-à-dire le bénéficiaire.

Le Conseil d'État précise que le régime de notification institué par la loi se combine au régime de publicité. Les dispositions de l'art. R. 600-1 du Code de l'urbanisme imposent de notifier dans les quinze jours de la saisine du tribunal administratif, à la mairie et au pétitionnaire bénéficiaire de l'autorisation de construire, votre recours par lettre recommandée avec AR. Il est possible de solliciter l'annulation d'un permis de construire après l'achèvement de la construction de l'aménagement, et ce dans un délai de six mois.

Thierry Jové-Dejaiffe

RÉFÉRENCES

- Art. R. 111-2-4, R. 111-20 à R. 111-27 et R. 600-1 du Code de l'urbanisme.
- CE, 5 août 2020, n° 432010 (affichage et recours).
- Décret n° 2018-617 du 17 juillet 2017.

103

FAUT-IL ENTREPRENDRE DES DÉMARCHES AUPRÈS DE MA COMMUNE POUR LOUER EN MEUBLÉ MON HABITATION ?

Certaines démarches doivent être effectuées pour louer en meublé son habitation. Elles sont différentes selon que le logement constitue une résidence principale ou une résidence secondaire.

S'il s'agit d'une **résidence principale**, il n'est en principe pas nécessaire de faire des démarches en mairie pour la mettre en location meublée. Toutefois, certaines communes – généralement des grandes villes ou des métropoles – obligent le propriétaire à procéder à une **déclaration** de sa résidence principale en mairie afin de lui attribuer un numéro de déclaration. Pour vous en assurer, nous vous conseillons de vous renseigner auprès de la mairie où se situe la résidence. La durée totale de location de ce logement ne devra pas dépasser **cent vingt jours par année civile** (autrement dit du 1er janvier au 31 décembre), durée que la mairie peut vous demander de justifier.

Dans l'hypothèse où vous faites appel à une **plateforme internet** pour mettre en location ce logement, elle doit préalablement vous informer de vos obligations (déclaration, autorisation du propriétaire si vous êtes locataire de ce logement). Puis, et avant la publication de l'annonce de location, vous devez lui fournir une attestation sur l'honneur indiquant plusieurs informations (déclaration, autorisation du propriétaire si vous êtes locataire, attestation de la qualité de résidence principale du logement, numéro de déclaration du logement). Dès que la durée maximale de cent vingt jours a été consommée, la plateforme internet a l'obligation de désactiver l'offre de location en ligne.

Pour une **résidence secondaire**, sa location en meublé doit faire l'objet d'une **déclaration** en mairie qui peut être précédée, pour certaines agglomérations, ou accompagnée, pour certaines grandes villes, d'une **autorisation de changement d'usage**. En cas de doute, nous vous conseillons là aussi de vous renseigner auprès de la mairie où se situe la résidence. Il ne faut pas négliger en tout état de cause l'accomplissement de ces formalités sous peine de sanctions financières ! Vérifiez également, si le logement mis en location fait partie d'une copropriété, que le règlement de copropriété n'interdit pas d'en faire un meublé de tourisme.

Dès réception de la déclaration, qu'il s'agisse de la mise en location de votre résidence principale ou de votre résidence secondaire, la mairie vous délivre sans délai un accusé de réception comprenant un numéro de déclaration qui devra être indiqué dans chacune des annonces d'offre de location de votre logement. Enfin, si, à l'inverse du cas de la résidence principale, il n'existe pas de limite annuelle pour une résidence secondaire, la **durée maximale de location meublée** pour un même locataire est en revanche de quatre-vingt-dix jours.

Erwan Royer

RÉFÉRENCES

- Art. L. 324-1 à L. 324-2-1 et D. 324-1 à R. 324-8 du Code du tourisme (régime général des locations meublées).
- Art. L. 631-7 à L. 631-10 du Code de la construction et de l'habitation (autorisation de changement d'usage d'un bien immobilier).

104
QUELS TRAVAUX SONT CONCERNÉS PAR L'ASSURANCE CONSTRUCTION ?

Toute personne qui fait réaliser des travaux de construction doit souscrire une assurance « dommages-ouvrage » avant l'ouverture du chantier.

Il peut s'agir d'une construction neuve, d'un agrandissement, d'une rénovation d'ampleur (réhabilitation de l'ensemble d'un immeuble, ravalement de façade avec application d'un enduit d'étanchéité, etc.) ou de la réalisation d'un ouvrage, notion qui est plus large que celle de bâtiment (travaux de génie civil, mur de soutènement ou de clôture, etc.).

Ne sont pas concernés les travaux de faible importance, sans incorporation de matériaux nouveaux à la construction existante, comme des travaux réparatoires ou d'aménagement.

En cas de survenance de dommages graves, qui compromettent la solidité de l'ouvrage ou d'un de ses éléments d'équipement indissociable ou rendent l'ouvrage impropre à sa destination, l'assureur financera le paiement des travaux de réparation, en dehors de toute recherche de responsabilité à l'égard des entreprises intervenues sur le chantier. C'est dans un second temps que l'assureur dommages-ouvrage se retournera contre les constructeurs, fabricants, importateurs ou contrôleurs techniques et leurs assureurs.

L'assurance étant attachée à l'ouvrage, elle bénéficie à ses propriétaires successifs.

La garantie débute en principe un an après la réception des travaux, à l'expiration de la garantie de parfait achèvement. Elle s'applique aussi, avant réception, lorsque, après mise en demeure, le contrat avec l'entrepreneur est résilié pour inexécution. Enfin, elle s'applique lorsque, après réception et mise en demeure restée infructueuse, l'entrepreneur n'a pas effectué les réparations.

Elle s'achève dix ans après la réception des travaux.

Cette assurance dommages-ouvrage est obligatoire pour toutes les personnes, physiques ou morales, particuliers ou professionnels, et sa non-souscription constitue un délit. Toutefois, les sanctions pénales ne s'appliquent pas aux personnes physiques qui construisent un logement pour l'occuper elles-mêmes ou le faire occuper par un membre de leur famille. Les conséquences de la non-souscription à l'assurance dommages-ouvrage seront alors purement civiles : en cas de désordre grave touchant la construction, le propriétaire devra réaliser les démarches à l'égard des constructeurs et de leurs assureurs pour demander la prise en charge des travaux réparatoires, le cas échéant, en intentant une action en justice si les discussions amiables n'aboutissent pas.

Philippe Astruc et Cécile Capeau

RÉFÉRENCES

- Art. L. 242-1 du Code des assurances.
- Cass. civ. 3e, 30 mars 1994, n° 92-11.996.
- Cass. civ. 3e, 3 mai 1990, n° 88-19.642, Cass. civ. 3e, 13 février 2020, n° 19-10.249.
- Cass. civ. 3e, 12 juin 1991, n° 89-20.140, Cass. civ. 1re, 31 mars 1993, n° 90-16.192, Cass. civ. 3e, 17 février 1999, n° 96-21.149.
- Cass. civ. 3e, 28 février 2018, n° 17-13.478.
- Art. 1792-6 du C. civ.
- Art. L. 243-3 du Code des assurances.

105

QUELS TYPES DE TRAVAUX NÉCESSITENT UN PERMIS DE CONSTRUIRE ? (TERRASSE, CABANON DE JARDIN, EXTENSION, MUR D'ENCEINTE, ETC.)

Un permis de construire, délivré par la commune, est nécessaire pour réaliser une construction nouvelle ou agrandir une construction existante, même celles ne comportant pas de fondations, lorsque l'emprise au sol ou la surface de plancher créée excède 20 m².

La « surface de plancher » concerne les espaces clos et couverts, ayant une hauteur sous plafond de 1,80 m minimum, et se calcule à partir de l'intérieur nu des façades du bâtiment. Sont déduits certains espaces (hauteur sous plafond < 1,80 m, garage, comble non aménageable, etc.).

Dans les zones urbaines soumises à un plan local d'urbanisme (PLU), cette surface peut dans certaines conditions être portée à 40 m² pour les travaux d'agrandissement. La consultation du PLU est indispensable.

Un permis de construire est également exigé pour le changement de destination d'un bâtiment (par exemple, la transformation d'une boutique en logement d'habitation), mais seulement si cela a pour effet de modifier les structures porteuses ou la façade du bâtiment.

Enfin, certaines rénovations de grande ampleur nécessitent un permis de construire.

Pour la construction d'une piscine, un permis de construire sera nécessaire s'il s'agit d'une piscine découverte dont le bassin est supérieur à 100 m² ou d'une piscine couverte dont la surface de bassin est comprise entre 10 et 100 m². La loi n'effectue pas de distinction entre les piscines dotées de fondations et les piscines hors sol, les mêmes règles leur sont applicables.

Pour les constructions plus modestes, selon leur surface et leur hauteur, soit une déclaration préalable sera nécessaire, soit elles seront dispensées de toutes formalités si le terrain n'est pas situé sur une zone protégée (abords d'un monument historique, site patrimonial, secteur sauvegardé ou en cours de classement), comme une terrasse de plain-pied, qui ne nécessite aucune démarche.

Ainsi, pour la construction d'un abri de jardin ou d'un garage hors secteur protégé, si la surface de plancher ou l'emprise au sol est supérieure à 20 m², un permis de construire sera nécessaire. Si l'une ou l'autre est comprise entre 5 et 20 m², une déclaration préalable de travaux sera à déposer à la mairie. Pour une construction plus petite, aucune autorisation n'est nécessaire.

Le permis de construire doit être affiché sur le terrain et être visible de la voie publique.

Le permis de construire a une validité de trois ans, qui peut toutefois être prolongée à deux reprises d'une année supplémentaire en en faisant la demande auprès de la mairie au moins un mois avant l'expiration du permis.

Philippe Astruc et Cécile Capeau

RÉFÉRENCES

- Art. L. 111-14, L. 421-1, R. 111-22, R. 151-27, R. 421-1, R. 421-2, R. 421-9, R. 421-14 et R. 600-2 du Code de l'urbanisme.
- Question écrite parlementaire n° 28734 de Mme Marie-Jo Zimmermann.

106
À QUEL MOMENT DOIT ÊTRE ÉTABLI UN ÉTAT DES LIEUX ET QUE FAIRE EN CAS DE DÉSACCORD ?

L'**état des lieux** est à réaliser lors de l'**entrée** dans le logement du locataire puis à sa **sortie**. Il peut être établi directement entre le bailleur et le locataire ou avec l'aide d'un professionnel (agent immobilier...). Ce constat, signé des deux parties, est destiné à faire la preuve soit que le locataire a rendu les lieux en bon état, soit, au contraire, qu'il y a eu des dégradations ou des pertes survenues pendant la location.

À l'entrée, il est à faire au moment où le propriétaire remet les clés. Le locataire ne doit accepter de le faire qu'au moment où il va réellement en prendre possession, et donc devenir responsable de son entretien. Une fois qu'il a signé l'état des lieux d'entrée, il peut être complété des observations du locataire dans les dix jours. De même, si au cours du premier mois de la période de chauffe il constate des dysfonctionnements. En cas de refus du propriétaire, le locataire pourra saisir la **commission départementale de conciliation** (CDC) territorialement compétente.

Si aucun état des lieux n'est établi, le locataire est supposé prendre et rendre le logement en parfait état. Si, en revanche, le propriétaire refuse de faire un état des lieux d'entrée, le locataire doit lui envoyer une mise en demeure en recommandé. S'il persiste dans son refus, ce sera à lui de prouver qu'il a délivré un logement en bon état d'usage.

L'état des lieux de sortie est à faire au moment où le locataire quitte le logement, donc au moment où il en remet les clés au propriétaire.

C'est la comparaison entre l'état des lieux effectué à l'entrée et celui effectué à la sortie qui permet de mettre en évidence l'évolution de l'état de chaque pièce et chaque partie du logement, et si, par exemple, des dégâts sont survenus pendant la location. Dans ce cas, si les dégâts sont imputables au locataire et non à la vétusté, le bailleur pourra retenir une somme correspondant à la remise en état sur le dépôt de garantie que le locataire lui a versé à son arrivée. En revanche, ce qui est dégradé du seul fait de l'usure normale du temps reste à la charge du propriétaire.

Une fois que l'état des lieux de sortie est signé par les deux parties, il devient très difficile de le contester car la signature marque l'approbation.

En cas de désaccord sur l'état du logement et de ses équipements, il faut s'abstenir de signer le document contradictoire. En revanche, il est opportun d'envoyer une lettre recommandée à l'autre partie pour contester l'état des lieux en énumérant précisément les éléments de désaccord. L'une des deux parties peut faire appel à un commissaire de justice qui se déplacera afin de dresser constat. Le coût de son intervention est alors partagé par moitié entre le locataire et le propriétaire.

Si ces démarches ne permettent pas d'aboutir à un accord, les contestations portant sur l'état des lieux peuvent être portées, par le propriétaire ou le locataire, devant la CDC du lieu de l'immeuble ou un **conciliateur de justice**. Leur saisine et leur intervention en vue de trouver une issue amiable au litige sont gratuites. Elle est obligatoire si le litige porte sur un montant inférieur à 5 000 euros.

Si la conciliation n'aboutit pas ou si vous ne souhaitez pas l'engager lorsqu'elle est facultative, vous pouvez saisir le juge des contentieux de la protection du tribunal dont dépend le logement.

Guillaume Mosser

RÉFÉRENCES

- Loi n°89-462 du 6 juillet 1989.
- Art. 1731 du C. civ.
- Art. 750-1 du C. pr. civ.

107
QUI EST RESPONSABLE D'UN MUR/CLÔTURE/ HAIE MITOYEN ?

La mitoyenneté est un droit de propriété dont deux personnes jouissent en commun sur les éléments séparant leurs fonds. Elle peut s'appliquer non seulement à un mur, mais aussi une clôture, une haie, un fossé, un arbre, etc.

Un mur est présumé mitoyen lorsqu'il sert de séparation entre deux bâtiments, ou entre deux cours ou jardins ou entre deux champs, lorsque les propriétés de part et d'autre du mur appartiennent à des personnes différentes.

En revanche, un tel mur est présumé privatif lorsque son sommet est en pente ou qu'il présente un chaperon (couvre-mur) ou autre ouvrage d'un seul côté.

La preuve de la non-mitoyenneté peut également résulter des mentions précisées dans le titre de propriété (acte de vente notarié) ou de la prescription acquisitive, lorsqu'un seul des propriétaires a entretenu et réparé le mur durant plus de trente ans.

Il faut préciser qu'un mur peut être, sur une portion, mitoyen et, sur une autre partie, privatif.

Il est possible d'acquérir la mitoyenneté d'un mur privatif en remboursant au copropriétaire de ce mur la moitié de la dépense occasionnée pour l'édifier, évaluée à la date de l'acquisition de la mitoyenneté, et la moitié de la valeur du sol sur lequel il est bâti.

À l'inverse, tout copropriétaire d'un mur mitoyen peut abandonner son droit de mitoyenneté, cette possibilité ne lui étant cependant offerte que si le mur ne soutient pas son bâtiment ou ses terres (mur de soutènement).

Les propriétaires mitoyens doivent entretenir, réparer et reconstruire à frais communs les murs et autres biens mitoyens. Sauf urgence, ces travaux se font d'un commun accord entre les deux propriétaires. Ainsi, un propriétaire qui ferait exécuter seul des travaux non urgents sur un mur mitoyen sans avoir recueilli l'accord de l'autre propriétaire ne pourrait obtenir auprès de ce dernier le remboursement de la moitié des frais exposés.

Par ailleurs, le propriétaire d'un mur mitoyen supportera seul les frais de réparation/reconstruction d'un mur mitoyen lorsqu'ils sont rendus nécessaires par son seul fait, le fait des choses qu'il a sous sa garde ou sa faute.

Le même raisonnement s'applique concernant la mitoyenneté des clôtures, fossés, haies, etc. À défaut de précision dans le titre de propriété ou de prescription acquisitive, les clôtures qui séparent des propriétés distinctes sont réputées mitoyennes, sauf si l'une des propriétés n'est pas clôturée par ailleurs ou sauf s'il existe une marque de non-mitoyenneté. Le fossé séparant deux fonds est présumé mitoyen, sauf s'il y a marque de non-mitoyenneté d'un seul côté (rejet de terre par exemple).

Concernant les haies et les arbres mitoyens, les fruits produits sont partagés par moitié entre les deux propriétaires. La taille et l'élagage sont effectués à frais communs des deux propriétaires.

Philippe Astruc et Cécile Capeau

RÉFÉRENCES

- Art. 653 à 656, 661, 666 et 667 du C. civ.
- Cass. civ. 3e, 14 juin 2006, n° 05-14.146.
- Cass. civ. 3e, 2 décembre 1975, Cass. civ. 3e, 21 décembre 1988, Cass. civ. 3e, 4 janvier 1990, n° 88-16.040, Cass. civ. 3e, 23 janvier 1991, n° 89-16.867, Cass. civ. 3e, 19 octobre 2005, n° 04-15.828.

108

SUIS-JE OBLIGÉ D'ÉLAGUER MES ARBUSTES ET ARBRES DONT LES BRANCHES DÉBORDENT SUR LA VOIE PUBLIQUE ?

Vous êtes tenu d'élaguer tous les végétaux dont les branches débordent sur la voie publique par **souci de sécurité et de commodité de passage** pour les personnes et véhicules qui l'empruntent. Cette obligation est étendue puisqu'elle s'applique à l'ensemble des voies ouvertes à la circulation publique, qu'il s'agisse de chemins ruraux, des voies nationales, communales ou départementales ainsi que des trottoirs.

Qu'il s'agisse de voies communales ou de routes départementales situées en agglomération, sachez que le maire peut **imposer** aux riverains des voies de procéder à l'élagage ou à l'abattage des arbres de leur propriété menaçant de tomber sur les voies, dès lors que cela porte atteinte à la sûreté et la commodité du passage. De plus, le maire est compétent pour établir des **servitudes de visibilité** consistant notamment à supprimer les plantations gênantes de propriétés voisines des voies publiques à proximité de croisements, virages ou points dangereux ou incommodes pour la circulation publique.

Le fait de ne pas se plier aux injonctions du maire peut vous amener à payer une **amende**, voire à supporter les conséquences financières d'un **élagage d'office**. Bien que cette dernière procédure soit soumise à des règles précises (information par lettre recommandée, contradiction, mise en demeure), le propriétaire récalcitrant devra en effet payer les frais des travaux d'élagage.

Dans des zones exposées à un risque d'incendie (notamment les forêts), les propriétaires sont soumis à une **obligation légale de débroussaillement (ou de débroussaillage, Old)**. Cela consiste à réduire les matières végétales de toute nature (herbe, branchage, feuilles, etc.) pouvant prendre feu et propager un incendie aux habitations, en élaguant les arbres ou arbustes ou en éliminant les résidus de coupe (branchage, herbe, etc.). Cette obligation s'applique en zone rurale pour les propriétaires de terrains situés à moins de 200 m des bois et forêts, mais aussi en zone urbaine. Pour connaître les règles et usages en vigueur dans votre commune, nous vous conseillons de vous adresser à votre mairie pour prendre connaissance d'un éventuel arrêté préfectoral concernant l'Old et de consulter, pour l'élagage des arbres et arbustes, les règlements départemental et communal de voirie.

Là aussi, négliger l'Old peut être source de **sanctions importantes** (**astreinte de 100 euros par jour de retard**, **amende administrative** pouvant aller jusqu'à 30 euros par mètre carré non débroussaillé, sanctions pénales).

Erwan Royer

RÉFÉRENCES

- Art. D. 161-24 du Code rural et de la pêche maritime.
- Art. R* 116-2, 5°, L. 114-1 et L. 114-2 du Code de la voirie routière (servitudes de visibilité).
- Art. L. 2212-2-2 du Code général des collectivités territoriales.
- Art. L. 131-10 et s. du Code forestier.
- Art. 322-5 à 322-11-1 du C. pén.
- Art. L. 122-1 à L. 122-9 du Code des assurances (Old).

109

PUIS-JE BRÛLER MES DÉCHETS VERTS DANS MON JARDIN ?

Pour des raisons à la fois de **sécurité**, de **santé** et **environnementales**, brûler ses déchets verts (secs ou humides) dans son jardin, que ce soit par le biais d'un incinérateur ou à l'air libre, est **interdit**. En effet, les déchets verts humides dégagent des substances toxiques pour les êtres humains et l'environnement (des particules fines notamment). Par ailleurs, leur combustion (déchets secs ou humides) peut causer des troubles de voisinage (odeurs ou fumées) et des risques d'incendie. Enfreindre cette interdiction peut vous conduire à payer une **amende de 450 euros** et à engager votre **responsabilité civile** pour troubles de voisinage en raison de nuisances olfactives auprès de votre ou de vos voisins.

Pour des raisons à la fois de sécurité, de santé et environnementales, brûler ses déchets verts dans son jardin, que ce soit par le biais d'un incinérateur ou à l'air libre, est interdit.

En revanche, vous pouvez les utiliser en **paillage** ou en **compost individuel**. Vous pouvez également les **déposer** en respectant les règles mises en place par votre commune (déchetterie ou collecte sélective). Nous vous conseillons de vous renseigner auprès de votre mairie pour connaître le mode de traitement des déchets verts dans votre commune.

Erwan Royer

RÉFÉRENCES

- Art. L. 541-21-1, II du Code de l'environnement (interdiction de combustion des déchets verts).
- Art. 7 du décret n° 2003-462 du 21 mai 2003 (sanctions).

110

JE POSSÈDE UN HABITAT ANCIEN, LE MONTANT DES TRAVAUX DE RÉNOVATION PEUT-IL ÊTRE PRIS EN CHARGE PAR LA RÉGION OU PAR L'ÉTAT, POUR TOUT OU PARTIE ?

L'habitat ancien, s'il n'est pas inscrit ou classé au titre de son intérêt historique, sera très probablement une passoire énergétique, autrement dit un logement classé F ou G par le diagnostic de performance énergétique (DPE).

Aussi appelés « passoires thermiques », ces bâtiments sont synonymes de précarité énergétique pour 3,5 millions de ménages en France en 2021 (source ONPE).

À l'horizon 2050, la loi de 2015 sur la transition énergétique fixe une division par quatre de la consommation énergétique du parc de logements français. Pour se donner les moyens de ces ambitions, les pouvoirs publics ont mis en place le service « France Rénov' », porté par l'Agence nationale de l'habitat (Anah). Ce nouveau service public centralise informations et conseils gratuits *via* son site internet et sa plateforme téléphonique.

En plus de ce service, il existe de nombreuses primes à la transition énergétique, calculées en fonction des revenus du foyer fiscal demandeur. Les dotations et modalités d'attribution de ces primes sont révisées à l'occasion des lois de finances annuelles ou, plus ponctuellement, au gré de l'actualité. En septembre 2022, les aides à la rénovation doivent inciter à des travaux d'isolation, de chauffage, de ventilation ou d'audit énergétique, confiés obligatoirement à des entreprises labellisées « reconnues garantes de l'environnement » (RGE) :

- MaPrimeRénov est une aide forfaitaire pour les logements de plus de 15 ans. Elle est bonifiée pour une sortie du statut de passoire thermique ;
- MaPrimeRénov' Sérénité est destinée à des chantiers globaux de rénovation énergétique, pour un gain énergétique minimum de 35 %. L'aide est assortie d'un accompagnement obligatoire (Mon Accompagnateur Rénov').

L'une ou l'autre de ces primes pourra être cumulée avec d'autres aides, pour lesquelles il faudra solliciter différents organismes :

- les primes « coup de pouce » ou la TVA à taux réduit pour l'achat de matériels ou de matériaux ;
- l'éco-prêt à taux zéro, pouvant aller jusqu'à 50 000 euros, permet de ne pas engager personnellement de frais. Plusieurs autres offres de prêts existent, elles visent à lever les freins des ménages les plus modestes ;
- l'exonération temporaire de la taxe foncière ou le déficit foncier sont des dispositifs fiscaux récompensant les efforts consentis.

Autant que possible, prenez attache avec les organismes concernés et n'oubliez pas de faire appel aux professionnels des espaces-conseils France Rénov'.

Cécile Lemaire

RÉFÉRENCES

- Loi n° 2015-992 du 17 août 2015 relative à la transition énergétique pour la croissance verte.
- Loi n° 2021-1104 du 22 août 2021 portant lutte contre le dérèglement climatique et renforcement de la résilience face à ses effets.

111
JE SOUHAITE RÉDUIRE LE MONTANT DE MES FACTURES D'ÉNERGIE, QUELS TRAVAUX DE RÉNOVATION DEVRAIS-JE PRIVILÉGIER ?

Avant de redevenir une source de préoccupation, l'énergie correspondait essentiellement à une charge comptable, dont la modicité empêchait de se représenter fidèlement la préciosité et les impacts. L'actualité nous rappelle que c'est aussi une épée de Damoclès sur les évolutions souhaitables du climat, ainsi que sur la bonne santé économique de la France et de sa population. Faute de savoir parfaitement se priver d'énergie, le législateur s'engage à l'économiser et à la décarboner : l'un des sujets investis en ce sens concerne **l'efficacité énergétique des bâtiments, aujourd'hui priorité nationale**.

La loi Climat et résilience (2021) a instauré France Rénov' (porté par l'Agence nationale de l'habitat, ou Anah), un service public centralisé et simplifié pour la rénovation énergétique des logements.

Sur sa plateforme en ligne, France Rénov' propose des ressources pour vous aider à déterminer les travaux qui seront les plus appropriés à votre bien : ils seront fonction du diagnostic de performance énergétique (DPE) de votre logement, c'est-à-dire de sa consommation d'énergie et de ses émissions de gaz à effet de serre.

En effet, toutes les passoires thermiques (DPE F ou G) ne se ressemblent pas : les travaux nécessaires dépendront des caractéristiques du bâtiment (surface au sol, surface vitrée, nature des matériaux de construction, type d'isolation, situation géographique et climatique, etc.).

De façon générale, l'Agence de la transition écologique et l'Agence nationale de l'habitat rappellent l'importance de se faire accompagner par les professionnels des espaces-conseils France Rénov' : abstenez-vous de signer un devis ou de vous engager auprès d'un artisan avant d'avoir pris attache avec ces services. Si la démarche est chronophage, elle sera précieuse pour prévenir des déconvenues qu'on ne saurait se représenter sans être du métier.

Le plus souvent, la mise en place ou la consolidation de l'isolation (huisseries, murs, sous-sols, combles) sera la pierre angulaire de **futures économies d'énergie**. Viendra ensuite le temps d'apprécier la nécessité de changer ou, plus probablement, de compléter le système de chauffage et de chauffe-eau existant, première source de dépense énergétique d'un logement : de ce point de vue, le système idéal (c'est-à-dire aussi efficace que bon marché) n'existe pas puisqu'il dépendra des installations existantes. La mise en place d'un système de régulation et d'un système de ventilation efficaces fait également partie des mesures préconisées par la plateforme France Rénov'.

Dans tous les cas, il paraît évident de considérer le coût à l'usage en plus du coût d'achat.

Cécile Lemaire

RÉFÉRENCES

- Loi n° 2021-1104 du 22 août 2021 portant lutte contre le dérèglement climatique et renforcement de la résilience face à ses effets.
- Loi n° 2015-992 du 17 août 2015 relative à la transition énergétique pour la croissance verte.

112
QUELS SONT LES DIAGNOSTICS OBLIGATOIRES EN CAS DE VENTE IMMOBILIÈRE ?

Il convient là de distinguer la vente d'un logement individuel de celle d'un logement en copropriété.

S'agissant d'une **habitation individuelle**, le vendeur doit vous remettre (et ils seront en règle générale annexés à l'acte de vente) :

- le diagnostic de performance énergétique, sauf dans l'hypothèse d'une vente en état futur d'achèvement ;
- le constat de risque d'exposition au plomb ;
- l'état mentionnant la présence ou l'absence d'amiante ;
- l'état de l'installation intérieure de l'électricité si celle-ci a plus de 15 ans ;
- l'état de l'installation intérieure de gaz si l'installation a plus de 15 ans ;
- l'état de l'installation d'assainissement non collectif ;
- l'état relatif à la présence de termites ;
- l'état des risques et pollutions, naturelles, minières, technologiques, sismiques, radon, etc. ;
- le diagnostic au titre de l'isolation au bruit.

En règle générale, le vendeur devra préciser s'il y a un risque de mérules dans la construction de la maison, si ce risque concerne les zones géographiques identifiées par un arrêté dont vous pourrez vous procurer la copie auprès de la préfecture de votre département.

En copropriété, le vendeur est tenu de remettre les diagnostics suivants :

- diagnostic de performance énergétique ;
- constat de risque d'exposition au plomb ;
- état mentionnant la présence ou l'absence d'amiante ;
- état de l'installation intérieure de l'électricité si celle-ci a plus de 15 ans ;
- état de l'installation intérieure de gaz si l'installation a plus de 15 ans ;
- état relatif à la présence de termites ;
- état des risques et pollutions, naturelles, minières, technologiques, etc. ;
- diagnostic lié aux nuisances sonores.

La promesse de vente et/ou l'acte de vente devront mentionner des informations relatives à la surface privative du lot de copropriété (certificat loi Carrez).

Attention, veillez à renouveler régulièrement ces diagnostics pour autant que vous souhaitiez mettre en vente un bien immobilier, puisque ceux-ci n'ont des durées de validité que pendant dix ans.

Ces documents devront être annexés à l'acte de vente.

Toute déclaration mensongère du vendeur ou des organismes les ayant délivrés engage la responsabilité du professionnel rédacteur du document.

Thierry Jové-Dejaiffe

RÉFÉRENCES

- Art. 46 de la loi du 10 juillet 1965 sur l'attestation de surface.
- Art. L. 1332-12-1 (amiante), L. 1334-5 (plomb) et L. 331-11 du Code de la santé publique.
- Art. du Code de la construction et de l'habitation.
- Art. L. 133-6 et L. 133-7 (mérule), L. 134-1 et R. 134-1 (DPE), L. 134-6 et R. 134-6, L. 134-7 et R. 134-7 (gaz, électricité) du Code de la construction et de l'habitation.
- Art. L. 125-5 et R. 125-5 du Code de l'environnement (pollution).
- Art. L. 2224-8 du Code général des collectivités territoriales (assainissement).

113

AI-JE LE DROIT DE TONDRE LE DIMANCHE ?

BERNARD, Angers (49)

Il est d'usage que vous soyez autorisé à utiliser une tondeuse le matin dès 8 h 30 jusqu'à 12 h, puis l'après-midi de 14 h à 19 h 30.

Le samedi de 9 h à 12 h le matin et de 15 h à 19 h l'après-midi.

Les mairies et collectivités territoriales prohibent l'usage des tondeuses le dimanche et les jours fériés.

La plupart de ces dispositifs ressortent de la prévention des nuisances sonores.

Le décret n° 2006-10-99 du 31 août 2006 relatif à la lutte contre les bruits de voisinage précise : « Aucun **bruit** particulier ne doit, par sa durée, sa répétition ou son intensité, porter atteinte à la tranquillité du **voisinage** ou à la santé de l'homme, dans un lieu public ou privé, qu'une personne en soit elle-même à l'origine ou que ce soit par l'intermédiaire d'une personne, d'une chose dont elle a la garde. »

Cette réglementation concerne tout aussi bien les tondeuses que les broyeurs, taille-haies, débroussailleuses, ou tout autre outil de jardinage animé par un moteur thermique ou électrique.

Il est ainsi acquis depuis 1990 que les collectivités territoriales sont autorisées à réglementer l'utilisation de ces matériels afin de veiller à la tranquillité publique.

En outre, l'autorité préfectorale est également compétente à instaurer des règles relatives à l'utilisation de ces matériels, dont il est acquis qu'ils ne peuvent constituer une nuisance pour le voisinage.

Il est donc recommandé de consulter le site internet de votre commune, mais également de la préfecture dont vous dépendez, pour connaître précisément les horaires et les dates auxquelles vous êtes autorisé à utiliser les matériels de jardinage animés par un moteur thermique ou électrique et susceptibles de gêner la tranquillité de vos voisins par des émissions d'ondes sonores.

Vous noterez également qu'aucune de ces machines ne peut excéder une émission sonore de 96 dB.

Enfin, il n'est pas inutile de rappeler que le Code de la santé publique (section 3, intitulé « Lutte contre le bruit ») réglemente au titre des dispositions des art. R. 1334-30 à R. 1334-37 la prévention des risques sanitaires liés à l'environnement et au travail, plus particulièrement les dispositions de l'art. R. 1334-31 du Code de la santé publique qui fixent la règle de principe en la matière.

Il est également inutile de solliciter l'autorisation de vos voisins, puisque le maire de votre commune exercera les prérogatives qui lui sont dévolues au titre du respect de l'ordre public, et pourra, malgré l'autorisation reçue, constater la contravention au règlement municipal qui vous expose au paiement d'une amende.

Thierry Jové-Dejaiffe

VOUS AUSSI, POSE
VOS QUESTIONS

07

CONSOMMATION ET ARGENT

114
PUIS-JE CHANGER D'ASSURANCE AUTOMOBILE OBLIGATOIRE À TOUT MOMENT ?

L'obligation d'assurance automobile pèse sur toute personne susceptible de voir sa responsabilité civile engagée au titre d'un accident de la circulation dans lequel un véhicule terrestre à moteur (VTM) est impliqué. La satisfaction de cette obligation passe par la conclusion d'un contrat avec un assureur et changer d'assurance automobile obligatoire suppose de rompre ce contrat afin d'en conclure un autre avec un second assureur.

Cela ne pose bien entendu aucune difficulté si le souscripteur du contrat et l'assureur sont d'accord pour mettre fin à leur relation. Dans le cas contraire, le principe, en droit des contrats, veut que l'on distingue selon que le contrat est à durée indéterminée – auquel cas chacune des parties peut résilier unilatéralement le contrat moyennant le respect d'un délai de préavis raisonnable – ou qu'il est à durée déterminée – hypothèse dans laquelle cette faculté de résiliation unilatérale est écartée, chacune des parties se devant de respecter ses engagements jusqu'au terme (extinctif) du contrat.

Ce schéma est largement modifié au sujet des contrats d'assurance automobile obligatoire, en pratique toujours stipulés à durée déterminée et tacitement reconductibles, conclus ou renouvelés depuis le 1er janvier 2015. En effet, la loi prévoit que certains contrats d'assurance, à durée déterminée et tacitement reconductibles, couvrant les personnes physiques en dehors de leurs activités professionnelles (contrats dont font partie ceux couvrant la responsabilité civile VTM), l'assuré peut, après expiration d'un délai d'un an à compter de la première souscription, résilier sans frais ni pénalités le contrat.

Il convient de bien noter que cette faculté, exceptionnelle, ne peut être exercée qu'à l'issue d'un délai d'un an à compter de la première souscription (par exemple après première reconduction d'un premier contrat à durée déterminée d'un an ou après deuxième reconduction d'un premier contrat de six mois) et à condition que le contrat prévoie une tacite reconduction, c'est-à-dire son renouvellement automatique à l'arrivée de son terme, sauf opposition de l'une des parties.

En outre, dans l'assurance automobile obligatoire, il est prévu que cette résiliation est prise en charge par le nouvel assureur pour le compte de l'assuré et non directement par ce dernier. Cette règle, évitant les vides d'assurance, est également conforme avec l'objectif de renforcement de la concurrence entre assureurs de la vie privée quotidienne.

Stéphane Brena

RÉFÉRENCES

- Art. L. 113-15-2 et R. 113-11 du Code des assurances.
- Cass. civ. 2e, 2 février 2017, n° 16-12.997.

115

PUIS-JE CHANGER D'AVIS APRÈS AVOIR ACHETÉ UN BIEN À UN PROFESSIONNEL ?

Changer d'avis après un achat n'est rien d'autre que d'envisager la rupture unilatérale d'un contrat (sauf circonstances particulières comme la vente à l'essai ou à l'agréage), ce à quoi s'oppose le principe de force obligatoire du contrat, applicable à toute relation contractuelle, quand bien même serait-elle nouée entre un professionnel et un consommateur. La réponse de principe est par conséquent négative.

Cependant, dans les relations entre professionnels et consommateurs, et pour certains contrats (à l'exclusion de l'achat de biens immobiliers), **la loi reconnaît au profit du consommateur une possibilité, exorbitante du droit commun (autrement dit, extraordinaire), de revenir sur son engagement et, par conséquent, d'anéantir un contrat pourtant formé.** La reconnaissance d'une telle possibilité dépend toutefois des modalités de formation du contrat. En effet, le consommateur bénéficie d'une faculté de rétractation lorsque ces circonstances de formation du contrat justifient une protection accrue : achat à distance, à la suite d'un démarchage téléphonique ou hors établissement. En cas d'achat à distance, c'est-à-dire en dehors de la présence physique des parties lors de la conclusion du contrat (achat par Internet ou par courrier), ou faisant suite à un démarchage téléphonique, le consommateur dispose de 14 jours à compter de la réception du bien pour renoncer, par écrit, à son acquisition. En cas d'achat en dehors du point de vente habituel, comme à l'issue d'un démarchage à domicile, le consommateur bénéficie également d'une faculté de renoncer, par écrit, au contrat dans les 14 jours de sa conclusion (voire dans les 12 mois de l'expiration du délai de 14 jours si le professionnel n'a pas fourni par écrit, avant la conclusion du contrat, des informations relatives à l'existence et les modalités d'exercice de cette faculté). L'exercice de cette faculté, que le professionnel doit faciliter par la mise à disposition d'un formulaire de rétractation, ne peut donner lieu à application d'aucuns frais ni d'aucune pénalité. Le consommateur ne prend à sa charge que les opérations et les frais de réexpédition du bien, dans l'hypothèse où il se trouve en sa possession. L'inobservation de ces dispositions est sanctionnée par la nullité du contrat.

Par conséquent, la pratique, très développée en matière de vente de biens de consommation courante en la présence des deux parties (achat dans une grande surface de distribution par exemple), du « satisfait ou remboursé » n'est en rien l'application d'une prérogative légale mais soit celle d'une faculté de rétractation d'origine contractuelle, soit celle d'un simple geste commercial.

À noter qu'à l'occasion de l'achat d'un immeuble à usage d'habitation par un non-professionnel, ce dernier bénéficie également d'une faculté de renonciation ou d'un délai de réflexion de 10 jours et ce, quelle que soit la qualité du vendeur, professionnel ou non.

Stéphane Brena

RÉFÉRENCES

- Art. L. 221-18 à L. 221-28 du C. cons.
- Art. L. 271-1 du Code de la construction et de l'habitation.
- Cass. civ. 1re, 31 août 2022, n° 21-10.075.

116
PUIS-JE M'OPPOSER À DU DÉMARCHAGE TÉLÉPHONIQUE ?

Les professionnels ont la possibilité de prospecter par téléphone de potentiels clients. Face au fléau que représentent les appels téléphoniques non sollicités, la loi encadre cette pratique. Aux règles générales s'ajoutent des dispositions spécifiques aux contrats portant sur des équipements et travaux pour des logements en vue de la réalisation d'économies d'énergie ou de production d'énergies renouvelables, ainsi qu'en matière d'assurances.

L'encadrement général du démarchage téléphonique repose sur la possibilité reconnue au consommateur de s'inscrire gratuitement sur une liste d'opposition à toute prospection téléphonique.

L'encadrement général du démarchage téléphonique repose sur la possibilité reconnue au consommateur de s'inscrire gratuitement sur une liste d'opposition à toute prospection téléphonique : le dispositif « Bloctel » (www.bloctel.gouv.fr). Afin d'en promouvoir l'existence, les professionnels amenés à recueillir, auprès d'un consommateur, des données téléphoniques doivent lui rappeler la possibilité de s'inscrire sur cette liste ; de même, ce rappel doit être fait lorsqu'un professionnel démarche téléphoniquement un consommateur (à l'occasion de quoi le professionnel ne peut utiliser de numéro masqué). L'inscription interdit à tout professionnel, directement ou par l'intermédiaire d'un tiers, de solliciter le consommateur par voie téléphonique. Elle est efficace pendant une durée de trois ans et, depuis le 2 avril 2019, se renouvelle automatiquement. Les professionnels recourant habituellement à cette pratique doivent consulter la liste d'opposition au moins une fois par mois ; pour les autres, la consultation doit intervenir avant tout lancement d'une campagne de prospection. En cas de démarchage au mépris de l'inscription sur la liste « Bloctel », le contrat éventuellement conclu par la suite est frappé de nullité. En revanche, le démarchage téléphonique demeure possible dès lors qu'il intervient dans le cadre d'un contrat en cours et présente un lien avec l'objet de ce contrat (produits ou services complémentaires ou de nature à améliorer le service ou ses performances). À compter du 1er mars 2023, le démarchage ne pourra intervenir qu'entre 10 h et 13 h et entre 14 h et 20 h et sera interdit les samedis, dimanches et jours fériés.

Le démarchage téléphonique portant sur des équipements et travaux pour des logements en vue de la réalisation d'économies d'énergie ou de production d'énergies renouvelables est purement et simplement interdit, sauf s'il intervient dans le cadre d'un contrat en cours, préalable au démarchage.

En cas de démarchage téléphonique en vue de la conclusion d'un contrat d'assurance n'entrant pas dans le cadre des activités professionnelles du prospect, le professionnel doit recueillir l'accord express du consommateur, en début de conversation, à la poursuite de l'appel (appel auquel il doit mettre fin à la première demande) et doit vérifier la possibilité pour le consommateur de résilier un éventuel contrat en cours portant sur le même risque que celui dont la couverture est proposée par téléphone. Là encore, sous réserve d'un appel relatif à un contrat en cours.

Stéphane Brena

RÉFÉRENCES

- Art. L. 221-16 à L. 221-17 et L. 223-1 à L. 223-7 du C. cons.
- Art. L. 112-2-2 du Code des assurances.

117

QUELS SONT LES RISQUES ENCOURUS SI J'ÉMETS UN CHÈQUE SANS PROVISION ?

Un chèque sans provision est un chèque tiré (c'est-à-dire rempli, signé et remis au bénéficiaire) par le titulaire d'un compte bancaire (le tireur) dont le solde (solde positif constituant la provision) est insuffisant pour couvrir intégralement le montant du chèque. L'insuffisance de la provision équivaut ainsi à une absence de provision. Lors de la présentation du chèque au paiement, si la banque entend en refuser le paiement pour défaut ou insuffisance de la provision (la banque pouvant toujours décider de le payer, à découvert), elle doit, sous peine d'engager sa responsabilité civile (indemnisation), informer son client des conséquences du défaut de provision ; ce qui permet au client de la reconstituer et ainsi permettre le paiement du chèque. Seuls les chèques d'un montant inférieur à 15 euros sont obligatoirement payés par la banque.

Si le tirage d'un chèque sans provision n'est plus le siège, depuis 1991, de sanctions pénales, il n'en produit pas moins des conséquences importantes.

D'abord, si le tireur du chèque ne réagit pas et que la banque confirme son refus de paiement (ce dont elle doit informer la Banque de France dans les deux jours ouvrés suivant le refus de paiement pour inscription au fichier central des chèques), cette dernière doit enjoindre à son client de ne plus tirer de chèque et de restituer l'ensemble des formules de chèque en sa possession. La restitution porte sur toutes les formules de chèque, y compris celles relatives à d'autres comptes ouverts au sein de la même banque ou d'un autre établissement de crédit. En effet, le refus de paiement du chèque sans provision emporte **interdiction d'émettre des chèques (interdit bancaire) sur tous ses comptes pour une durée de cinq ans,** délai à l'issue duquel l'interdiction est levée. L'interdiction prend toutefois fin avant ce délai si l'interdit bancaire justifie avoir directement payé au bénéficiaire le montant du chèque ou s'il a reconstitué la provision tout en indiquant que les sommes déposées sont spécialement affectées au paiement de ce chèque. Si le chèque sans provision a été tiré sur un compte collectif (compte joint par exemple), les titulaires du compte collectif sont tous des interdits bancaires, sur le compte collectif et l'ensemble de leurs comptes individuels. Ils ont toutefois la possibilité de désigner un « bouc émissaire » qui subira l'interdiction bancaire, les autres n'étant affectés qu'à l'égard du compte collectif.

Ensuite, le refus de paiement du chèque constitue un incident bancaire pouvant donner lieu à **l'application de frais,** dans les conditions prévues par le contrat. Ces frais sont néanmoins limités par décret à 30 euros pour les chèques inférieurs à 50 euros, et à 50 euros pour les chèques d'un montant supérieur.

Enfin, cet incident pourrait justifier **la clôture du compte** par la banque, voire le refus d'ouverture d'un compte par un autre établissement de crédit.

Stéphane Brena

RÉFÉRENCES

- Art. L. 131-73 à L. 131-87 du Code monétaire et financier.
- Cass. com., 5 février 2020, n° 18-18.261.
- Cass. com., 19 novembre 2013, n° 12-26.253.

118

PUIS-JE MODIFIER UNE CLAUSE BÉNÉFICIAIRE DANS UN CONTRAT D'ASSURANCE VIE ?

Le régime de la modification de la clause bénéficiaire, qui emporte révocation du bénéficiaire initial, dépend de l'acceptation de cette désignation par ledit bénéficiaire initial.

Dès lors que le bénéficiaire initialement désigné n'a pas encore accepté sa désignation en cette qualité, la modification peut en principe être librement décidée par le souscripteur ; réserve faite de la situation dans laquelle le souscripteur du contrat n'est pas l'assuré, assuré dont le décès déclenche le versement du capital ou de la rente prévue par le contrat d'assurance, auquel cas son accord est nécessaire. Si le souscripteur a été placé sous tutelle, la modification de la clause bénéficiaire supposera l'autorisation du juge des tutelles ou du conseil de famille ; lorsqu'il est sous curatelle, l'assistance du curateur sera nécessaire. Dans l'hypothèse où le souscripteur décède avant l'acceptation de sa désignation par le bénéficiaire, ses héritiers peuvent le révoquer mais dans des conditions restrictives : la révocation ne peut intervenir qu'après exigibilité des sommes assurées, c'est-à-dire après le décès de l'assuré s'il n'est pas le souscripteur, et au moins trois mois après que le bénéficiaire a été mis en demeure d'accepter la stipulation faite à son profit.

En revanche, lorsque le bénéficiaire a accepté sa désignation, la révocation n'est plus possible : la désignation est devenue irrévocable (sauf tentative de meurtre de l'assuré par le bénéficiaire ; sauf entre époux où les donations sont librement révocables). Encore faut-il que cette acceptation soit intervenue conformément aux exigences légales, exigences qui varient selon que le souscripteur et l'assuré sont ou non en vie. Lorsque tous deux sont en vie, l'acceptation doit impérativement prendre la forme soit d'un avenant au contrat d'assurance signé par le stipulant, le bénéficiaire et l'assureur, soit par écrit signé du stipulant et du bénéficiaire et notifié à l'assureur. Après le décès du souscripteur ou de l'assuré, l'acceptation est libre.

Dès lors que la substitution est possible, elle devra impérativement prendre la forme soit d'un avenant au contrat d'assurance (signé donc du souscripteur et de l'assureur), soit d'une information de l'assureur par le souscripteur par acte d'huissier, soit d'un testament ; testament dont l'assureur n'a pas à être informé comme l'a très récemment décidé la Cour de cassation.

Stéphane Brena

RÉFÉRENCES

- Art. 1096 du C. civ.
- Art. L. 132-4-1, L. 132-8 et L. 132-9 du Code des assurances.
- Cass. civ. 2e, 13 juin 2019, n° 18-14.954.
- Cass. civ. 2e, 10 mars 2022, n° 20-19.655.

119

PUIS-JE CHANGER D'ASSURANCE EMPRUNTEUR POUR MON CRÉDIT IMMOBILIER ?

Lorsqu'ils consentent à un non-professionnel un prêt destiné à financer l'acquisition ou la construction d'un immeuble à usage d'habitation, les établissements de crédit proposent généralement l'adhésion à un contrat d'assurance (de groupe) couvrant, en cas de décès, d'invalidité ou encore de perte d'emploi, tout ou partie du remboursement du prêt ainsi souscrit. Il est cependant possible pour le candidat emprunteur, dès la phase de conclusion du contrat de prêt, de refuser d'adhérer au contrat proposé par l'établissement de crédit et d'y substituer une assurance comportant des garanties équivalentes. L'établissement de crédit ne peut alors refuser cette substitution.

Ce mécanisme de substitution se prolonge en cours de contrat, dans l'hypothèse où l'emprunteur immobilier a adhéré au contrat proposé par l'établissement de crédit. En effet, dans les douze mois de la signature de l'offre de prêt, l'emprunteur est en mesure d'imposer au prêteur une substitution d'assurance, toujours à condition que le nouveau contrat d'assurance présente des garanties équivalentes.

L'emprunteur assuré doit alors notifier à l'assureur la résiliation du contrat en cours par lettre recommandée avec accusé de réception (ou par envoi recommandé électronique) au moins quinze jours avant l'expiration de la période de douze mois depuis la signature de l'offre de prêt. En cas d'acceptation par le prêteur de la substitution, le contrat d'assurance en cours est résilié dix jours après la notification ou à la date de prise d'effet du contrat d'assurance substitué si elle est postérieure ; les primes au titre du contrat en cours sont évidemment dues jusqu'à la date de prise d'effet de la résiliation. En cas de refus du prêteur, le contrat d'assurance en cours n'est pas résilié : malgré l'ambiguïté du texte, il semblerait que ce refus ne puisse intervenir qu'en cas de garanties non équivalentes. Dans le cas contraire, le juge devrait pouvoir constater l'effectivité de la résiliation du contrat en cours et son remplacement par le nouveau contrat.

À l'issue du délai de douze mois, et pour les prêts conclus à partir de 2017, la loi (brisant la jurisprudence de la Cour de cassation) avait expressément reconnu à l'emprunteur le bénéfice de la résiliation annuelle offerte aux particuliers par l'art. L. 113-12 du Code des assurances (sous réserve de présenter un nouveau contrat d'assurance comportant des garanties équivalentes, bien entendu). Cette possibilité semble avoir été supprimée en 2022 avec la modification de l'art. L. 313-30 du C. cons....

Stéphane Brena

RÉFÉRENCES

- Art. L. 113-12 et L. 113-12-2 du Code des assurances.
- Art. L. 313-28 à L. 313-33 du C. cons.
- Cass. civ. 1re, 24 mai 2017, nos 15-27.127 et 15-27.839.

120
COMMENT CONTESTER LE CHOIX DU BÉNÉFICIAIRE D'UN CONTRAT D'ASSURANCE VIE ?

Le souscripteur est en principe libre dans la désignation du bénéficiaire de l'assurance vie contractée (sous réserve de l'accord de l'assuré lorsqu'il n'est pas le souscripteur du contrat) ; cette désignation se fait en principe dans la police d'assurance (la désignation postérieure suit le régime du changement de bénéficiaire [voir question 118]). Il est cependant plusieurs motifs de contestation de cette désignation et de réintégration des sommes assurées dans la succession de l'assuré lors de son décès.

Il est, de première part, possible d'**invoquer l'insanité d'esprit du souscripteur,** correspondant à une altération momentanée de ses facultés mentales. Un vice du consentement (erreur ou violence) pourrait également être soulevé.

De deuxième part, l'**incapacité du souscripteur peut être avancée :** lorsque ce dernier est sous tutelle, la désignation du tiers bénéficiaire supposera l'autorisation du juge des tutelles ou du conseil de famille ; en cas de curatelle, l'assistance du curateur est requise. À défaut d'un tel accord ou d'une telle assistance, la nullité de la désignation (vice du contrat) peut être prononcée.

De troisième part, **il peut être soutenu que le contrat sert un but illicite** ; la Cour de cassation a cependant mis, depuis 1999, un coût d'arrêt à l'annulation de contrats conclus en vue du maintien de relations adultérines.

De quatrième et dernière part, l'interdiction faite à certaines personnes de recevoir à titre gratuit peut trouver à s'appliquer : ainsi en est-il des professionnels de santé qui ont prodigué des soins au défunt au titre de la maladie dont il est décédé.

Ces contestations devront être portées devant un juge : elles tendent en effet à obtenir la nullité de la désignation (ou, au-delà, du contrat en son entier), nullité qui suppose d'être prononcée en justice. Il est cependant possible aux personnes intéressées de reconnaître la nullité par convention, sous contrôle judiciaire en cas de contestation de la réalité de la cause de nullité retenue par les parties.

Stéphane Brena

RÉFÉRENCES

- Art. 414-1, 909 et 1162 du C. civ.
- Art. L. 132-4-1, L. 132-8 et L. 132-9 du Code des assurances.
- Cass. civ. 1re, 3 février 1999, n° 96-11.946.
- Cass. civ. 1re, 25 septembre 2013, n° 12-23.197.

121
COMMENT M'OPPOSER À UN PAIEMENT FRAUDULEUX EFFECTUÉ AVEC MA CARTE BANCAIRE ?

La carte bancaire constitue un instrument de paiement doté de données de sécurité personnalisées.

Si le titulaire de la carte constate une opération non autorisée au débit de son compte, il peut la contester afin d'obtenir remboursement de sa banque : le principe est que le payeur a droit au remboursement de l'ordre exécuté par sa banque mais dont il n'est pas l'auteur. L'étendue de ce droit à remboursement varie cependant selon les circonstances ; son exercice est quoi qu'il en soit enfermé dans un délai de treize mois à compter du débit du compte du titulaire.

Dès lors que le titulaire de la carte bancaire a connaissance de son vol, de sa perte, de son détournement ou de toute utilisation non autorisée, il doit en informer sans tarder sa banque (opposition). Dès lors, le payeur ne supporte plus aucune conséquence de l'utilisation de la carte, que sa banque doit bloquer.

Avant l'information de la banque, la responsabilité du payeur pour les pertes liées à l'utilisation frauduleuse de la carte est limitée à 50 euros. Cette limitation est tantôt allégée, tantôt écartée.

Cette responsabilité est écartée – le remboursement est total – lorsque le paiement a été fait sans utilisation des données de sécurité personnalisées (code secret), lorsque la perte ou le vol de la carte ne pouvaient être détectés par le payeur avant le paiement, lorsque la carte a été contrefaite et qu'elle était en possession du payeur lors du paiement, ou lorsque, pour un paiement à distance, la banque n'a pas appliqué l'exigence d'authentification forte imposant l'utilisation de deux des trois éléments que sont la « connaissance » (information que seul l'utilisateur connaît : code, mot de passe, réponse à une question, etc.), la « possession » (objet que seul l'utilisateur possède : téléphone, ordinateur, carte SIM, carte bancaire avec ses numéros, etc.) et l'« inhérence » (quelque chose que l'utilisateur est : empreintes digitales, reconnaissance faciale, rétinienne ou vocale, etc.).

Si le titulaire de la carte constate une opération non autorisée au débit de son compte, il peut la contester afin d'obtenir remboursement de sa banque.

En revanche, la responsabilité du payeur est entière (aucun remboursement) en cas d'agissements frauduleux ou s'il n'a pas satisfait intentionnellement ou par négligence grave à l'obligation de préserver la sécurité de ses données de sécurité personnalisées ou d'informer sans tarder sa banque du vol, de la perte ou du détournement de la carte ; ce que la banque doit démontrer. Or, le fait que les données de sécurité personnalisées aient été utilisées ne suffit pas à prouver cette négligence grave : le payeur a ainsi tout intérêt à nier avoir été victime d'un hameçonnage ; s'il l'admet, la négligence grave pourra être retenue s'il s'avère qu'il a communiqué ses données en réponse à un courriel comportant des indices permettant à un utilisateur normalement attentif de douter de sa provenance.

Stéphane Brena

RÉFÉRENCES

- Art. L. 133-16, L. 133-17 et L. 133-19 du Code monétaire et financier.
- Cass. com., 18 janvier 2017, n° 15-18.102.
- Cass. com., 28 mars 2018, n° 16-20.018.

122
COMMENT CONTESTER UN CHÈQUE DONT JE NE SUIS PAS L'AUTEUR OU QUI A ÉTÉ FALSIFIÉ ?

L'émission (tirage) d'un chèque consiste à donner un ordre de paiement à la banque auprès de laquelle le compte à débiter est ouvert (banque tirée). Lorsqu'un chèque a été émis par une personne non autorisée (chèque contrefait) ou lorsque les données qu'il comporte (en particulier son montant) ont été modifiées après son émission par le titulaire du compte à débiter (chèque falsifié), l'exigence de consentement de ce dernier n'est pas respectée et il devrait pouvoir récupérer le montant du chèque payé par la banque. Le traitement – jurisprudentiel dans le silence de la loi – du chèque contrefait et celui du chèque falsifié diffèrent toutefois.

En cas de chèque contrefait (chèque qui n'a pas été signé par son titulaire), la jurisprudence impose à la banque tirée l'ayant payé d'en rembourser le montant à son client.

En cas de chèque contrefait (chèque qui n'a pas été signé par son titulaire), la jurisprudence impose à la banque tirée l'ayant payé d'en rembourser le montant à son client. Il importe peu, dans ce cas, que la fausse signature soit indécelable ou pas ; il importe peu, donc, que la banque ait commis une faute dans la vérification formelle du chèque.

En revanche, la banque peut obtenir une limitation, voire une exclusion de sa responsabilité – et ainsi échapper en tout ou partie au remboursement du montant du chèque –, en démontrant la faute du titulaire des formules de chèque ayant permis sa falsification, comme un défaut de surveillance et de contrôle des formules qui lui ont été remises par la banque. Un partage de responsabilité sera opéré dans l'hypothèse où la banque a également commis une faute, comme le fait de ne pas avoir décelé une anomalie apparente.

En cas de chèque falsifié (chèque signé par le titulaire du compte à débiter mais ensuite modifié par un tiers), il est fait une distinction selon que la falsification, l'anomalie, est apparente ou pas. Si cette anomalie est apparente (rature, grattage, ajout visible, voire un montant anormalement élevé compte tenu du solde du compte, etc.), la banque ayant payé le chèque est responsable et doit recréditer le compte de son client. En revanche, si l'anomalie n'est pas décelable, c'est sur le payeur, titulaire du chèque, que pèse le risque de cette falsification et il ne sera par conséquent pas remboursé par sa banque.

Stéphane Brena

RÉFÉRENCES

- Art. L. 131-2 du Code monétaire et financier.
- Cass. com., 12 juillet 2017, n° 16-13.576.
- Cass. com., 22 mars 2017, n° 15-24.129.

123
JE SUIS À DÉCOUVERT : QUELS SONT LES RISQUES ?

Le découvert bancaire ou découvert en compte désigne la situation dans laquelle le solde du compte est négatif, traduisant une créance de la banque sur son client à hauteur de ce montant. Le client est par conséquent débiteur d'une somme d'argent envers sa banque, dette d'un montant égal à ce découvert. Les conséquences de cette situation varient bien entendu selon que le découvert est autorisé ou pas par le contrat d'ouverture de compte liant le client à sa banque.

Si le découvert est autorisé par le contrat, le fonctionnement du compte à découvert, dans la limite de ce découvert autorisé, n'est pas une anomalie. Le client pourra simplement être amené à payer un intérêt sur ce découvert (qui constitue une forme de crédit), dans les conditions prévues par le contrat (en particulier le taux appliqué).

Si le découvert n'est pas autorisé par le contrat (par exemple lorsque la banque a accepté d'effectuer une opération de paiement ordonnée par son client alors même que le solde du compte était insuffisant ; lorsque la banque refuse un tel ordre de paiement, il s'agit d'un incident qui peut donner lieu à l'application de frais), cette situation est alors anormale. Outre l'intérêt applicable à ce découvert dans les conditions prévues par le contrat (le taux d'intérêt est bien souvent plus élevé dans cette hypothèse que le taux appliqué au découvert autorisé), le client de la banque s'expose à l'application de frais, là encore dans les conditions prévues par le contrat. Toutefois, les personnes physiques n'agissant pas pour les besoins de leur activité professionnelle sont protégées par le plafonnement de ces frais, par compte bancaire, à 8 euros par opération et à 80 euros par mois. Au-delà de l'application de ces frais, la banque peut décider de résilier la convention de découvert, voire de clôturer le compte bancaire puisqu'il s'agit, de la part du client, d'une inobservation de ses obligations contractuelles (mobilisation du compte au-delà du solde disponible).

Stéphane Brena

RÉFÉRENCES

- Art. L. 312-1 à L. 312-23 du Code monétaire et financier.
- Cass. com., 3 février 2021, n° 18-25.995.

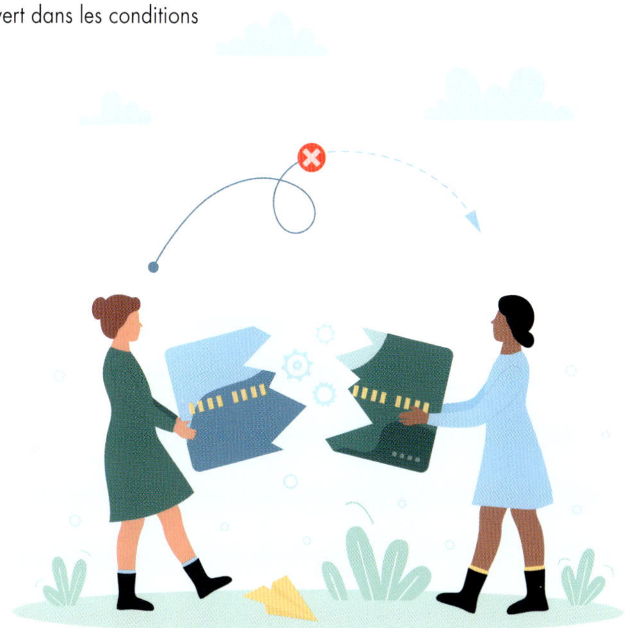

124
MA BANQUE PEUT-ELLE MODIFIER LES CONDITIONS D'UTILISATION DE MON COMPTE ?

L'ouverture d'un compte bancaire, qui permet le dépôt d'argent et l'utilisation de ces sommes, repose sur la conclusion d'un contrat entre la banque et son client. Comme tout contrat, les contrats d'ouverture de comptes bancaires sont soumis au principe de « force obligatoire », qui non seulement implique la nécessité de respecter les termes de l'accord, mais interdit aussi d'en modifier unilatéralement le contenu.

Par principe donc, une banque ne peut pas décider, sans l'accord de son client, de modifier le contenu du contrat de compte bancaire.

Toutefois, la loi organise les modifications à l'initiative de la banque de manière particulière. En effet, en matière de compte de dépôt (ce qui exclut les autres conventions de compte : comptes spéciaux, comptes-titres, etc.), la banque qui envisage de modifier les conditions contractuelles doit fournir à ses clients, sur support papier (ou tout autre support durable), le projet de modification, et ce, deux mois, au moins, avant la date envisagée de son application. Le client dispose alors de la possibilité de refuser cette modification, en notifiant sa décision à la banque avant la date d'application de la modification. Face à ce refus, la banque est en droit de rompre la convention de compte, sans frais.

Stéphane Brena

RÉFÉRENCES

- Art. L. 312-1-1 du Code monétaire et financier.
- Cass. civ. 1re, 23 janvier 2013, n° 10-21.177.

125
QUELS FRAIS PEUVENT ÊTRE APPLIQUÉS PAR MA BANQUE ?

Des frais peuvent être appliqués par la banque s'ils ont été prévus par le contrat la liant à son client. Afin de favoriser la concurrence, les pouvoirs publics ont mis en place un comparateur de tarifs : www.tarifs-bancaire.gouv.fr.

Certains frais s'appliquent à la fourniture de services par la banque qu'ils rémunèrent (« cotisation », « frais » ou « droits de garde » dans les textes), tels des frais de tenue de compte, d'accès à distance au compte, de mise à disposition et d'utilisation de moyens de paiement. Ces sommes sont librement fixées par le contrat, hormis pour les chèques dont la fourniture et le traitement sont gratuits.

Certains frais sont prévus en cas d'incidents affectant le compte. La réglementation, peu claire, distingue les frais liés à l'incident (par exemple frais de rejet de prélèvement pour défaut de provision) des « commissions d'intervention », qui viennent rémunérer l'intervention de la banque suite à l'incident. Ces frais sont (art. R. 312-1-2 du Code monétaire et financier ; liste indicative) : « 1° Les frais d'opposition de la carte ; 2° Les frais de lettre d'information préalable pour chèque sans provision ; 3° Les frais de lettre d'information pour compte débiteur non autorisé ; 4° Le forfait de frais par chèque rejeté pour défaut de provision ; 5° Les frais de rejet de prélèvement pour défaut de provision ; 6° Les frais par saisie administrative à tiers détenteur ; 8° Les frais par saisie-attribution ; 10° Les frais par virement occasionnel incomplet ; 11° Les frais de non-exécution de virement permanent pour défaut de provision ; 12° Les commissions d'intervention ; 13° Les frais suite à la notification signalée par la Banque de France d'une interdiction pour le client d'émettre des chèques ; 14° Les frais pour déclaration à la Banque de France d'une décision de retrait de carte bancaire. » Il existe cependant des règles de plafonnement des frais : pour le chèque, 30 euros maximum pour un chèque inférieur à 50 euros et 50 euros pour les chèques de 50 euros et plus ; pour les autres moyens de paiement, 20 euros maximum par incident ; pour un avis à tiers détenteur (saisie par le fisc), 10 % du montant dû dans la limite de 100 euros.

Les clients personnes physiques n'agissant pas dans un cadre professionnel doivent être informés des frais à venir *via* leur relevé de compte (débit quatorze jours au moins après la date d'arrêté du relevé). Ils bénéficient d'un plafonnement des frais, par compte bancaire, à 8 euros par incident et à 80 euros par mois. Les clients en situation de fragilité (définis par l'art. R. 312-4-3 du Code monétaire et financier) voient ces frais plafonnés à 4 euros par incident et à 20 euros par mois. Ce plafonnement semble ne porter que sur les commissions d'intervention, que les textes distinguent des frais liés à l'incident.

Stéphane Brena

RÉFÉRENCES

- Art. L. 131-73, L. 133-26, L. 312-1-3, L. 312-1-5, D. 133-5 et R. 312-1 à R. 312-4-4 du Code monétaire et financier.
- CA Orléans, 26 novembre 2020, n° 19/030771.

126

DANS QUELS CAS MA BANQUE PEUT-ELLE CLÔTURER MON COMPTE COURANT ?

L'ouverture et le fonctionnement d'un compte bancaire reposent sur un contrat ; la clôture d'un compte bancaire par la banque n'est rien d'autre que la rupture de ce contrat.

Lorsque le contrat est à durée indéterminée, le principe est celui de la liberté de résiliation unilatérale, par chacune des parties d'ailleurs, sans avoir à justifier d'un motif de rupture mais en respectant un délai de préavis raisonnable. En matière de comptes de dépôt (au moins lorsque ce compte est ouvert au profit d'une personne physique), la loi impose cependant à la banque le respect d'un délai de préavis de deux mois.

Lorsque le contrat est à durée déterminée, le principe est, au contraire, le nécessaire respect de l'accord jusqu'à son terme ; nulle exception au profit de la banque qui ne peut par conséquent pas rompre sans motif le contrat.

Ces règles sont cependant adaptées aux circonstances, circonstances qui peuvent justifier une rupture du contrat de compte de dépôt à l'initiative de la banque, que ce contrat soit à durée indéterminée ou à durée déterminée.

La première série de circonstances particulières consiste dans les incidents pouvant émailler le fonctionnement du compte : irrespect du découvert autorisé, chèques sans provision... Si la banque prend l'initiative d'une rupture en se prévalant de tels incidents (ce qu'elle a surtout intérêt à faire si le contrat est à durée déterminée), il lui reviendra, en cas de contestation du client, de démontrer la réalité de ces dysfonctionnements.

La deuxième circonstance particulière est celle dans laquelle la banque souhaite modifier le contenu de la convention de compte et où le client refuse la proposition de modification qui doit lui avoir été faite au moins deux mois avant son application. La banque est alors autorisée à rompre le contrat, sans autre justificatif ; ce mécanisme lui permet ainsi de ne pas avoir à gérer des conditions contractuelles distinctes selon la date d'ouverture du compte bancaire.

Troisième circonstance particulière enfin : lorsque le compte de dépôt a été ouvert au titre du « droit au compte », sur demande du client dépourvu de tout compte adressée à la Banque de France, les possibilités de rupture par la banque sont restreintes. La clôture ne peut en effet intervenir qu'en cas d'utilisation du compte pour des opérations illégales ou que la banque a des raisons de soupçonner comme telles, en cas de fourniture d'informations inexactes, en cas d'ouverture d'un deuxième compte ou en cas d'incivilités répétées envers le personnel de la banque teneuse du compte.

Stéphane Brena

RÉFÉRENCES

- Art. L. 312-1 et L. 312-1-1 du Code monétaire et financier.
- Cass. com., 30 juin 2021, n° 19-14.313.

127
UN PROFESSIONNEL PEUT-IL M'IMPOSER L'UTILISATION D'UN MOYEN DE PAIEMENT ?

Le paiement d'une somme d'argent peut se faire soit par utilisation d'espèces (billets de banque et pièces de monnaie : monnaie fiduciaire et monnaie métallique), soit par utilisation d'un instrument de monnaie scripturale (unités monétaires inscrites en compte bancaire).

Les paiements en espèces ne peuvent être refusés par un professionnel, du moins lorsqu'il s'agit d'euros. Un tel refus est sanctionné par une amende d'un montant maximal de 150 euros. Les paiements en monnaie étrangère sont, sauf exception (contrats internationaux), interdits ; en revanche, le montant de l'obligation peut être exprimé en monnaie étrangère sous certaines conditions (liens avec l'objet du contrat ou avec l'activité de l'une des parties au contrat).

Il revient toutefois au client de faire l'appoint et le professionnel peut ainsi refuser une grosse coupure ; sans doute le refus systématique des billets de banque de valeur élevée – parfois même affiché par certains professionnels – constitue-t-il le rappel de la possibilité pour le créancier de demander au client de faire l'appoint. Néanmoins, au-delà d'un certain montant et selon la situation des participants à l'opération de paiement, les paiements en espèces sont interdits (voir fiche « Puis-je toujours payer en espèces ? »).

En revanche, le professionnel est libre d'accepter ou de refuser l'utilisation d'autres moyens de paiement : chèque, carte bancaire, virement, prélèvement, etc. Cela étant, lorsque le paiement en espèces sera interdit, le professionnel n'aura d'autre choix que d'accepter un paiement *via* un instrument de monnaie scripturale (en conservant une liberté dans le choix de l'instrument accepté) ou de renoncer à l'opération.

Stéphane Brena

RÉFÉRENCES

- Art. L. 112-5 et R. 162-2 du Code monétaire et financier.
- Art. R. 642-3 du C. pén.
- Cass. crim., 27 octobre 1993, n° 93-80.404.
- Cass. crim., 14 décembre 2005, n° 04-87.536.

128

PUIS-JE TOUJOURS PAYER EN ESPÈCES ?

Un créancier de somme d'argent ne peut en principe refuser paiement en une monnaie ayant cours légal. Toutefois, en vue de lutter contre la fraude fiscale et sociale ainsi que contre le blanchiment, la loi impose un paiement en monnaie scripturale – ce qui implique l'utilisation d'un compte bancaire et assure donc la traçabilité du paiement – au-delà de certains montants qui dépendent de la situation des participants à cette opération de paiement.

Un créancier de somme d'argent ne peut en principe refuser paiement en une monnaie ayant cours légal.

Ainsi, le paiement en espèces est interdit :

- pour les **débiteurs** ayant leur domicile fiscal en France ou agissant pour des besoins professionnels, lorsque la dette est supérieure à 1 000 euros ;
- pour les **débiteurs** n'ayant pas leur domicile fiscal en France et n'agissant pas pour des besoins professionnels (particuliers résidant à l'étranger), lorsque la dette est supérieure à 15 000 euros (réduits à 10 000 euros si le paiement est fait au profit d'une banque ou d'un assureur, compte tenu de leur soumission à une obligation de vigilance au titre de la lutte contre le blanchiment et le financement du terrorisme).

Le manquement à l'une de ces interdictions peut donner lieu à une amende, qui ne peut toutefois excéder 5 % du montant des sommes payées.

Cependant, l'utilisation de monnaie fiduciaire est libre :

- lorsque le paiement intervient **entre particuliers**, c'est-à-dire entre personnes physiques n'agissant pas pour des besoins professionnels ;
- pour les paiements effectués par des personnes incapables de s'obliger par chèque ou un autre moyen de paiement ainsi que celles qui n'ont pas de compte de dépôt ;
- pour les paiements effectués par les personnes publiques (État, collectivités territoriales, etc.).

Certaines opérations font l'objet de dispositions spécifiques : pour le paiement des traitements et salaires, au-delà de 1 500 euros mensuels, le paiement doit se faire par chèque barré ou par virement bancaire ; le paiement des impôts aux finances publiques peut être fait en espèces dans la limite de 300 euros.

Stéphane Brena

RÉFÉRENCES

- Art. L. 112-6 et D. 122-3 du Code monétaire et financier.
- Décret n° 85-1073 du 7 octobre 1985.
- Art. 1680 du Code général des impôts.
- Cass. crim., 22 février 2012, n° 11-90.122.

129
PUIS-JE RÉVOQUER UN VIREMENT OU UNE AUTORISATION DE PRÉLÈVEMENT ?

En matière d'instruments de paiement autres que le chèque (carte bancaire, virement, prélèvement, etc.), **le principe veut que l'opération soit irrévocable dès lors que l'ordre de paiement est parvenu à la banque** (prestataire de services de paiement). Il y va de la confiance qui doit présider à l'utilisation de ces instruments de paiement, qui seraient fragilisés à l'excès par une révocabilité largement étendue.

Ce principe s'applique pleinement **en cas de virement** puisque ce mécanisme repose sur un ordre de paiement donné par le payeur à sa banque.

Le principe est même renforcé en cas de prélèvement. En effet, le prélèvement consiste en l'autorisation donnée par le payeur au bénéficiaire d'ordonner à la banque du payeur d'effectuer le paiement. L'irrévocabilité s'applique ainsi dès que l'autorisation de prélèvement a été donnée par le payeur au bénéficiaire.

L'irrévocabilité connaît, bien entendu, **un certain nombre d'exceptions**, dont certaines sont communes au virement et au prélèvement, d'autres spécifiques au prélèvement.

Lorsqu'il a été convenu que l'exécution de l'ordre de paiement commencera à une date déterminée, à l'issue d'une période déterminée ou au jour où le payeur aura remis les fonds nécessaires à sa banque, l'ordre est révocable au plus tard à la fin du jour ouvrable précédant le jour convenu. Ainsi, un ordre de virement donné pour le 5 du mois, tombant un mercredi, pourra être révoqué jusqu'à 23 h 59 le mardi 4.

En matière de prélèvement, il est expressément prévu que le payeur peut révoquer l'ordre de paiement au plus tard à la fin du jour ouvrable précédant le jour convenu du débit des fonds.

Lorsqu'elle est possible, la révocation prendra la forme prévue par le contrat liant le payeur à sa banque, sans que les conséquences de l'irrespect de ces formes ne soient envisagées par les textes. Cette révocation s'appliquera à l'opération de paiement ou aux unités à venir d'une série de paiements en cours (par exemple en cas d'autorisation de prélèvement périodique).

Stéphane Brena

RÉFÉRENCES

- Art. L. 133-7 et L. 133-8 du Code monétaire et financier.
- Cass. com., 27 mars 2012, n° 11-11.275.
- Cass. civ. 2e, 24 mars 2022, n° 20-12.241.

130
J'AI REÇU UN CHÈQUE SANS PROVISION, QUE FAIRE ?

Le paiement du chèque est un droit pour son bénéficiaire, indépendamment de toute question tenant à la relation entre ce dernier et le tireur (celui qui a émis l'ordre de paiement que constitue le chèque). La loi favorise ainsi le recouvrement du chèque sans provision (et uniquement dans ce cas) par le bénéficiaire, en lui facilitant l'obtention d'un titre exécutoire, titre qui l'autorisera à pratiquer des mesures d'exécution forcée sur le patrimoine du tireur.

Le bénéficiaire peut demander à la banque tirée l'émission d'un certificat de non-paiement.

Le bénéficiaire peut demander à la banque tirée (la banque du tireur qui doit payer le chèque) l'émission d'un certificat de non-paiement. Ce certificat ne peut cependant être émis avant l'expiration d'un délai de trente jours à compter de la première présentation du chèque au paiement. Ce délai est accordé au tireur pour approvisionner son compte ou pour payer directement le montant du chèque entre les mains du bénéficiaire. Le certificat est même automatiquement délivré si, au-delà de ce délai de trente jours, le chèque est de nouveau présenté au paiement et, de nouveau, rejeté pour défaut de provision. Le défaut de délivrance du certificat est pénalement sanctionné, la banque tirée encourant jusqu'à 60 000 euros d'amende.

Muni de ce certificat, le bénéficiaire du chèque peut en demander la signification par voie de commissaire de justice (nouvelle appellation des huissiers), ce qui vaut commandement de payer dans les quinze jours. À l'issue de ce délai et à défaut de paiement, le commissaire de justice délivrera un titre exécutoire, c'est-à-dire un document authentique permettant d'entreprendre des mesures d'exécution forcée sur le patrimoine du tireur du chèque : saisie de compte bancaire, de salaire, de biens, y compris la résidence principale dès lors que le bénéficiaire n'est pas un créancier professionnel.

Rappelons que le paiement – forcé, le cas échéant – du chèque ne préjuge pas du fond de la relation entre le tireur et le bénéficiaire. Il peut s'avérer que le paiement n'était pas dû et que le bénéficiaire soit finalement conduit à rembourser le montant du chèque (par exemple, vente finalement remise en cause pour vice caché).

Stéphane Brena

RÉFÉRENCES

- Art. L. 131-73, L. 163-10 et R. 131-48 du Code monétaire et financier.
- Cass. com., 3 juillet 2012, n° 11-14.227.

131
PUIS-JE M'OPPOSER AU PAIEMENT D'UN CHÈQUE ÉMIS ?

Le tirage d'un chèque (signature et remise à son bénéficiaire) emporte affectation de la provision (c'est-à-dire le solde du compte bancaire) au bénéficiaire, dans la mesure du montant du chèque. L'opposition au paiement du chèque constitue un blocage de la provision, empêchant ainsi le paiement. L'opposition empêche, par conséquent, le chèque de produire sa fonction exclusive : le paiement d'une somme d'argent. Elle est donc appréhendée de manière restrictive par la loi, qui limite les hypothèses dans lesquelles le tireur peut former opposition. Ces hypothèses sont au nombre de trois :

- en cas de perte ou de vol du chèque (ce à quoi est assimilée l'extorsion sous la violence). En revanche, l'opposition du tireur n'est pas recevable lorsque le chèque est dérobé au porteur légitime ;
- en cas d'utilisation frauduleuse du chèque (falsification ou contrefaçon mais aussi obtention frauduleuse du chèque) ;
- en cas de liquidation judiciaire du porteur (sauf si le chèque a été remis au liquidateur).

L'opposition faite en dehors de ces hypothèses, avec intention de porter atteinte aux droits d'autrui, est passible de cinq ans d'emprisonnement et de 375 000 euros d'amende.

L'opposition doit être effectuée par écrit ou, si elle a été faite sous une autre forme, immédiatement confirmée par écrit, et indiquer le motif d'opposition au paiement ; à défaut de confirmation par écrit, la banque devra payer le chèque.

Si le motif entre dans les cas prévus par la loi, la banque doit s'abstenir de payer le chèque, sous peine d'engager sa responsabilité civile envers le tireur. Si la banque n'a pas à rechercher si le motif déclaré par le tireur est exact, elle se doit, à réception de l'opposition, de rappeler au tireur les sanctions encourues en cas d'opposition fondée sur un autre motif que ceux prévus par la loi.

L'opposition au paiement du chèque constitue un blocage de la provision, empêchant ainsi le paiement.

Si, en revanche, le motif avancé n'entre pas dans les cas limitativement prévus par la loi, la banque est tenue de rejeter l'opposition (en informant par écrit le tireur du motif de son refus) et de payer le chèque, sous peine de sanctions pénales (amende de 6 000 euros).

Stéphane Brena

RÉFÉRENCES

- Art. L. 131-35, L. 163-1 et L. 163-2 du Code monétaire et financier.
- Cass. com., 18 février 2004, n° 01-03136.
- Cass. com., 8 octobre 2002, n° 00-12.174.

132
UN CRÉDIT PEUT-IL ÊTRE REFUSÉ PAR UNE BANQUE ?

Le contrat de prêt, comme la plupart des contrats passés par les banques avec leurs clients, repose sur la confiance (il est dit que l'opération de crédit est marquée par un fort *intuitu personae*).

Par conséquent, un principe ferme veut que la banque dispose d'un droit discrétionnaire d'accorder ou de refuser un crédit : il n'existe pas de droit au crédit. Cela est vrai s'agissant de prêts classiques (comme le crédit immobilier, le crédit à la consommation), mais aussi d'une autorisation de découvert en compte (forme particulière de crédit). Il a même été jugé que la prohibition du refus de vente ou de prestation de services d'un professionnel à un consommateur ne s'appliquait pas au refus de crédit et, plus généralement, au refus de prêt.

Ce principe fermement affirmé ne supporte que quelques atténuations.

De première part, le prêt ne saurait être refusé pour un motif discriminatoire illicite (sexe, âge, opinions politiques, syndicales ou religieuses, orientations sexuelles, etc.).

De deuxième part, la banque ne peut refuser un prêt lorsqu'elle a consenti au préalable une promesse de crédit.

De troisième et dernière part, les entreprises qui rencontrent des difficultés de financement peuvent s'adresser au Médiateur du crédit (auprès du réseau Banque de France : https://mediateur-credit.banque-france.fr), dont la fonction est de faciliter les échanges entre la banque et ses clients professionnels. En cas de médiation, la banque devra, si elle refuse de suivre les recommandations du médiateur, s'en expliquer. Un mécanisme similaire a été mis en place pour les candidats aux élections : le Médiateur du crédit aux candidats et aux partis politiques.

Stéphane Brena

RÉFÉRENCES

- Art. L. 313-1 du Code monétaire et financier.
- Cass. civ. 1re, 11 octobre 1994, n° 92-13.947.
- Cass. ass. plén., 9 octobre 2006, n° 06-11.056.

133

COMMENT SE DÉROULE L'ACHAT D'UN BIEN IMMOBILIER PAR UN PRÊT ?

Le crédit immobilier consenti aux consommateurs pour l'acquisition ou la construction d'un immeuble à usage d'habitation ou mixte fait l'objet de dispositions protectrices de l'emprunteur.

D'abord, lors de la préparation de l'opération, la banque doit conseiller son client, le mettre en garde lorsque, compte tenu de sa situation financière, un crédit génère un risque spécifique pour lui, évaluer sa solvabilité sur la base de ses revenus et de ses dépenses (outre d'autres indicateurs : âge, condition physique, etc.) et faire évaluer le bien immobilier par un professionnel. Ces obligations sont sanctionnées par la perte du droit aux intérêts (dans la limite de 30 000 euros, sauf en cas d'absence d'évaluation de la solvabilité) et par une amende de 30 000 euros (sauf pour l'évaluation du bien : amende de la cinquième classe).

Ensuite, au stade de la formation du contrat, l'offre de crédit doit être faite par écrit, sur un modèle fixé par arrêté comportant une dizaine de mentions obligatoires, à peine de déchéance du droit aux intérêts. Le candidat emprunteur ne peut accepter l'offre avant l'écoulement d'un délai de dix jours à compter de sa réception. Vente et prêt sont liés par la loi : le prêt est conclu sous la condition résolutoire de la non-conclusion de la vente dans un délai de quatre mois au moins et la non-réalisation de la vente emporte anéantissement du prêt, avec obligation de l'emprunteur de rembourser les sommes perçues, intérêts compris ; la vente est conclue sous la condition suspensive de l'octroi du prêt dans un délai minimum d'un mois à compter de la signature de l'acte de vente, sauf mention manuscrite indiquant que l'opération est réalisée sans prêt, et si la condition d'obtention du prêt ne se réalise pas, la vente ne se forme pas (la jurisprudence considère qu'un seul refus de prêt suffit). En revanche, si l'absence d'obtention du prêt est imputable au consommateur (défaut de demande de prêt, rejet d'une offre conforme aux conditions prévues dans l'acte de vente), la vente est réputée conclue.

Enfin, au stade de l'exécution du contrat de prêt, la loi reconnaît à l'emprunteur un droit à remboursement total ou partiel anticipé (sauf demande portant sur 10 % ou moins du montant initial du prêt, hormis s'il s'agit de solder le prêt). Le prêt peut cependant stipuler une indemnité de remboursement plafonnée à un semestre d'intérêts sur le capital remboursé au taux moyen du prêt et à 3 % du capital restant dû avant le remboursement. En cas de défaillance de l'emprunteur, le prêteur peut demander la résolution du contrat et le versement de pénalités plafonnées à 7 % du capital restant dû et des intérêts échus non payés ou maintenir le contrat en majorant le taux d'intérêt de trois points maximum jusqu'à reprise des remboursements.

Stéphane Brena

RÉFÉRENCES

- Art. 1186 du C. civ.
- Art. L. 313-1 et s. du C. cons.
- Cass. civ. 1re, 23 mars 1999, n° 97-11.525.
- Cass. civ. 1re, 24 octobre 2018, n° 17-16.709.

134
UNE BANQUE PEUT-ELLE M'IMPOSER D'OUVRIR UN COMPTE BANCAIRE ET DE DOMICILIER MES REVENUS AUPRÈS D'ELLE ?

Le droit de la consommation interdit la subordination de vente et de prestation de services, c'est-à-dire la subordination, par un professionnel dans ses rapports avec un consommateur, d'une vente ou prestation de services à la conclusion d'un autre contrat de vente ou de prestation de services, dès lors que cette pratique altère le consentement du consommateur. En matière bancaire, cela se traduit par une interdiction des ventes de produits ou de prestations de services groupés sauf lorsque les produits ou prestations de services inclus dans l'offre groupée peuvent être achetés individuellement ou lorsqu'ils sont indissociables.

Pourtant, faisant écho à la pratique, une ordonnance de 2017 avait autorisé les clauses de domiciliation de revenus pour les contrats de prêts immobiliers consentis à un consommateur.

Ces interdictions sont de nature à prohiber l'exigence de l'ouverture d'un compte bancaire dans les livres de la banque, ouverture accompagnée, le cas échéant, d'une domiciliation des revenus comme condition de la conclusion d'une autre opération, en particulier l'octroi d'un prêt.

Pourtant, faisant écho à la pratique, une ordonnance de 2017 avait autorisé les clauses de domiciliation de revenus pour les contrats de prêts immobiliers consentis à un consommateur, limitée à dix ans et dans la limite de la durée du prêt et à condition que cette domiciliation (qui postule l'ouverture d'un compte) permette à l'emprunteur de bénéficier d'un avantage individualisé.

Ce texte a été abrogé en 2019, ce qui rend désormais fort douteuse la légalité d'une telle condition d'octroi d'un prêt.

Stéphane Brena

RÉFÉRENCES

- Art. L. 121-11 et L. 313-25-1 (abrogé) du C. cons.
- Art. L. 312-1-2 du Code monétaire et financier.

135

QUELLES DIFFÉRENCES ENTRE CRÉDIT-BAIL, LOCATION AVEC OPTION D'ACHAT ET LOCATION LONGUE DURÉE ?

Crédit-bail et location avec option d'achat participent du même type d'opération. Une banque acquiert, à la demande du client, un bien auprès d'un fournisseur avant de louer ce bien au client pour une durée déterminée à l'issue de laquelle le client dispose d'une option : soit l'acquisition du bien, soit sa restitution à la banque. Cette opération permet de financer l'acquisition d'un bien et de protéger le financeur (la banque) par la propriété du bien jusqu'au dénouement de l'opération. L'opération débute par un contrat de vente, conclu entre la banque et un fournisseur (contrat le plus souvent passé pour le compte de la banque par son client, sur la base d'un mandat). La banque consent alors une location qu'accompagne une promesse unilatérale de vente qui prend effet en fin de période de location.

La qualification de « crédit-bail » est, en droit français, réservée aux opérations portant sur des biens, mobiliers (matériel et outillage, fonds de commerce, actions et parts sociales) ou immobiliers, à usage professionnel ; opérations qui font l'objet de règles spécifiques du Code monétaire et financier. Après la conclusion du contrat de vente entre la banque et le fournisseur, la banque passe le contrat de crédit-bail avec son client (contrat de crédit-bail qui n'est donc qu'un des éléments de l'opération globale également appelée « crédit-bail »). Ce contrat doit être publié dans un registre. En cours de contrat, la résolution de la vente (par exemple en raison d'un mauvais fonctionnement du bien financé) emporte caducité du contrat de bail. En fin de période de location, le client de la banque dispose du droit de lever, ou de ne pas lever, l'option d'achat qui lui a été consentie.

Dès lors que le bien n'est pas à usage professionnel, l'opération est qualifiée de location avec option d'achat. Les dispositions spécifiques au crédit-bail ne lui sont pas applicables ; mais leur portée étant modeste, le régime de l'opération est alors proche de celui du crédit-bail.

La location longue durée et **la location financière** désignent l'opération par laquelle une société de location financière acquiert un bien qu'elle loue à son client pour une durée déterminée. À l'issue de la période de location, à la différence de la location avec option d'achat, le client ne dispose d'aucune option d'achat : il peut soit restituer le bien à la société de location financière, soit, si la nature du bien le permet (bien non obsolète à l'issue de la période d'achat), reconduire la période de location. Contrairement à la location avec option d'achat, la location longue durée n'est pas considérée comme une opération de crédit et n'est pas soumise au monopole des banques.

Stéphane Brena

RÉFÉRENCES

- Art. L. 313-1, L. 313-7 à L. 313-11 du Code monétaire et financier.
- Cass. civ. 1re, 6 décembre 2011, n° 10-25.893.
- Cass. mixte, 13 avril 2018, n° 16-21.345.

136

UN CONTRAT D'ASSURANCE VIE COUVRE-T-IL LE SUICIDE DE L'ASSURÉ ?

L'assurance vie est une opération complexe qui peut tout aussi bien couvrir le risque « vie » (versement d'un capital ou d'une rente par l'assureur si l'assuré est vivant aux termes du contrat) que le risque « décès », l'assureur versant un capital ou une rente au bénéficiaire en cas de décès de l'assuré pendant la période couverte par le contrat. En cas de couverture « décès », le suicide de l'assuré est susceptible de porter atteinte au caractère aléatoire du contrat d'assurance puisque l'assuré provoque délibérément l'évènement déclencheur de la prestation promise par l'assureur.

La loi n'exclut pas la couverture du suicide par l'assureur.

Pourtant, la loi n'exclut pas la couverture du suicide par l'assureur. Bien au contraire : dans un souci de protection du bénéficiaire, la loi pose, en la matière, une obligation de couverture du suicide à compter de la deuxième année du contrat et une interdiction de couverture, seulement au cours de la première année du contrat.

L'obligation consiste à imposer à l'assureur la couverture du suicide à compter de la deuxième année du contrat. En cas d'augmentation du risque et de modification du contrat en conséquence, l'obligation de couverture prendra effet à compter de la deuxième année qui suit cette augmentation.

En revanche, il est interdit de couvrir le risque décès au cours de la première année de contrat ; dans ce cas, l'assureur ne devra rien payer. Initialement, la loi opérait une distinction entre le suicide conscient et le suicide inconscient, seul le premier étant exclu de la garantie d'assurance. Mais toute référence au caractère conscient du suicide ayant disparu des textes depuis 2001, le maintien de cette distinction paraît douteux. Si cette distinction devait être effectivement abandonnée, tous les suicides – conscients et inconscients – intervenus au cours de la première année de contrat ne seraient pas couverts.

La loi prévoit cependant une exception à cette interdiction de couverture du suicide au cours de la première année, imposant donc sa couverture à l'assureur. Dans les contrats d'assurance de groupe souscrits par une banque pour la couverture du risque décès des emprunteurs qui adhèrent à ce contrat-groupe, l'assureur est tenu, dès la première année de contrat mais dans la limite de 120 000 euros, de couvrir le suicide. Au-delà de la première année de contrat, le suicide est, comme nous l'avons vu précédemment, obligatoirement couvert sans limite de montant.

Stéphane Brena

RÉFÉRENCES

- Art. L. 113-1, L. 132-7 et R. 132-5 du Code des assurances.
- Cass. civ. 1re, 14 mars 2000, n° 97-21.581.

137

JE DOIS SUIVRE UN RÉGIME, PUIS-JE M'APPUYER SUR LE NUTRI-SCORE POUR Y PARVENIR ?

Apposé sur les emballages des denrées alimentaires, le Nutri-Score est le fameux logo présentant les lettres A à E sur une palette colorée allant du vert foncé à l'orange foncé.

Ce logo est un outil de santé publique visant à prémunir la population des comorbidités inhérentes à une mauvaise alimentation. C'est également un indicateur simple, accessible et standardisé, destiné à faciliter le choix des consommateurs entre des denrées industrielles comparables en faveur de ce qui présentera les meilleures qualités nutritionnelles.

Pour avoir le meilleur Nutri-Score, un produit de 100 g ou de 100 ml doit avoir le moins de points possible. Les fibres, protéines, fruits et légumes font baisser la note, tandis que les acides gras saturés, le sucre, le sel et l'ultratransformation la font augmenter.

Un premier élément de réponse se trouve dans la nature du dispositif Nutri-Score et des produits qu'il concerne :

- l'adoption du Nutri-Score se fait aujourd'hui sur la base du volontariat en France et dans les sept pays d'Europe qui en recommandent l'usage ;
- le score ne concerne pas les denrées non transformées ne comprenant qu'un seul ingrédient (par exemple miel, légume, etc.), et plus généralement les produits ne disposant pas d'une déclaration nutritionnelle obligatoire. Vous ne verrez donc pas de Nutri-Score sur les préparations destinées aux nourrissons, aux sportifs ou aux convalescents pour la simple raison que le score est calculé sur la base des besoins nutritionnels de la population générale.

Le Nutri-Score est une information nutritionnelle générale pour les produits transformés industriellement. Il ne vous apprendra pas à transformer vous-même vos aliments, ni à varier vos bols alimentaires ou à en adapter les quantités.

Particulièrement si votre désir de régime répond à un état de santé fragile ou pathologique, un médecin nutritionniste ou un(e) diététicien(ne) pourront vous aider dans cette entreprise : ces professionnels conseillent, éduquent ou rééduquent aux habitudes alimentaires appropriées à un état de santé donné.

En conclusion, le Nutri-Score n'a pas été pensé et ne devrait pas servir pour vous aider dans vos futurs régimes.

Cécile Lemaire

RÉFÉRENCES

- Règlement (UE) n° 1169/2011, dit « règlement Inco », du Parlement européen et du Conseil du 25 octobre 2011, concernant l'information des consommateurs sur les denrées alimentaires.
- Art. 14 de la loi n° 2016-41 du 26 janvier 2016 de modernisation de notre système de santé prévoyant un système d'étiquetage nutritionnel synthétique et accessible.

138
J'AIMERAIS ADOPTER UNE ALIMENTATION PLUS SAINE, VERS QUEL LABEL ME TOURNER ?

Le label est une marque reconnue et encadrée par une autorité publique. Le législateur parle plus volontiers de « signes d'identification de la qualité et de l'origine » (Siqo) français ou européens : l'appellation d'origine protégée (AOP), l'indication géographique protégée (IGP), la spécialité traditionnelle garantie (STG), le Label Rouge et l'agriculture biologique (l'« AB » ou l'Eurofeuille), tous contrôlés par des organismes agréés.

S'y ajoutent des labels privés, conjuguant contraintes réglementaires et règles associatives ou privées. Le contrôle du respect de ces règles étendues peut y être confié à un organisme indépendant comme à des particuliers ou professionnels adhérents à l'association propriétaire de la mention. Aussi, un label plébiscité aujourd'hui le sera peut-être moins demain, eu égard à de possibles évolutions réglementaires ou associatives.

Quoi qu'il en soit, un signe officiel sanctionne une démarche volontaire mais contraignante, valorisant pour les uns un savoir-faire ou un terroir, garantissant pour les autres le respect de la ressource, de l'écosystème exploité et/ou des conditions de transformation.

L'agriculture biologique porte à juste titre tous les espoirs d'une alimentation plus saine, pour soi comme pour l'environnement : la moindre teneur en résidus de pesticides des produits biologiques ne fait plus mystère. En revanche, les qualités nutritives des fruits et légumes seraient davantage fonction des caractéristiques intrinsèques des variétés cultivées, du climat et des techniques culturales (Amiot M.-J., 2017), de sorte que les produits labellisés « bio » ne sont pas toujours plus qualitatifs de ce point de vue.

En ce sens, il est intéressant de noter que l'algorithme du Nutri-Score ne connaît pas la discrimination positive : « il ne prend pas en compte les additifs, le degré de transformation et la présence de pesticides », comme le précise l'Agence nationale de santé publique.

En conclusion, et pour répondre à la question posée : difficile de comparer les labels entre eux, tant les principes et règles défendus par chacun peuvent différer. De plus, un label, s'il est synonyme d'engagement, ne saurait orienter à lui seul vos choix dans une quête pour une hygiène alimentaire saine.

En revanche, connaître vos besoins nutritionnels, que ce soit au travers des recommandations officielles ou des conseils d'un professionnel de santé, sera déterminant.

Cécile Lemaire

RÉFÉRENCES

- Art. L. 641-13 du Code rural et de la pêche maritime (CRPM) relatif au mode de valorisation et à l'identification de la qualité et de l'origine en production biologique.
- Règlement européen (UE) 2018/848 qui précise les règles de production, de transformation, de distribution, d'importation, de contrôle et d'étiquetage des produits biologiques.

139
TOUS LES LABELS COSMÉTIQUES SE VALENT-ILS ? COMMENT CHOISIR ?

Pour assurer la protection de la santé des consommateurs et leur juste information, les cosmétiques font l'objet d'une réglementation. Les allégations « biologique » (certifié), « naturel » (non transformé ou transformé par procédé mécanique) ou « d'origine naturelle » (autre transformation autorisée) doivent ainsi respecter des définitions réglementaires ou normées.

Cette réglementation s'est vue « complétée » par de nombreuses initiatives privées visant à transformer en profondeur une industrie très habituée au plastique et aux dérivés pétrochimiques. Ces labels, privés ou associatifs, ne répondent à aucune définition légale, à l'exception notable de l'écolabel destiné à identifier les produits et services les plus respectueux de l'environnement.

Sur son site Internet, l'Agence de la transition écologique (Ademe) fait mention d'autres marques : « CosméBio Cosmos », « Ecocert Cosmos », dépendant tous deux du référentiel « Cosmos » résultant du travail de cinq labels européens, et « Nature & Progrès », dont le cahier des charges cosmétiques est produit par un « comité technique interne » composé d'adhérents de l'association « Nature & Progrès ».

Les règles de ces labels portent ainsi sur la composition du produit fini, sur les modalités de stockage, de fabrication et d'emballage de ces produits, mais aussi sur les modalités de gestion du site de fabrication. Le tout traduit une volonté forte de maîtriser les impacts environnementaux de l'activité de production.

Les référentiels « Cosmos » et « Nature & Progrès » n'imposent pas les mêmes contraintes : « Nature & Progrès » est plus imprégné du principe de précaution. Une différence notable se trouve dans les modalités de contrôle donnant accès à la labellisation. Dans le cas de « Cosmos », un audit de tierce partie mené par un organisme de certification agréé est nécessaire. Pour « Nature & Progrès », le contrôle est participatif puisqu'il est mené par des consommateurs et professionnels adhérents à l'association.

Poser un choix éclairé sur un label cosmétique demande de prendre connaissance du collectif qui le porte, de son cahier des charges, de ses modalités de certification : choisir l'une de ces initiatives, c'est soutenir une vision de l'agriculture et des organisations humaines qui la portent.

En tout état de cause, un label ne vous prémunira pas de réactions allergiques, ni d'irritations, pas plus qu'il ne sera synonyme d'un cosmétique efficace.

Cécile Lemaire

RÉFÉRENCES

- Règlement (CE) n° 1223/2009, dit « règlement cosmétique », établissant les règles auxquelles doit satisfaire tout produit mis à disposition sur le marché européen.
- Règlement (UE) n° 655/2013 du 10 juillet 2013 établissant les critères communs auxquels les allégations relatives aux produits cosmétiques doivent répondre pour pouvoir être utilisées.

140

LE PHARMACIEN PEUT-IL REMPLACER, SANS MON ACCORD, DES MÉDICAMENTS PRESCRITS PAR MON MÉDECIN PAR LEURS GÉNÉRIQUES ?

JEANNE, Elbeuf (76)

Un médicament générique est une copie d'un médicament original (princeps) dont le principe actif, responsable de l'effet thérapeutique, est tombé dans le domaine public. Le Code de la santé publique précise qu'un médicament générique présente une bioéquivalence démontrée avec un princeps : son absorption, sa distribution et son élimination dans l'organisme sont identiques. En termes de composition, seuls les excipients changent entre un princeps et son générique. En termes de coût, un princeps coûte environ 40 % plus cher qu'un générique, coût servant à amortir la recherche.

Depuis 2015, une prescription médicale ne devrait plus mentionner que le nom scientifique du médicament : c'est la prescription « DCI », pour dénomination commune internationale, système créé par l'OMS en 1950. Cette nomenclature doit pouvoir être lue dans toutes les langues ; elle évite la délivrance erronée d'un médicament inapproprié. Elle doit permettre aux professionnels de santé d'identifier la parenté pharmacologique du principe actif prescrit, donc de déceler d'éventuels doublons. La prescription DCI doit aussi améliorer le parcours du médicament générique répondant à une logique de maîtrise des dépenses de santé.

En tout état de cause, depuis le 1er janvier 2020, les pharmaciens sont tenus de proposer systématiquement un médicament générique quand il existe. Le patient reste libre de refuser la substitution, mais il devra prendre à sa charge la différence de coût entre le médicament d'origine et le générique, le remboursement comprenant le prix du médicament générique le plus cher (tarif forfaitaire de responsabilité).

Une prescription peut être non substituable et devra alors porter cette mention en toutes lettres suivie, entre parenthèses, d'un trigramme justifiant de l'une des trois exceptions à la règle de substitution :

- « MTE » pour les patients stabilisés par un « médicament à marge thérapeutique étroite », comme un traitement hormonal, antiépileptique ou cardiovasculaire par exemple ;
- « EFG » pour les médicaments dont le format ou la texture (*forme galénique*) ne correspondrait pas aux besoins de jeunes patients de moins de 6 ans, et si aucun générique n'existe sous une forme adéquate ;
- « CIF » pour les personnes présentant une contre-indication « formelle et démontrée » à un excipient à effet notoire, et dans le cas où cet excipient serait présent dans tous les génériques disponibles.

Cécile Lemaire

RÉFÉRENCES

- Loi n° 2018-1203 du 22 décembre 2018 de financement de la Sécurité sociale pour 2019.
- Art. L. 5121-1-2 du Code de la santé publique entré en vigueur le 1er janvier 2015 relatif aux modalités de prescription.
- Arrêté du 12 novembre 2019 précisant, en application de l'art. L. 5125-23 du Code de la santé publique, les situations médicales dans lesquelles peut être exclue la substitution à la spécialité prescrite d'une spécialité du même groupe générique.

08

TRANSPORT

141

FAUT-IL PAYER UNE CONTRAVENTION AVANT DE LA CONTESTER ?

Lorsque vous contestez avoir commis une contravention (il en existe 5 « classes », de la moins grave à la plus grave, dont le montant va de 38 euros pour la première à 1 500 euros au plus pour la cinquième), la plupart du temps, il n'est pas nécessaire de procéder à une « consignation », c'est-à-dire verser une somme d'argent au Trésor public.

Cependant, cela est nécessaire pour pouvoir contester un certain type d'amende : les « amendes forfaitaires contraventionnelles » qui existent, par exemple, pour les excès de vitesse relevés avec les radars automatiques.

Le montant de l'amende forfaitaire est inférieur à celui des amendes maximales encourues pour chacune des classes de contraventions. En matière routière, le contrevenant qui s'acquitte de l'amende dans un délai de 15 jours bénéficie d'une minoration (amende forfaitaire minorée). Dans tous les cas, s'il ne s'acquitte pas de l'amende forfaitaire dans un délai de 45 jours, celle-ci sera majorée.

Lorsque l'auteur de l'infraction ou le titulaire du certificat d'immatriculation souhaite contester la réalité de l'infraction, il existe deux formes de contestation :

- La contestation effectuée au stade de l'amende forfaitaire, appelée « requête en exonération », qui peut être déposée dans un délai de 45 jours à compter de la date d'envoi de l'avis d'amende forfaitaire.
- La contestation effectuée au stade de l'amende forfaitaire majorée, appelée « réclamation », qui peut être déposée dans un délai de 30 jours à compter de la date d'envoi de l'avis d'amende forfaitaire majorée.

Il existe trois motifs de contestation :

Cas n° 1 : si le véhicule a été volé, détruit, ou que l'intéressé a été victime d'une usurpation d'immatriculation avant la contravention.

Cas n° 2 : si l'intéressé a prêté son véhicule.

Cas n° 3 : si l'intéressé souhaite contester la contravention pour un autre motif.

Le versement d'une consignation n'est obligatoire que dans le cas n° 3. Son montant sera celui de l'amende forfaitaire.

L'exigence du versement d'une consignation préalable pour former une requête en exonération est conforme à la Constitution et à la Convention européenne des droits de l'homme dans la mesure où la somme demandée est modérée et que les personnes insolvables sont dispensées de son paiement.

Si la consignation n'est pas suivie d'une requête en exonération ou d'une réclamation, elle est considérée comme valant paiement de l'amende forfaitaire. Si la contestation est recevable et que l'officier du ministère public renonce aux poursuites et classe sans suite l'infraction, la consignation sera restituée au requérant s'il en fait la demande. À l'inverse, si la contestation est déclarée irrecevable, la consignation sera considérée comme valant paiement de l'amende forfaitaire. En cas de relaxe, le montant de la consignation est alors reversé à la personne ayant fait l'objet des poursuites.

Philippe Astruc et Cécile Capeau

RÉFÉRENCES

- C. cons. décision du 29 septembre 2010 n° 2010-38, Cass. crim., 4 janvier 2012, n° 11-90.105.
- CEDH, 29 avril 2008, *Thomas c/ France*, n° 14279/05.
- Cass. crim., 15 décembre 2015, n° 15-81.695.
- Textes de référence : art. 495-24, alinéa 1, art. 529, 529-10, 530, 530-1, D. 45-17, alinéa 2, art. R. 48-1 et R. 49-18 du C. pr. pén.

142
QUE DOIS-JE FAIRE SI ON VOLE/ DÉTÉRIORE MA VOITURE ?

Le vol est, d'après le Code pénal, la soustraction frauduleuse de la chose d'autrui (art. 311-1 du C. pén.). La dégradation du bien d'autrui n'a pas de définition légale mais les sanctions sont codifiées à l'art. 322-1 du C. pén.

Le vol d'un véhicule (voiture, moto, camion ou autre) doit faire l'objet d'une déclaration auprès des services de police ou de gendarmerie dans les meilleurs délais après sa constatation. Ce dépôt de plainte pour vol donne lieu à la remise d'un récépissé de déclaration de plainte pour vol qui est systématiquement demandé par l'assureur pour constituer un dossier de sinistres.

La plainte entraîne l'enregistrement du véhicule volé au fichier des objets et véhicules signalés, et au système d'immatriculation des véhicules. Cela permet de faciliter le travail de recherche des forces de l'ordre.

Il doit également faire l'objet d'une déclaration auprès de votre compagnie d'assurances le plus rapidement possible, selon les formes prévues par votre contrat. Cette déclaration permet de dégager votre responsabilité si le véhicule est impliqué dans un accident de la circulation.

Cette déclaration à l'assurance vous permet également d'être indemnisé du préjudice causé par ce vol si votre contrat couvre cet aléa. L'indemnisation doit intervenir si le véhicule n'est pas retrouvé dans le délai prévu par votre contrat d'assurance, qui est en règle générale d'un mois.

Si votre véhicule est involontairement dégradé et que l'auteur de la dégradation s'est fait connaître, vous pouvez rédiger un constat amiable et l'envoyer à votre assurance.

Si le véhicule a été volontairement endommagé – ce qui s'appelle du vandalisme (pneus crevés, vitres cassées, carrosserie rayée ou enfoncée, tags et graffitis, rétroviseurs cassés, feux et phares brisés, essuie-glaces tordus ou arrachés), ou que l'auteur s'est enfui, il n'est alors pas possible de rédiger un constat amiable.

Le vol d'un véhicule (voiture, moto, camion ou autre) doit faire l'objet d'une déclaration auprès des services de police ou de gendarmerie dans les meilleurs délais après sa constatation.

Il faut alors déposer une plainte et faire la déclaration à votre assurance.

Si les forces de l'ordre ne constatent pas *de visu* les dégradations sur le véhicule, faites-leur une description détaillée des dégâts subis avec photos à l'appui et vérifiez que le récépissé délivré relate bien l'ensemble des dommages occasionnés.

Attention, certains contrats d'assurance ne couvrent pas les cas de vandalisme.

Dans cette hypothèse, il est souhaitable de mener une sorte d'enquête pour aider les forces de l'ordre et collecter toutes les informations permettant de déterminer l'identité de l'auteur de la dégradation.

Olivier Descamps

RÉFÉRENCE

- Art. 311-1 et 322-1 du C. pén.

143

EN CAS D'INFRACTION, PUIS-JE MENTIONNER LE NOM D'UN PROCHE PLUTÔT QUE LE MIEN ALORS QUE J'ÉTAIS AU VOLANT ?

Le permis de conduire est doté d'un capital de 6 points pour les jeunes conducteurs, et d'un maximum de 12 points. Les infractions au Code de la route n'autorisent la perte cumulative que de 8 points en cas d'infractions commises simultanément, et les infractions peuvent entraîner des retraits de 1 à 6 points.

Selon l'art. L. 223-1 du C. route, un automobiliste perd des points à l'occasion du paiement d'une amende forfaitaire ou de l'émission du titre exécutoire de l'amende forfaitaire majorée, ou de l'exécution d'une composition pénale, ou par une condamnation définitive.

Pour de multiples raisons, la tentation est parfois grande d'envisager de transférer un retrait de points sur un tiers, qu'il soit informé ou non de cette solution.

Est-elle pour autant légale, et peut-elle être conseillée ?

La réponse est évidemment « non » car une telle initiative peut être lourdement sanctionnée et recouvre plusieurs qualifications pénales.

La réponse est évidemment « non » car une telle initiative peut être lourdement sanctionnée et recouvre plusieurs qualifications pénales.

Si la personne accepte d'être désignée par l'auteur de l'infraction, l'art. L. 223-9 du C. route prévoit des peines de prison, des amendes et l'interdiction de conduire comme sanctions.

Si la personne contrôlée se fait passer pour un tiers, nous entrons alors dans le délit d'usurpation d'identité, prévu pour ce cas spécifique par l'art. L. 225-7 du C. route. Les sanctions prévues par l'art. L. 434-23 du C. pén. sont encore plus lourdes puisqu'elles peuvent aller jusqu'à cinq ans de prison et 75 000 euros d'amende.

Enfin dans l'hypothèse où un conducteur dénonce faussement un tiers, il commet le délit de dénonciation calomnieuse, qui peut être sanctionné par cinq ans de prison et 45 000 euros d'amende.

Toutefois, s'agissant des infractions constatées par des radars automatiques ou à la volée, sauf si le véhicule est immatriculé au nom d'une personne morale, vous n'avez aucune obligation de vous désigner. Le principe reste toujours celui de la charge de prouver l'identité du conducteur surpris en infraction mais pas contrôlé sur-le-champ pesant sur le ministère public...

Il faut d'ailleurs savoir que des sites internet peu scrupuleux que l'on voit fleurir le long des routes proposent contre une rémunération attractive de contester vos avis de contravention. Outre le caractère illégal de nombre de ces sites, il faut savoir qu'ils contestent les infractions en en imputant la responsabilité à un nombre limité de personnes vivant à l'étranger.

Face à ces contestations massives, les autorités publiques ont bien compris que la désignation de M. X pour des infractions relevées partout en France au même moment n'était pas possible... et tous les clients de ces sites ont été poursuivis pour fausse déclaration en correctionnelle !

Olivier Descamps

RÉFÉRENCE

- Art. L. 221-3, L. 223-9, L. 225-7 et L. 424-23 du C. route.

144
AI-JE LE DROIT DE CONDUIRE UN VÉHICULE AVEC DES VITRES TEINTÉES ?

Depuis le 1er janvier 2017, l'usage des vitres teintées est strictement encadré. Cela permet de reconnaître le conducteur d'un véhicule notamment en cas d'excès de vitesse constaté par un radar automatique et permet aux policiers de vérifier s'il ne commet pas diverses infractions au volant (absence de ceinture de sécurité, usage d'un téléphone tenu en main...).

La loi expose que les vitres du pare-brise et les vitres latérales avant côté passager doivent avoir une transparence suffisante, tant de l'intérieur que de l'extérieur du véhicule. *A contrario*, les vitres à l'arrière peuvent être teintées sans tenir compte du pourcentage de lumière.

Toute opération susceptible de réduire les caractéristiques de transparence de ces vitres est interdite. Le même texte prévoit qu'elle est considérée comme suffisante si le facteur de transmission régulière de la lumière est d'au moins 70 % (art. R. 316-3 du C. route).

Certaines catégories échappent aux dispositions de cet article, comme les véhicules blindés et ceux destinés au transport d'une personne atteinte de certaines infections constatées par un certificat médical (protoporphyries érythropoïétiques, porphyries érythropoïétiques congénitales et xeroderma pigmentosum) conformément à l'arrêté du 18 octobre 2016 relatif à l'homologation des vitrages et à leur installation dans les véhicules.

La contravention ne peut être retenue contre un conducteur si les policiers ne précisent pas quelles vitres étaient concernées et en quoi leur transparence était insuffisante (Cass. crim., 19 juin 2018, n° 17-85.046).

Mais s'ils apportent ces éléments, l'infraction sera constituée (Cass. crim., 23 octobre 2018, n° 18-80.854).

Pour éviter une condamnation, le conducteur devra démontrer, par écrit ou témoins, que le facteur de transmission régulière de la lumière de ces vitres est d'au moins 70 % conformément à l'art. 538 du C. pr. pén.

> [...] les vitres du pare-brise et les vitres latérales avant côté passager doivent avoir une transparence suffisante [...]

La violation de ces dispositions est réprimée par une amende de 135 euros et un retrait de 3 points sur le permis de conduire.

Il apparaît donc nécessaire de faire poser des vitres teintées par un professionnel pour que son degré de teinte soit conforme aux dispositions légales en vigueur.

Anthony Lerebourg

RÉFÉRENCES

- Art. R. 316-3 du C. route.
- Arrêté du 18 octobre 2016 relatif à l'homologation des vitrages et à leur installation dans les véhicules.
- Cass. crim., 19 juin 2018, n° 17-85.046.
- Cass. crim., 23 octobre 2018, n° 18-80.854.
- Art. 538 du C. pr. pén.

145

QUELLE EST LA DIFFÉRENCE ENTRE UNE SUSPENSION, UNE ANNULATION ET UNE INVALIDATION DU PERMIS DE CONDUIRE ?

La suspension du permis de conduire est le fait, pour une autorité, d'interdire la conduite d'un véhicule pendant un temps limité.

Elle peut être administrative ou judiciaire.

Dans le premier cas, la décision est prise par le préfet du département où une infraction punie de la peine complémentaire de suspension de permis de conduire a été commise. Cette décision n'est cependant pas obligatoire (art. L. 224-7 du C. route).

La durée de la suspension ne peut excéder six mois. Mais elle est portée à un an pour certaines infractions listées à l'art. L. 224-8 du C. route (conduite en état d'ivresse manifeste, après usage de stupéfiants, etc.).

Étant précisé que le permis de conduire ne pourra être rendu qu'après une visite médicale, clinique, biologique et psychotechnique effectuée aux frais du conducteur (art. L. 224-14 et R. 221-13 du C. route).

Dans le second cas, il s'agit d'une peine infligée par une juridiction pénale. Cela peut concerner les infractions d'excès de vitesse de plus de 30 km/h, d'usage d'un téléphone tenu en main…

Le tribunal pourra prononcer cette sanction avec sursis et limiter la conduite en dehors de l'activité professionnelle sauf pour certains comportements comme l'excès de vitesse supérieur à 50 km/h ; la conduite sous l'empire d'un état alcoolique ou sous l'emprise de stupéfiants…

La durée de la suspension administrative s'impute sur la suspension judiciaire et doit comprendre la période pour laquelle un conducteur n'a pas pu conduire en raison de l'absence de visite médicale (Cass. crim., 14 avril 2021, n° 20-83.607).

L'annulation du permis de conduire est une sanction prononcée exclusivement par un juge.

Elle est de plein droit (le magistrat n'aura pas l'obligation de justifier la sanction) en cas de récidive pour les délits de conduite sous l'empire d'un état alcoolique, de refus de se soumettre aux vérifications et de conduite sous l'emprise de stupéfiants.

L'annulation prononcée pour une conduite alcoolisée en récidive peut être assortie d'une interdiction de conduire un véhicule non équipé d'un éthylotest anti-démarrage depuis le 24 décembre 2019.

Dans les deux autres cas, la peine encourue est l'interdiction de solliciter un nouveau permis pendant trois ans au plus.

Les conducteurs titulaires du permis de conduire depuis trois ans ou plus et soumis à une interdiction de passer le permis pour une durée inférieure à un an n'auront pas l'obligation de repasser l'épreuve pratique mais seulement le Code. Dans le cas contraire, il faudra repasser le Code et le permis (art. R. 224-20 du C. route). En tout état de cause, une visite médicale sera obligatoire (art. R. 224-21 du C. route).

L'invalidation du permis est prononcée lorsque le solde de points est égal à 0 (art. L. 223-1 du C. route).

Anthony Lerebourg

RÉFÉRENCES

- Art. L. 224-7, L. 224-8, L. 224-14 et R. 221-13 du C. route.
- Cass. crim., 14 avril 2021, n° 20-83.607.

146

DANS QUEL CAS MON VÉHICULE PEUT-IL ÊTRE IMMOBILISÉ OU SAISI ?

Conduire un véhicule terrestre à moteur exige d'être titulaire d'un permis de conduire ou d'une licence.

Cela expose son utilisateur dans certaines hypothèses à le voir immobilisé ou confisqué à la suite d'une infraction au C. route.

Les dispositions de l'art. L. 221-2 du C. route prévoient :

« Le fait de conduire un véhicule sans être titulaire du permis de conduire correspondant à la catégorie du véhicule considéré est puni d'un an d'emprisonnement et de 15 000 € d'amende. »

« Il expose en outre, la confiscation du véhicule dont le condamné s'est servi pour commettre l'infraction, s'il en est le propriétaire. »

Les dispositions des art. L. 224-1 à L. 224-18 précisent que la conduite d'un véhicule sous l'empire d'un état alcoolique ou en ayant consommé des produits stupéfiants autorise l'immobilisation du véhicule du conducteur et sa saisie, s'il en est le propriétaire.

Les hypothèses d'accident graves de la circulation, de délit de fuite, de refus d'obtempérer, de conduite sans permis ou sans assurance ou, malgré une interdiction, de conduire, tout comme la consommation d'alcool, de stupéfiants au volant ou la commission de certains excès de vitesse, sont susceptibles de provoquer soit l'immobilisation, soit la saisie ou la confiscation de votre véhicule.

S'agissant des atteintes involontaires aux personnes, elles sont prévues par les dispositions des art. L. 232-1 et suivants du C. route.

Il est bon de savoir que la confiscation du véhicule est obligatoire dans les cas prévus par l'art. 221-6-1 du C. pén. (homicide involontaire), ainsi que dans le cas de récidive ou si la personne a déjà été définitivement condamnée pour un délit prévu aux art. L. 221-2 du C. route ou 221-6-1 du C. pén.

Dans toutes ces hypothèses, l'immobilisation, la saisie ou la confiscation sont les conséquences de la sanction prononcée contre le conducteur. Enfin et par ailleurs, les dispositions de l'art. L. 234-12-1 du C. route prévoient que « Toute personne en l'état de récidive de l'une des infractions prévues aux art. L. 234-1 et L. 234-8, encourt également la peine complémentaire de la confiscation du véhicule, laquelle sera obligatoire s'il s'agit du véhicule dont le prévenu s'est servi pour commettre l'infraction s'il en est propriétaire, l'immobilisation pour une durée d'un an au plus du véhicule dont le prévenu s'est servi pour commettre l'infraction s'il en est propriétaire ».

Enfin, commettre un grand excès de vitesse (50 km/h au-dessus de la vitesse autorisée), au sens de l'art. R. 413-14-1 du C. route, vous expose inévitablement à la confiscation du véhicule avec lequel vous l'aurez commis.

Thierry Jové-Dejaiffe

RÉFÉRENCES

- Art. L. 221-2 (conduite sans permis), L. 232-1 (atteintes physiques aux personnes) et L. 234-12-1 (récidive d'infractions délictuelles) du C. route.
- Art. L. 221-6-1 du C. pén. (homicide involontaire).
- Cass. crim., 21 janvier 2020, n° 19.80-595 (récidive et confiscation).

147
QUEL EST LE DÉLAI POUR CONTESTER UNE CONTRAVENTION ?

Selon l'art. L. 223-1 du C. route, un automobiliste perd des points à l'occasion du paiement d'une amende forfaitaire ou de l'émission du titre exécutoire de l'amende forfaitaire majorée, ou de l'exécution d'une composition pénale ou par une condamnation définitive.

Si vous recevez un avis de contravention, vous souhaitez parfois la contester car vous estimez ne pas avoir commis l'infraction considérée ou plus simplement vous n'étiez pas le conducteur, vous devez le faire sachant que les modalités de cette contestation sont prévues aux art. 529 et suivants du C. pr. pén.

La contestation doit être motivée en fait et en droit, c'est-à-dire que vous devez en expliquer quelles sont les raisons précises. Deux possibilités s'offrent à vous pour effectuer cette contestation : soit en utilisant le « formulaire de requête en exonération » envoyé avec l'avis de contravention (feuillet bleu), soit avec le « formulaire de réclamation » si vous avez reçu une majoration. Vous devez envoyer un courrier recommandé avec avis de réception l'adresse : Centre d'encaissement TSA 60089 35 908 Rennes cedex 9.

S'agissant de la question de recevabilité de votre recours, celle du délai de contestation, il existe en réalité deux délais successifs pour contester une contravention.

Le premier est celui de la contestation de l'amende forfaitaire : 45 jours à partir de l'envoi de l'avis de contravention. Le second est de 30 jours à partir de l'envoi de l'amende forfaitaire majorée, si vous avez omis de contester l'amende forfaitaire dans le délai de 45 jours.

Attention à bien respecter le second délai car si vous contestez hors délai, dans cette hypothèse, le retrait de points devient effectif selon l'art. L. 223-1 du C. route.

Une fois la contestation effectuée régulièrement, vous ne risquez pas de perdre les points correspondant à l'infraction et vous serez alors convoqué devant le Tribunal de police, seul compétent pour qu'elle soit jugée.

Olivier Descamps

RÉFÉRENCES

- Art. L. 223-1 du C. route.
- Art. 529 et s. du C. pr. pén.

148

AI-JE LE DROIT DE CONDUIRE EN FRANCE AVEC UN PERMIS ÉTRANGER (HORS UNION EUROPÉENNE) ?

La possibilité offerte par la loi française à des étrangers hors Union européenne diffère selon la durée ou la raison du séjour qui se fera en France. La situation des ressortissants de l'Union européenne relève d'un autre régime juridique qui n'est pas abordé ici.

En revanche, quelle que soit la cause ou la durée du séjour en France, la personne qui conduit doit respecter les obligations suivantes : disposer d'un titre de conduite valide (ni annulé ni suspendu dans le pays d'origine), en respecter les conditions d'obtention (par exemple le port de lunettes obligatoire) et être rédigé en français ou être accompagné d'une traduction officielle.

Si vous êtes en France pour un court séjour, vous pouvez conduire avec votre titre de séjour d'origine, sous réserve de respecter les obligations ci-dessus, pendant toute sa durée.

Si vous êtes étudiant, titulaire d'un titre de séjour étudiant, vous pouvez également conduire en France, toujours en respectant les conditions ci-dessus, pendant toute la durée de vos études. En revanche, si vous obtenez un titre de séjour en France à l'issue de vos études, vous ne pourrez utiliser le permis de conduire de votre pays d'origine que pendant un an à compter de l'acquisition de votre titre de séjour en France.

Enfin, si vous vous installez en France, soit en venant directement d'un pays étranger, ou si vous restez en France après vos études, vous pourrez utiliser le permis de conduire de votre pays d'origine seulement pendant un an à partir de votre installation en France. Pendant ce délai, il faudra procéder aux formalités d'échange du permis de conduire de votre pays d'origine contre un permis français.

Il faut tout de même savoir que cet échange est relativement simple à faire, mais il est soumis au respect par votre pays d'origine de la pratique de l'échange réciproque de permis de conduire avec la France.

Attention, si vous continuez à conduire, avec le permis de conduire de votre pays d'origine, au-delà des délais évoqués ci-dessus, en cas de contrôle, vous êtes susceptible de faire l'objet de poursuites pour défaut de permis de conduire devant le tribunal correctionnel (art. L. 221-1 du C. route).

Olivier Descamps

RÉFÉRENCES

- Art. L. 221-2 et R. 222-1 à R. 222-8 du C. route.
- Arrêté du 12 janvier 2012 fixant les conditions de reconnaissance et d'échange des permis de conduire délivrés par des États hors Union européenne.
- Arrêté du 8 février 1999 relatif aux conditions d'établissement, de délivrance et de validité du permis de conduire.

149

PUIS-JE CONTESTER UN TAUX D'ALCOOLÉMIE OU UN TEST POSITIF AUX PRODUITS STUPÉFIANTS ?

La loi impose aux officiers de police judiciaire qui ont procédé à votre interpellation pour une conduite en état d'ivresse de vous proposer une contre-expertise du taux.

Vous pouvez solliciter un contrôle de l'appareil homologué permettant de déterminer le taux d'alcoolémie par analyse de l'air expiré.

Après avoir procédé à la mesure du taux d'alcool, il doit être notifié immédiatement le résultat au conducteur, lequel est avisé qu'il peut demander un second contrôle. Ne pas le faire exposerait la procédure à être annulée par le juge, puisque vous auriez été privé de l'exercice effectif de votre droit à vous défendre.

Il n'est pas inutile de préciser que la Cour de cassation a mis un terme au moyen tiré du délai de neutralité (trente minutes) entre l'absorption d'alcool et le contrôle d'alcoolémie.

Qu'en est-il lorsque le conducteur a consommé des produits stupéfiants ?

Il suffit d'appliquer les dispositions de l'art. L. 235-1 du C. route, lesquelles exposent le conducteur ayant consommé un produit stupéfiant à deux ans d'emprisonnement et 4 500 euros d'amende.

Le contrôle s'établit par test salivaire, mais il peut être également pratiqué un prélèvement sanguin. La sérologie permettra de déterminer précisément les taux de substances illicites.

Inutile de tenter d'échapper à la rigueur de la loi en refusant de se soumettre aux contrôles d'alcoolémie, le législateur sanctionne ce comportement à l'art. L. 234-87 du C. route.

Cette décision emporte la perte de 6 points sur votre permis, vous expose à deux ans d'emprisonnement et 4 500 euros d'amende et à la suspension de votre permis pour une durée de trois ans au plus ou à son annulation avec l'interdiction d'obtenir un nouveau permis pouvant aller jusqu'à trois ans.

La Cour de cassation considère que le délit prévu à l'art. L. 235-1 du C. route est constitué dès lors que le conducteur est contrôlé positif aux substances stupéfiantes.

Peu importe alors de savoir à quel moment celui-ci les avait consommés, la loi prohibant l'usage de ces produits.

Thierry Jové-Dejaiffe

RÉFÉRENCES

- Art. L. 234-1, R. 234-1 (alcoolémie), L. 235-1 (stupéfiants), L. 234-4 (vérifications) et L. 234-87 (refus du contrôle) du C. route.
- Cass. crim., 13 octobre 2009, n° 09-82.015 (délai de neutralité).
- Cass. crim., 14 octobre 2014, n° 13-87.094 (imprégnation aux stupéfiants).

150
À MOTO, PUIS-JE CONDUIRE ENTRE LES DEUX FILES ?

Par principe, la circulation en interfiles n'est pas autorisée car chaque conducteur doit maintenir son véhicule près du bord droit de la chaussée (art. R. 412-9 du C. route).

À la suite de plaintes de plusieurs associations d'usagers de deux-roues, le gouvernement a expérimenté la circulation interfiles dans les départements de Gironde, du Rhône, des Bouches-du-Rhône, et en Île-de-France entre le 1er février 2016 et le 31 janvier 2021 (décret n° 2015-1750 du 23 décembre 2015). Les accidents des deux-roues ayant augmenté sur ces axes routiers, elle fut de nouveau interdite le 1er février 2021.

Mais la pratique a été réinstaurée le 28 juillet 2021 (décret n° 2021-993 du 28 juillet 2021).

Cette nouvelle expérimentation, d'une durée de trois ans jusqu'au 31 juillet 2024 (art. 5 du décret précité), concerne les départements des Bouches-du-Rhône, de la Haute-Garonne, de la Gironde, de l'Hérault, de l'Isère, de la Loire-Atlantique, du Nord, du Rhône, du Var, des Alpes-Maritimes, de la Drôme, de Vaucluse, des Pyrénées-Orientales, et de la région Île-de-France, ainsi que dans la métropole de Lyon (art. 1).

L'autorisation est donnée pour les autoroutes et routes à deux chaussées séparées par un terre-plein central et dotées d'au moins deux voies chacune, où la vitesse maximale autorisée est supérieure ou égale à 70 km/h et lorsqu'en raison de sa densité, la circulation s'y est établie en files ininterrompues sur toutes les voies autres que celles réservées, le cas échéant, à la circulation de certaines catégories particulières de véhicules ou d'usagers.

Le véhicule doit être d'une largeur d'un mètre maximum et équipé d'un moteur d'une cylindrée supérieur à 50 cm^3.

Par ailleurs, l'espacement latéral entre les véhicules circulant dans les deux voies les plus à gauche d'une chaussée doit être suffisant ; aucune des voies de circulation sur la chaussée n'est en travaux ou couverte de neige ou de verglas sur tout ou partie de sa surface ; avant de circuler en interfiles, le conducteur avertit de son intention les autres usagers ; la vitesse des véhicules en interfiles ne peut excéder de plus de 30 km/h celle des véhicules circulant dans les deux voies les plus à gauche, dans la limite de 50 km/h ; il est interdit à un véhicule en interfiles de dépasser un autre véhicule en interfiles ; le conducteur en interfiles doit reprendre sa place dans le courant normal de la circulation, après avoir averti de son intention les autres usagers, lorsque les véhicules, sur au moins une des deux files, circulent à une vitesse supérieure à la sienne (art. 2).

Par principe, la circulation en interfiles n'est pas autorisée car chaque conducteur doit maintenir son véhicule près du bord droit de la chaussée.

En cas de non-respect de ces dispositions, le conducteur encourt une amende de 135 euros, un retrait de 3 points et une suspension du permis de conduire pour une durée de 3 ans maximum pouvant être limitée à la conduite en dehors de l'activité professionnelle (art. R. 412-9 du C. route).

Anthony Lerebourg

RÉFÉRENCES

- Art. R. 412-9 du C. route.
- Décret n° 2015-1750 du 23 décembre 2015.
- Art. 1, 2 et 5 du décret n° 2021-993 du 28 juillet 2021.

151
CHAUSSÉE DÉGRADÉE, MAUVAISE SIGNALISATION... QUI EST RESPONSABLE EN CAS D'ACCIDENT ?

L'obligation d'entretenir les routes pèse sur les personnes publiques qui en sont propriétaires ; les textes relatifs aux voies les plus communes sont les art. 132-1 et 141-8 du Code de la voirie routière. Les autoroutes ont un régime juridique différent car leur gestion est généralement concédée à un concessionnaire.

La jurisprudence a consacré de nombreux exemples de mise en jeu de la responsabilité de l'État, dans sa déclinaison applicable aux faits poursuivis (ville, département ou autre) : absence de signalisation, route non remise en état à la suite d'intempéries, défaut d'éclairage, etc.

La question de l'état des voies de circulation peut être posée à l'occasion d'un accident, et il est parfois compliqué de déterminer si un éventuel défaut d'entretien ou de signalisation peut être à l'origine du sinistre.

Si vous êtes victime d'un sinistre ou d'un dommage que vous estimez dû à un mauvais entretien de la chaussée, la question de la responsabilité de la personne chargée de l'entretien peut être posée.

Le gestionnaire de la voirie concernée doit alors démontrer l'entretien normal de la voie de circulation. Ce débat se place sur le terrain administratif dans lequel la victime dispose d'un régime de responsabilité pour faute présumée de la puissance publique.

Le défaut d'entretien normal peut concerner une simple défectuosité ou un défaut de signalisation, et il s'apprécie *in concreto*, c'est-à-dire en tenant compte de plusieurs éléments (configuration des lieux, catégorie et comportement de l'usager, etc.).

À cet égard, la jurisprudence prend en considération les efforts mis en place par le gestionnaire de la voie de circulation pour pallier le problème d'entretien, voire pour en prévenir les usagers. De la même façon, la faute de la victime peut exonérer ou limiter la responsabilité de l'administration, en particulier si elle ne s'est pas montrée prudente avant le sinistre ou si elle ne respectait pas le C. route.

Quelle que soit la situation, il vous faudra aussi vous constituer un dossier afin de démontrer l'existence des manquements que vous reprochez à l'État, en collectant des attestations d'autres usagers, en faisant des photos ayant date certaine, n'hésitez pas non plus à faire appel à un huissier pour qu'il constate.

Olivier Descamps

RÉFÉRENCE

- Art. 132-1 et 141-8 du Code de la voirie routière.

152
À PARTIR DE QUEL ÂGE LE SIÈGE AUTO N'EST-IL PLUS OBLIGATOIRE ?

La loi distingue plusieurs cas selon l'âge de l'enfant.
Lorsqu'il a entre 10 et 18 ans, un siège spécifique n'est pas obligatoire. Il pourra être installé à l'avant ou à l'arrière du véhicule. Si un mineur n'est pas attaché, le conducteur encourt une amende de 135 euros.

L'enfant de moins de 10 ans devra être retenu par un système de siège auto adapté à sa morphologie et à son poids (art. R. 412-2 du C. route). Chaque siège ne pourra être occupé que par une seule personne.

Étant précisé qu'il est interdit de transporter un enfant de moins de 3 ans dans un véhicule non équipé de ceintures de sécurité et dont le nombre de places assises, y compris celle du conducteur, n'excède pas neuf.

Il est vivement conseillé d'en faire l'acquisition auprès d'un professionnel car ils doivent répondre à un visa d'homologation (arrêté du 26 janvier 1995 relatif à l'utilisation des systèmes de retenue pour enfants transportés à bord des véhicules à moteur).

Lorsque l'enfant a entre 10 et 18 ans, un siège spécifique n'est pas obligatoire. Il pourra être installé à l'avant ou à l'arrière du véhicule. Si un mineur n'est pas attaché, le conducteur encourt une amende de 135 euros.

Ce même article précise qu'il est possible de ne pas utiliser un siège auto lorsque la morphologie de l'enfant est adaptée au port de la ceinture de sécurité ou s'il est muni d'un certificat médical d'exemption qui mentionne sa durée de validité, ou dans le cas où il est transporté dans un taxi ou dans un véhicule de transport en commun.

Si ces dispositions ne sont pas respectées, le conducteur encourt une amende de 135 euros sans retrait de points.

Enfin, un enfant de moins de 10 ans en siège auto ne peut être transporté sur le siège avant du véhicule sauf quand il est face à l'arrière dans un système spécialement conçu pour être installé à l'avant d'une voiture et que l'airbag est désactivé de son côté, lorsque la voiture n'est pas équipée de sièges arrière ou qu'ils ne comportent pas de ceintures de sécurité et dans le cas où les sièges arrière sont indisponibles ou occupés par des enfants de moins de 10 ans.

La méconnaissance de cette obligation est sanctionnée par une amende de 135 euros sans retrait de points (art. R. 412-3 du C. route).

Anthony Lerebourg

RÉFÉRENCES

- Art. R. 412-2 et R. 412-3 du C. route.
- Arrêté du 26 janvier 1995 relatif à l'utilisation des systèmes de retenue pour enfants transportés à bord des véhicules à moteur.

153
PEUT-ON CONDUIRE AVEC DES ÉCOUTEURS BLUETOOTH ?

Depuis le 1er juillet 2015, le port à l'oreille, par le conducteur d'un véhicule en circulation, de tout dispositif susceptible d'émettre du son est interdit.

Cette prohibition, qui concerne tous les usagers de la route, vient s'ajouter à celle déjà prévue à l'art. R. 412-6-1 du C. route concernant l'usage d'un téléphone tenu en main. Ce comportement est réprimé par le même texte.

Dès lors, la conduite avec des écouteurs, des oreillettes sans fil et des micros casques Bluetooth est une infraction sauf si le véhicule est en stationnement. Mais leur utilisation lors d'un arrêt momentané sur la route comme à un feu rouge n'est pas autorisée (Cass. crim., 23 janvier 2018, n° 17-83.077).

Cependant, les conducteurs de véhicules d'intérêt général prioritaires comme les pompiers, le Samu ou les policiers peuvent utiliser des écouteurs Bluetooth. Il en est de même pour les enseignants de la conduite des deux-roues, des tricycles et quadricycles à moteur.

Le port à l'oreille, par le conducteur d'un véhicule en circulation, de tout dispositif susceptible d'émettre du son est interdit.

Certains outils sont autorisés lors de la conduite. Il s'agit des appareils intégrés dans la voiture qui diffusent du son dans les enceintes, des dispositifs incorporés aux casques de motos qui fonctionnent *via* Bluetooth (donc pas à l'oreille), du téléphone mobile en mode haut-parleur non tenu en main et des appareils pour les personnes souffrant de problèmes auditifs.

La violation de ces dispositions est punie d'une peine d'amende de 135 euros et d'un retrait de trois points.

Étant précisé que le conducteur s'expose à une peine complémentaire de suspension du permis de conduire pour une durée de trois ans au plus qui peut être limitée à la conduite en dehors de l'activité professionnelle.

Les cyclistes peuvent également être sanctionnés sur le fondement de ce texte et encourent seulement une amende de 135 euros.

En cas de contestation, il conviendra d'apporter la preuve contraire permettant de remettre en cause les contestations des policiers. Elle peut être établie par écrit ou témoins conformément à l'art. 537 du C. route et la jurisprudence (Cass. crim., 28 mars 2017, n° 16-83.659).

Anthony Lerebourg

RÉFÉRENCES

- Art. R. 412-6-1 du C. route.
- Cass. crim., 23 janvier 2018, n° 17-83.077.
- Art. 537 du C. pr. pén.
- Cass. crim., 28 mars 2017, n° 16-83.659.

154
VICTIME OU TÉMOIN D'UN DÉLIT DE FUITE, QUE FAIRE ?

Un délit de fuite est le comportement qui consiste, lorsque l'on vient d'avoir un accident avec un véhicule (même s'il n'y a que de faibles dégâts matériels ou qu'il a eu lieu sur une voie privée), à ne pas s'arrêter et à prendre la fuite pour échapper à sa responsabilité civile ou pénale éventuelle.

Cela concerne tout type de véhicule.

Lorsque l'on s'arrête, il faut également laisser suffisamment de temps à l'autre automobiliste pour vous identifier. La bonne attitude consiste à partager ses coordonnées et à établir un « constat amiable » que chacun enverra à son assureur.

L'auteur du délit de fuite peut être condamné par le tribunal correctionnel à une peine de prison pouvant aller jusqu'à trois ans et à une amende jusqu'à 75 000 euros outre l'annulation ou la suspension du permis de conduire jusqu'à cinq ans et la perte de six points. Les sanctions sont encore plus importantes si l'accident a causé des blessés ou la mort de quelqu'un.

En cas de délit de fuite, il faut :

- prévenir les secours s'il y a des blessés ainsi que la police ou la gendarmerie afin qu'elle se rende sur les lieux ;
- réunir le maximum d'éléments qui permettront l'identification de la personne en cause (type de véhicule utilisé, numéro d'immatriculation, description du conducteur, etc.) ;
- si des témoins ont assisté à la scène, prendre leurs coordonnées afin qu'ils puissent apporter leur témoignage aux forces de l'ordre et à l'assureur ;
- prendre des photographies des lieux à transmettre à l'assureur afin de l'aider à mieux comprendre le déroulement des évènements ;
- porter plainte contre « X » dans les meilleurs délais au commissariat de police ou à la brigade de gendarmerie afin que la personne responsable du délit de fuite soit recherchée ;
- reporter les différents éléments dans un « constat amiable » à adresser à votre assureur. La mention du délit de fuite doit apparaître dans la partie « observations ». Peuvent également y figurer les coordonnées des différents témoins, le récépissé du dépôt de plainte qui vous sera remis par la police ou la gendarmerie et les éventuelles photos prises sur les lieux de l'accident.

S'agissant de votre indemnisation :

- si le conducteur qui a pris la fuite est identifié et retrouvé, son assureur prendra en charge les dommages subis ;
- dans le cas où il n'est pas identifié (ou non assuré), l'indemnisation sera prise en charge par votre assureur.

Attention, il peut y avoir une éventuelle franchise en cas de dommage matériel (l'éventuel préjudice corporel n'est pas concerné par la franchise). Néanmoins, si vous n'êtes pas responsable de l'accident, votre assureur n'appliquera pas de malus.

Philippe Astruc et Cécile Capeau

RÉFÉRENCE

- Art. 434-10 du C. pén.

155

VICTIME D'UN ACCIDENT DE LA ROUTE, FAUT-IL ACCEPTER LA PREMIÈRE OFFRE PROPOSÉE PAR L'ASSUREUR ?

La loi dite « Badinter » du 5 juillet 1985 a eu pour but d'améliorer la situation des victimes d'accidents de la circulation. Pour atteindre cet objectif, elle oblige l'assureur d'un véhicule impliqué dans un accident de la circulation à faire une offre d'indemnisation à la victime ou, en cas de décès, à ses héritiers.

La victime ou toute personne qui agit dans ses droits doit renseigner l'assureur sur les chefs de préjudice. Elle est informée quinze jours avant l'examen médical pratiqué à la demande de l'assureur de l'objet, de la date et du lieu de cet examen. La victime peut se faire assister par le médecin de son choix.

Une fois informé de tous les chefs de préjudice, l'assureur est tenu de faire une offre complète en respectant celui des deux délais qui est le plus favorable à la victime. Les textes visent l'assureur qui garantit la responsabilité civile du fait du véhicule terrestre à moteur impliqué dans l'accident de la circulation.

Lorsque la responsabilité n'est pas contestée et que le dommage est entièrement quantifié, cet assureur est tenu de présenter à la victime une offre d'indemnité motivée dans le délai de trois mois à compter de la demande d'indemnisation qui lui est présentée. L'obligation de l'assureur prend en compte tous les préjudices tenant à la personne ou aux biens.

Et lorsque la responsabilité est contestée ou que le dommage n'est pas entièrement quantifié, cet assureur est néanmoins tenu de faire une offre à la seule victime qui a subi une atteinte à sa personne dans le délai de huit mois à compter de l'accident de la circulation, source de son préjudice corporel. L'offre a un caractère provisionnel lorsque le préjudice n'est pas consolidé.

Ce double délai est important car l'assureur qui manque à son obligation d'offrir une indemnité à la victime s'expose à une sanction. L'indemnité offerte avec retard produit un intérêt de plein droit au double du taux de l'intérêt légal à compter de l'expiration du délai favorable à la victime et jusqu'au jour de l'offre ou du jugement devenu définitif. Au premier semestre 2022, le taux d'intérêt légal d'un créancier particulier contre un débiteur professionnel est de 3,13 %. Par exemple, l'assureur qui accuse un retard de 60 jours pour payer la somme de 243 757 euros s'expose à une pénalité de 2 508 euros (243 757 × [60/365] × [6,26/100]) due à la victime.

L'offre d'indemnisation acceptée par la victime lie celle-ci à l'assureur par un contrat de transaction. En conséquence, l'assureur est tenu de lui payer ce qu'il lui doit, à charge pour lui ou les organismes de sécurité sociale qui ont avancé des frais d'exercer des recours. Réciproquement, la victime ne peut plus agir en justice pour demander l'indemnisation correspondant au préjudice déjà indemnisé.

La victime n'est pas tenue d'accepter l'offre. Son silence ne vaut pas acceptation. Et même si elle a accepté l'offre, elle peut se rétracter dans le délai de quinze jours par lettre recommandée avec accusé de réception. Même si l'assureur est tenu, dans ses écrits, d'informer la victime de ses droits, la consultation d'un avocat spécialisé dans la responsabilité civile et les dommages corporels est fortement recommandée.

Gilles Raoul-Cormeil

RÉFÉRENCE

- Art. L. 211-9 à L. 211-27 et R. 211-29 à R. 211-44 du Code des assurances.

156
JE SUIS VICTIME D'UN ACCIDENT IMPLIQUANT UNE TROTTINETTE ÉLECTRIQUE, QUE FAIRE ?

Sauf à être qualifiée de jouet pour enfant, **une trottinette électrique est un véhicule terrestre à moteur (VTM) dont la responsabilité du conducteur ou gardien relève de la loi dite « Badinter » du 5 juillet 1985** relative aux accidents de la circulation routière ; la notion de VTM est, en effet, entendue de manière très large par la jurisprudence, pour comprendre non seulement les voitures, camions, bus, motocyclettes, mais aussi les tracteurs, chariots élévateurs, pelles mécaniques, dameuses et trottinettes équipées d'un moteur, fût-il électrique. La trottinette a bien une fonction de déplacement assurée grâce à l'énergie développée par le moteur dont elle est équipée.

Ce texte met en place un régime spécial d'indemnisation des victimes d'accidents de la circulation dans lesquels un véhicule terrestre à moteur est impliqué, c'est-à-dire est intervenu de quelque manière que ce soit. La responsabilité du conducteur du VTM étant une responsabilité sans faute, il conviendra, afin d'obtenir indemnisation, de démontrer l'intervention du VTM dans l'accident (ce qui n'impose pas l'existence d'un contact). Si la victime est elle-même conductrice d'un VTM (par exemple, collision d'une trottinette et d'une voiture), sa faute pourra lui être opposée par le conducteur de la trottinette pour obtenir un partage ou une exclusion de responsabilité. Si la victime est non conductrice (piéton, passager), l'indemnisation de ses dommages matériels (atteintes à ses biens) se fait dans les mêmes conditions. En revanche, les dommages corporels (atteintes à son intégrité physique) sont quasiment systématiquement indemnisés puisque seules la recherche volontaire du dommage (suicide) ou la faute inexcusable et exclusive de l'accident peuvent être alors opposées à la victime. **Il est donc possible de s'adresser au conducteur de la trottinette et de lui demander indemnisation.**

Cette demande sera cependant plus efficacement adressée à son assureur de responsabilité civile. En effet, toute personne susceptible d'engager sa responsabilité civile pour des dommages causés par un VTM est dans l'obligation de souscrire une assurance responsabilité civile, sous peine d'une amende de 3 750 euros et de peines complémentaires redoutables (suspension, voire annulation, du permis, interdiction de conduire certains véhicules, etc.).

Stéphane Brena

RÉFÉRENCES

- Loi n° 85-677 du 5 juillet 1985.
- Art. L. 211-1 et s. du Code des assurances.
- Cass. civ. 2e, 17 mars 2011, n° 10-14.938.

157

PEUT-ON FOUILLER MON BAGAGE DANS LES TRAINS ET LES GARES ?

Depuis 2016, les agents des services internes de sécurité de SNCF et de RATP peuvent effectuer des inspections visuelles et fouilles des bagages dans les gares et dans les trains. Cette possibilité est reprise dans le Code des transports à l'art. L. 2251-9 du Code des transports (renvoyant à l'art. 613-2 du Code de la sécurité intérieure). Cet article permet également la réalisation d'une palpation de sécurité dans les gares et les trains.

Ces mesures ont pour objet de lutter contre le terrorisme dans les transports publics de voyageurs et ainsi éviter l'introduction d'armes ou d'objets dangereux dans les trains. Dans tous les cas, la mise en œuvre de ces pouvoirs ne doit pas relever d'un caractère discriminatoire quant au choix de la personne subissant la mesure.

L'inspection, la fouille du bagage ou la palpation ne nécessitent pas la commission d'une infraction préalable, toute personne se trouvant dans un moyen de transport ou voulant accéder à un moyen de transport peut se voir contrôler. L'inspection visuelle du bagage n'est soumise à aucune obligation légale, tant qu'elle a lieu dans une gare, un train ou un bus.

Depuis 2016, les agents des services internes de sécurité de SNCF et de RATP peuvent effectuer des inspections visuelles et fouilles des bagages dans les gares et dans les trains.

Pour la fouille du bagage, la seule condition est le consentement, verbal, de la personne faisant l'objet de la mesure. En cas de refus de se soumettre à cette fouille, l'art. L. 2241-6 du Code des transports permet la mise en œuvre d'une injonction de sortir du train, de la gare ou une interdiction d'accès au train (voir question 159).

Quant à la palpation de sécurité, le Code de la sécurité intérieure pose plusieurs conditions, tout d'abord le préfet de département doit prendre un arrêté fixant les conditions de lieu et de temps pour la mise en œuvre de cette palpation. Ensuite, l'agent qui met en œuvre la mesure doit obligatoirement être du même sexe que la personne qui la subit et enfin la dernière condition, comme pour la fouille du bagage, est l'obtention du consentement de la personne qui va subir la mesure. Toutefois, en cas de refus, l'injonction de descendre du train, de sortir de la gare ou l'interdiction d'accès au train est possible (voir question 159).

Le contrôle du bagage dans les transports est donc autorisé pour les agents de sûreté de SNCF et de RATP, de même que la palpation de sécurité. L'inspection ou la fouille du bagage peut avoir lieu dans tous les trains ou bus ainsi que dans toutes les gares, peu importe la zone (quai, salle d'attente, salle des pas perdus, etc.).

Si la fouille du bagage permet de mettre en lumière la commission d'une infraction (armes, stupéfiants, etc.), les agents sont tout à fait fondés à intervenir et à mettre en œuvre leur pouvoir de verbalisation du comportement ou interpeller la personne si l'infraction commise constitue un délit puni d'une peine d'emprisonnement.

Alexandre Vignier

RÉFÉRENCES

- Art. 3 de la loi n° 2016-339 du 22 mars 2016.
- Art. L. 2241-6 et L. 2251-9 du Code des transports.
- Art. L. 613-2 du Code de la sécurité intérieure.

158

FAUT-IL AVOIR UNE PIÈCE D'IDENTITÉ LORS D'UN TRAJET EN TRANSPORTS EN COMMUN ?

Voyager avec sa pièce d'identité est une bonne chose pour les gens possédant un titre de transport mais également pour l'ensemble des voyageurs, même ceux sans titre de transport.

Dans un premier temps pour les gens souhaitant être en règle, l'art. L. 2241-11 du Code des transports autorise les exploitants de transport public à soumettre la validité d'un titre de transport, s'il est nominatif, à la présentation d'une pièce d'identité concordant avec le titre. Pour cela, l'exploitant doit l'indiquer dans les conditions générales du transport. Aujourd'hui, la plupart des titres de transport dématérialisés sont nominatifs (billets grandes lignes chez SNCF ou encore les cartes de transport régional). Cela permet à tout agent de contrôle de l'exploitant de demander la présentation d'une pièce d'identité même en l'absence d'infraction commise. Ainsi, voyager avec un titre nominatif sans pouvoir présenter une pièce justificative d'identité rend ce titre non valide et expose donc le porteur à une verbalisation.

Dans un second temps pour les personnes sans titre de transport, l'art. L. 2241-10 du Code des transports impose à toute personne sans titre de transport valable (dans les moyens de transport et les zones en gare soumise à titre de transport) d'avoir une pièce justificative d'identité. Le législateur, en 2016, crée cette obligation mais... sans aucune sanction.

Toutefois, la commission d'une infraction aux textes de police du transport ferroviaire (art. L. 2242-1 et s., R. 2241-8 et s. du Code des transports, arrêtés préfectoraux réglementant la police des gares) peut entraîner la rédaction d'un procès-verbal, ce qui permet aux agents de contrôle et agents de sûreté (repris à l'art. L. 2241-1 du Code des transports) de relever l'identité du contrevenant. Agréés par le procureur de la République, les agents peuvent obliger le contrevenant à présenter une pièce officielle d'identité (uniquement la pièce originale). À défaut, ils peuvent demander l'aide de l'officier de police judiciaire (OPJ) territorialement compétent et retenir le contrevenant jusqu'à l'arrivée de celui-ci. Le fait de ne pas rester à disposition de l'agent en attendant l'OPJ est puni de 2 mois d'emprisonnement et 7 500 euros d'amende selon l'art. L. 2241-2 du Code des transports.

Le législateur, en 2016, crée cette obligation mais... sans aucune sanction.

La possession d'une pièce d'identité est donc souvent une condition de validité d'un titre de transport, en l'absence de titre ou en cas de commission d'une infraction, elle permet d'éviter un contrôle ou une vérification d'identité pouvant durer jusqu'à 4 heures.

Alexandre Vignier

RÉFÉRENCES

- Art. L. 2241-10, L. 2241-1, L. 2241-2, L. 2241-11, L. 2242-1 à L. 2242-10 et R. 2241-8 à R. 2241-33 du Code des transports.
- Art. 529-4 du C. pr. pén.
- Arrêté du ministre des Transports du 4 septembre 2017.

159
PEUT-ON M'OBLIGER À SORTIR D'UN TRAIN OU D'UNE GARE ?

« Pas de billet, pas de train ! » Voilà qui résume le principe du pouvoir d'injonction. L'injonction peut être une injonction de descente d'un train, de sortir de la gare, ou l'interdiction d'accéder à un train.

L'art. L. 2241-6 du Code des transports (CDT) détermine le cadre légal de mise en œuvre de ce pouvoir d'injonction.

Tout d'abord, le CDT va fixer les motifs d'injonction :

- Ne pas posséder de titre de transport valable dans un train ou dans une gare (les quais et certaines salles d'attente en gare sont soumis à titre de transport).
- Porter atteinte à la sécurité des personnes : faire de la trottinette ou du vélo sur un quai, etc.
- Gêner la régularité des circulations : empêcher la fermeture des portes du train, traverser les voies, etc.
- Troubler l'ordre public : fumer, cracher, mettre les pieds sur les sièges, etc.

Elle est enfin possible en cas de refus de se soumettre à l'inspection visuelle, la fouille des bagages ou la palpation de sécurité.

L'ensemble des agents repris à l'art. L. 2241-1 du CDT peuvent mettre en œuvre l'injonction. On retrouve dans cet article les agents de l'exploitant du service de transport (contrôleur) ou les agents du service interne de sécurité de SNCF ou de RATP. Si la personne concernée refuse de se soumettre à cette injonction, les agents des services internes de sécurité de SNCF ou de RATP peuvent contraindre physiquement la personne à descendre du train ou sortir de la gare. Cette contrainte doit, comme toute contrainte, être strictement nécessaire au but poursuivi et s'arrêter lorsque la personne est descendue du train ou sortie de la gare. Elle doit également être proportionnée selon la résistance de l'individu. En cas de résistance excessive, l'individu subissant la mesure commet l'infraction de rébellion (art. 433-6 et 433-7 du C. pén.).

Il y a une limite à l'injonction : la vulnérabilité. Elle s'observe en fonction de l'âge ou de l'état de santé de la personne faisant l'objet de l'injonction (enfant, personne âgée ou en situation de handicap). La vulnérabilité ne sera pas un obstacle absolu à l'injonction mais devra être prise en compte dans la proportionnalité de celle-ci. Une injonction est possible sur une personne vulnérable mais ne devra pas créer une situation mettant la personne en danger.

Un cas particulier a été rajouté par la loi d'orientation des mobilités, si l'agent se trouve face à une personne sans domicile fixe et en même temps vulnérable, l'injonction ne sera possible qu'après avoir trouvé au préalable un hébergement d'urgence. Enfin, le dernier alinéa de l'article précise que s'il y a des mesures de renforcement temporaire des dispositifs d'hébergement, aucune injonction ne peut être mise en œuvre.

Alexandre Vignier

RÉFÉRENCES

- Art. L. 2241-1 et L. 2241-6 du Code des transports.
- Art. 122-4, 433-6 et 433-7 du C. pén.
- Art. 114 de la loi n° 2019-1428 du 24 décembre 2019.

160
MON ANIMAL DOIT-IL OBLIGATOIREMENT ÊTRE ATTACHÉ OU EN CAGE DANS LA VOITURE ?

CLAUDE, Les Sables-d'Olonne (85)

Le Code de la route stipule que tout passager d'un véhicule à moteur doit porter une ceinture de sécurité. La violation de ce texte peut entraîner une amende de 135 euros. Contrairement aux idées reçues, un conducteur ne peut être condamné sur le fondement de cette disposition si son animal n'est pas attaché car il n'est pas considéré comme un passager. Cette analyse se justifie par le fait qu'un passager majeur non attaché est personnellement responsable de ce manquement qui n'est pas imputable au conducteur du véhicule.

Cependant, la loi impose au conducteur d'avoir la plénitude de ses mouvements et un champ de vision optimal qui ne doivent pas être réduits par le nombre ou la position des passagers, par les objets transportés ou par l'apposition d'objets non transparents sur les vitres. C'est donc sur ce fondement qu'un animal vacant dans le véhicule entraînerait une contravention pour le conducteur et exposerait ce dernier à une amende de 35 euros et une immobilisation du véhicule (art. R. 412-6 du C. route).

Aucune loi n'impose de modalités pour le transport de l'animal, tant que ce dernier ne gêne pas le conducteur. La manière de procéder dépendra de son type et de sa taille (cage, harnais, etc.).

Le Code de la route prévoit également que le fait de laisser son animal en cas de stationnement sans avoir pris les précautions utiles pour prévenir tout risque d'accident du fait de son absence (muselière par exemple) expose le conducteur à une amende de 11 euros.

En tout état de cause, il est fortement déconseillé de laisser un animal seul dans un véhicule car cela pourrait s'apparenter à un mauvais traitement envers un animal domestique, réprimé par une amende de 750 euros (art. 654-1 du C. pén.).

Enfin, le conducteur sera tenu responsable du comportement de son animal non attaché par un harnais ou non tenu en cage dans les conditions précitées qui blesse un passager ou une tierce personne. Sa responsabilité pourra être engagée tant sur le plan pénal pour des blessures involontaires que sur le plan civil sur le fondement de la responsabilité du fait d'un animal (art. 1243 du C. civ.).

Anthony Lerebourg

RÉFÉRENCES

- Art. R. 412-1 et R. 412-6 du C. route.
- Art. 654-1 du C. pén.
- Art. 1243 du C. civ.

VOUS AUSSI, POSEZ VOS QUESTIONS

09

NOUVELLES TECHNOLOGIES

161

COMMENT ME FAIRE RETIRER DES LISTES D'APPEL DES ENTREPRISES DE DÉMARCHAGE PAR TÉLÉPHONE ?

Un consommateur qui ne souhaite pas faire l'objet de prospection commerciale par voie téléphonique peut gratuitement s'inscrire sur une liste d'opposition au démarchage téléphonique. Cette liste, appelée « Bloctel », est effective depuis le 1er juin 2016.

La loi interdit, dès lors, à un professionnel, directement ou par l'intermédiaire d'un tiers agissant pour son compte, de démarcher téléphoniquement un consommateur inscrit sur cette liste, sauf en cas de relations contractuelles préexistantes.

Tout organisme souhaitant faire de la prospection commerciale par téléphone doit retirer de sa liste les personnes inscrites sur la liste d'opposition Bloctel.

Les consommateurs qui, malgré leur inscription sur cette liste, sont néanmoins sollicités par voie téléphonique peuvent procéder à un signalement auprès de la direction générale de la Concurrence, de la Consommation et de la Répression des fraudes (DGCCRF), par téléphone au 3939, par mail ou *via* le site signal.conso.gouv.fr, grâce au formulaire https://signal.conso.gouv.fr/bloctel.

Le professionnel peut alors être sanctionné d'une amende pouvant atteindre 75 000 euros pour une personne physique et 375 000 euros pour les entreprises.

La DGCCRF contrôle le respect par les professionnels de leurs obligations liées à l'utilisation de Bloctel. Elle effectue des contrôles renforcés et systématiques des numéros les plus signalés par les consommateurs.

Ainsi, en avril 2022, une amende administrative d'un montant de 38 389 euros a été prononcée à l'encontre d'une société spécialisée dans le secteur des activités de centres d'appels pour avoir appelé des personnes inscrites sur la liste d'opposition Bloctel.

Alain Bensoussan

RÉFÉRENCES

- Liste dite « Bloctel » : www.bloctel.gouv.fr/.
- Art. L. 223-1 et L. 242-16 du C. cons.
- DGCCRF, communiqué du 15 avril 2022.

162
À QUOI DOIS-JE FAIRE ATTENTION EN SOUSCRIVANT UN ABONNEMENT INTERNET ?

Avant de souscrire un abonnement internet, il est primordial de bien se renseigner en amont sur les modes d'accès à Internet dans sa zone d'habitation (fibre optique, câble, ADSL, etc.).

Avant de souscrire un abonnement internet, il est primordial de bien se renseigner en amont sur les modes d'accès à Internet dans sa zone d'habitation.

Le site « Ma connexion internet » de l'Autorité de régulation des communications électroniques, des postes et de la distribution de la presse (Arcep) permet, grâce à un tutoriel, de comparer les technologies déployées, les débits et les fournisseurs disponibles pour une adresse donnée. Il est ainsi possible de connaître :

- les offres de connexion internet disponibles dans sa zone d'habitation ;
- les débits disponibles dans sa commune, département ou région ;
- l'état du déploiement de la fibre dans sa zone d'habitation.

Une fois ces vérifications techniques effectuées, il convient de choisir le fournisseur d'accès à Internet (FAI). La DGCCRF met à disposition une fiche pratique pour bien choisir une offre adaptée à ses besoins.

Avant de souscrire un abonnement, il convient de prendre garde à certaines clauses sur :

- la nature de l'engagement (le plus souvent sur douze mois) ou sans engagement. Dans le premier cas, il est souvent reconductible tacitement, sauf demande de résiliation dans les délais fixés au contrat ;
- la fourniture de prestations et/ou l'installation d'équipement :
  - achat ou location d'une box ou d'un décodeur pour accéder à certains services (télévision, téléphonie fixe, domotique ou vidéo à la demande),
  - assistance technique ;
- les frais annexes (notamment les frais de mise en service, travaux de raccordement ou frais de résiliation). Ces frais doivent être mentionnés dans les conditions générales de vente (CGV) ;
- les modalités de paiement (prélèvement mensuel ou en une seule fois) ;
- les conditions de résiliation : elles peuvent prévoir des pénalités de résiliation anticipée ou encore l'obligation de devoir restituer le matériel au fournisseur d'accès, aux frais de l'utilisateur.

Quoi qu'il en soit, avant de souscrire un abonnement, la DGCCRF recommande de se procurer le récapitulatif contractuel de l'offre sur le site internet du fournisseur d'accès. Ce récapitulatif présente en effet tout le contenu de l'offre : réseau, débit, prix, frais annexes et services associés.

Alain Bensoussan

RÉFÉRENCES

- Arcep, Ma connexion internet : https://maconnexioninternet.arcep.fr/.
- DGCCRF, « Fournisseur d'accès à Internet : quelle offre choisir ? », novembre 2021.

163

Y A-T-IL UNE GARANTIE POUR UN TÉLÉPHONE/ORDINATEUR DE SECONDE MAIN ?

OUI – Les appareils « reconditionnés » sont désormais encadrés par le Code de la consommation. Le terme « reconditionné » n'est plus une simple appellation commerciale mais vise des biens ayant subi une intervention pour une remise à niveau ainsi qu'un vrai contrôle technique sous forme de tests.

Pour pouvoir bénéficier de cette qualification, un appareil doit avoir subi :

- « une ou plusieurs interventions afin de lui restituer ses fonctionnalités » ;
- « des tests portant sur toutes ses fonctionnalités afin d'établir qu'il répond aux obligations légales de sécurité et à l'usage auquel le consommateur peut légitimement s'attendre ».

Par ailleurs, afin d'éviter que le consommateur ne soit induit en erreur, ce même code interdit l'usage des expressions « état neuf », « comme neuf », « à neuf » ou toute mention équivalente et réserve l'utilisation de la mention « reconditionné en France » aux opérations de reconditionnement qui sont réalisées en totalité sur le territoire national. Ces mêmes règles s'appliquent aux pièces détachées.

Les appareils « reconditionnés » sont soumis à un contrôle technique, contrairement à des produits d'occasion, généralement vendus en l'état.

S'agissant des différentes garanties qui peuvent s'appliquer, le Code de la consommation prévoit que « le vendeur livre un bien conforme au contrat et répond des défauts de conformité existants lors de la délivrance ».

Il s'agit de la « **garantie légale de conformité** » qui couvre tout consommateur lorsque cette conformité n'est pas respectée, soit que le bien ne fonctionne pas ou qu'il ne correspond pas à la description du contrat. Cette garantie permet d'obtenir le remplacement ou la réparation, et à défaut, le remboursement partiel ou total du produit qui ne serait pas conforme au contrat de vente.

Parmi les biens couverts figurent les ordinateurs, les téléphones et, depuis le 1er janvier 2022, les biens « comportant des éléments numériques » (contenus ou services numériques tels que jeu vidéo en ligne ou service de vidéo à la demande).

Cette garantie est d'une durée de deux ans.

Cette garantie doit être distinguée de celle, également légale, « **pour vices cachés** » prévue par le Code civil et qui couvre également tout achat d'un produit neuf, d'occasion ou reconditionné. Toutefois, fournir la preuve de l'existence d'un tel vice peut s'avérer très complexe dans le cas d'un appareil d'occasion ou reconditionné car la preuve de ce défaut est à la charge de l'acheteur qui ne dispose souvent pas des connaissances techniques pour ce faire.

Le consommateur doit en outre agir dans un délai de deux ans après la découverte du vice. S'il y parvient, il pourra soit être remboursé en échange de l'appareil, soit bénéficier d'une réduction du prix initial s'il souhaite le conserver.

Alain Bensoussan

RÉFÉRENCES

- Décret n° 2022-190 du 17 février 2022.
- Art. L. 217-4, L. 217-5, L. 122-21-1, R. 122-5 et R. 122-6 du C. cons.
- Art. 1641 à 1649 du C. civ.
- Ordonnance n° 2021-1247 du 29 septembre 2021.

164
PUIS-JE RÉUTILISER N'IMPORTE QUELLE IMAGE TROUVÉE SUR INTERNET ?

Les images disponibles sur Internet, bien qu'aisément accessibles, sont rarement libres de droit. Nombre d'entre elles sont protégées par un droit d'auteur. Or, toute utilisation d'une image protégée par un droit d'auteur est soumise à l'autorisation préalable du titulaire des droits.

À défaut, l'utilisation de l'image protégée constitue un acte de contrefaçon, susceptible d'être sanctionné civilement et même pénalement. Il en est ainsi :

- quelle que soit la source de l'image : l'image librement accessible sur un site internet n'est pas plus librement exploitable que l'image qui est obtenue, par exemple, par abonnement ; de même, l'absence de mention de restrictions d'utilisation sur le site d'origine ne change rien ;
- quel que soit l'usage qui est fait de l'image : reproduction totale ou partielle, exploitation commerciale, hébergement sur les serveurs internet, modification, etc. ;
- quelle que soit la nationalité de l'auteur.

Le plus sûr est de n'utiliser que des images :

- provenant de banques d'images gratuites ou payantes, en respectant les termes de la licence d'utilisation ;
- diffusées sous licence *Creative Commons* (CC) permettant à un propriétaire de libérer les droits sur sa création.

Ces images, souvent qualifiées de « libres de droit », ne sont pas pour autant librement réutilisables. En effet, certaines des licences sous lesquelles elles sont diffusées peuvent contenir des contraintes.

Ainsi, il existe plusieurs sortes de licences CC et, dans chacune d'entre elles, les usages autorisés sont différents. Par exemple, certaines licences stipulent une

liberté totale de réutilisation sous réserve simplement d'indiquer le nom de l'auteur, alors que d'autres autorisent la réutilisation à condition de ne pas modifier les œuvres, de ne pas les commercialiser, de les rediffuser selon des termes identiques, etc.

Un outil sur Google Images permet de sélectionner celles sous licence CC. Il suffit de cliquer sur « Outils », tout à droite sous le champ de recherche de Google Images. Un nouveau menu apparaît juste en dessous. En cliquant sur « Droits d'usages », un petit menu déroulant s'affiche avec les options de licences disponibles.

Alain Bensoussan

RÉFÉRENCES

- Art. L. 335-2 et s. du Code de la propriété intellectuelle.
- Portail APIE, « Les licences libres *Creative Commons* ».

165
ON A POSTÉ UNE PHOTO DE MOI SANS MON ACCORD SUR INTERNET, QUE FAIRE ?

Lorsqu'une personne physique est représentée (photographies, vidéos, dessins, etc.), son autorisation expresse et préalable est nécessaire pour utiliser l'image. Le fait que les images ne soient pas exploitées commercialement n'y change rien.

Le droit à l'image est un corollaire du droit à la vie privée, protégé par l'art. 9 du C. civ. qui consacre le fait que « chacun a droit au respect de sa vie privée ».

En vertu de cette protection, toute personne dispose d'un droit de regard sur les images la représentant. En principe, aucune représentation ne peut être diffusée sans son consentement exprès.

Il existe néanmoins des exceptions permettant de se dispenser de l'autorisation expresse de la personne concernée :

- la représentation des personnes publiques dans l'exercice de leurs fonctions ;
- les prises de vue sur les lieux publics, dès lors que la personne n'est ni isolée ni reconnaissable ;
- les illustrations de l'actualité, dans les limites du droit à l'information (respect de la dignité).

En dehors de ces cas, l'exploitation de l'image d'une personne ne peut se faire sans son consentement ou celui des parents pour un mineur.

En cas d'utilisation de l'image sans autorisation, il est recommandé de prendre directement contact avec les plateformes sur lesquelles l'image a été publiée afin de la faire retirer. En cas de refus, il convient de s'adresser au juge pour obtenir le retrait de l'image ainsi que d'éventuels dommages-intérêts.

Lorsqu'une personne physique est représentée (photographies, vidéos, dessins, etc.), son autorisation expresse et préalable est nécessaire pour utiliser l'image.

Photographier, filmer ou transmettre sans le consentement de celle-ci l'image d'une personne se trouvant dans un lieu privé est sanctionné d'un an d'emprisonnement et de 45 000 euros d'amende.

Alain Bensoussan

RÉFÉRENCES

- Art. 226-1 du C. pén.
- Cass. civ. 1re, 25 janvier 2000, n° 97-15.163 : cas de la photographie d'une personne fondue dans un groupe, prise sur le parvis d'un lieu public pour illustrer un évènement d'actualité.
- Cass. civ. 1re, 20 février 2001, n° 98-23.471 : cas de la photographie d'une personne impliquée dans un évènement d'actualité dès lors que la photo est dépourvue de recherche du sensationnel et de toute indécence.

166

QUAND JE POSTE UNE PHOTO SUR FACEBOOK, EST-CE QUE J'EN RESTE PROPRIÉTAIRE ?

OUI et NON – Les « Conditions de service » de Facebook que vous avez acceptées lors de votre inscription stipulent : « Vous conservez la propriété des droits de propriété intellectuelle (tels que les droits d'auteur et les marques déposées) de tout le contenu que vous créez et partagez sur Facebook et les autres produits des entités Meta que vous utilisez. Aucune disposition des présentes Conditions ne vous prive des droits que vous possédez sur votre propre contenu. Vous êtes libre de partager votre contenu avec quiconque, où vous le souhaitez. »

En théorie, les photos et autres contenus que vous postez sur le réseau social restent votre propriété. Cependant, il s'avère en fait que vous n'êtes pas le seul propriétaire des contenus que vous postez.

La suite de la clause prévoit en effet que vous accordez automatiquement au réseau social et à ses prestataires : « Une licence non exclusive, transférable, sous-licenciable, gratuite et mondiale pour héberger, utiliser, distribuer, modifier, exécuter, copier, représenter publiquement ou afficher publiquement, traduire et créer des œuvres dérivées de votre contenu (conformément à vos paramètres de confidentialité et d'application). »

À propos des photos, le réseau social prend le soin de préciser : « Cela signifie, par exemple, que si vous partagez une photo sur Facebook, vous nous autorisez à la conserver, à la copier et à la partager avec d'autres (encore une fois, conformément à vos paramètres), tels que les produits Meta ou des fournisseurs de services qui prennent en charge ces produits et services. La licence prend fin lorsque votre contenu est supprimé de nos systèmes. »

Concrètement, Facebook est copropriétaire puisqu'il peut mettre à la disposition de tiers le droit d'utiliser tout ce que vous publiez sur le réseau social par le biais de sous-licences.

Certes, l'utilisateur conserve ses droits sur tous les contenus qu'il soumet, poste ou publie sur le réseau social. Mais l'étendue de la licence accordée à Facebook est telle que l'utilisateur perd le contrôle de l'utilisation du contenu qu'il met en ligne sur le réseau.

Enfin, sachez que grâce à son outil « Rights Manager », Facebook permet aux créateurs et aux éditeurs, possédant un catalogue de contenus volumineux, de mieux contrôler le partage de leurs photos et vidéos sur Facebook et Instagram, et de récolter une part des revenus publicitaires liés aux contenus repartagés, s'ils répondent aux critères d'éligibilité définis par la plateforme.

Alain Bensoussan

RÉFÉRENCES

- Conditions de service de Facebook datées du 26 juillet 2022 (anciennement connues sous le nom de « Déclaration des droits et responsabilités »).
- Information sur https://fr-fr.facebook.com/formedia/tools/rights-manager.

167

PUIS-JE SAVOIR QUELLES DONNÉES UN SITE INTERNET A ACCUMULÉES SUR MOI ?

OUI – Toute personne justifiant de son identité peut interroger le responsable du traitement d'un site en vue d'obtenir la communication des données qu'il détient la concernant pour en vérifier le contenu (droit d'accès).

Ce droit lui permet non seulement de savoir si des données la concernant sont traitées par le site, mais également, si elles le sont, d'obtenir une copie en langage clair de l'ensemble des données (y compris celles figurant dans les zones « Blocs-notes » ou « Commentaires »).

Au titre de ce droit, le responsable du traitement du site doit également fournir un certain nombre d'informations sur :

- les finalités du traitement (pourquoi lesdites données sont utilisées) ;
- les catégories de données traitées et leur durée de conservation ;
- les destinataires des données ;
- l'étendue des droits dont dispose la personne sur ses données (droit de rectification, d'effacement, de limitation, d'opposition) ;
- l'origine des données lorsqu'elles n'ont pas été collectées directement auprès de la personne concernée ;
- l'existence d'une prise de décision automatisée, y compris d'un profilage ;
- les garanties encadrant un éventuel transfert des données vers un pays non européen ou à une organisation internationale.

La Cnil propose un générateur de courrier pour exercer son droit d'accès. L'exercice de ce droit est gratuit, sauf en cas de demande manifestement infondée ou abusive (demandes répétitives ou systématiques).

Cependant, si la personne concernée souhaite obtenir une copie des informations, le responsable du traitement peut exiger le paiement de « frais raisonnables basés sur les coûts administratifs » (coût de reproduction).

Enfin, en cas de difficultés (refus ou absence de réponse), il convient de s'adresser à la Cnil. Le non-respect du droit d'accès est puni de l'amende prévue pour les contraventions de la cinquième classe (soit 1 500 euros d'amende). Cela vise le fait de :

- ne pas répondre aux demandes d'une personne physique justifiant de son identité ;
- refuser de délivrer, à la demande de l'intéressé, une copie des données.

Alain Bensoussan

RÉFÉRENCES

- Profilage : technique de traitement automatisé des données qui consiste à appliquer un « profil » à une personne physique, notamment afin de prendre des décisions à son sujet ou d'analyser ou de prévoir ses préférences, comportements et attitudes personnels (Conseil de l'Europe, Recommandation CM/Rec(2010)13 du 23-11-2010).
- Modèle de courrier Cnil, www.cnil.fr/fr/modele/courrier/exercer-son-droit-dacces.
- Art. 49 et 109 de la loi n° 78-17 du 6 janvier 1978 dite Informatique et libertés.
- Art. 15 du règlement (UE) n° 2016/679 du 27 avril 2016 (RGPD).
- Déposer une plainte : www.cnil.fr/fr/adresser-une-plainte.
- Art. R625-11 du C. pén.

168

COMMENT LIMITER LES FUITES DE MES DONNÉES SUR INTERNET ?

La plupart du temps, les fuites de données proviennent de notre propre négligence. Il faut donc éviter de partager ses données sur n'importe quel site sans connaître sa politique de confidentialité (voir question n° 170), *a fortiori* si elles sont sensibles.

Il existe pléthore de conseils techniques sur Internet. Parmi les plus importants :

- **protéger ses comptes en utilisant des mots de passe « forts » et uniques pour chaque site ;**
- **activer l'authentification à deux facteurs ;**
- **modifier régulièrement ses mots de passe ;**
- **bien gérer ses paramètres de confidentialité sur les réseaux sociaux pour protéger sa vie privée.**

Pour les mots de passe, la Cnil recommande d'utiliser au moins huit caractères composés de majuscules, minuscules, chiffres et caractères spéciaux.

De son côté, l'Autorité française de la sécurité (ANSSI) indique qu'« un bon mot de passe est avant tout un mot de passe fort, c'est-à-dire difficile à retrouver même à l'aide d'outils automatisés. La force d'un mot de passe dépend de sa longueur et du nombre de possibilités existantes pour chaque caractère le composant ».

Quoi qu'il en soit, une fuite de données peut avoir de graves conséquences. L'utilisation d'informations sensibles peut mener à divers actes malveillants : *phishing* (« hameçonnage »), usurpation d'identité, cyberattaque, rançongiciel, etc.

Certaines plateformes (Rifi) proposent, à partir d'un e-mail ou d'un numéro de téléphone, de vérifier si des informations personnelles ont été compromises par un piratage.

Certes, le fait que des données aient été rendues publiques par inadvertance ou en raison d'un acte malveillant ne conduit pas nécessairement à un usage frauduleux. Ainsi, lors de la fuite des numéros de téléphone d'utilisateurs de Facebook en avril 2021, la plateforme haveibeenpwned.com (littéralement « je me suis fait avoir ») a pu analyser que sur les 533 millions de profils qui ont fuité, seules 2,53 millions d'adresses mail avaient été corrompues, soit moins de 0,5 % d'adresses.

Enfin, rappelons que la loi Informatique et libertés impose à tout organisme traitant des données personnelles de prendre toutes précautions utiles visant à préserver sa sécurité, sous peine de sanctions pouvant aller jusqu'à cinq ans d'emprisonnement et 300 000 euros d'amende (art. 226-17 du C. pén.).

En outre, dans le cas d'une violation de la sécurité de données faisant l'objet d'un traitement, les fournisseurs de services de communications électroniques ont l'obligation de notifier sans délai la Cnil ainsi que les clients, en cas de risque d'atteinte à la vie privée.

Alain Bensoussan

RÉFÉRENCES

- Cnil, « Guide de la sécurité des données personnelles », édition du janvier 2018.
- L'ANSSI propose d'évaluer en ligne la force d'un mot de passe, www.ssi.gouv.fr/administration/precautions-elementaires/calculer-la-force-dun-mot-de-passe/.
- Cnil, « La recherche sur Internet de fuites d'informations (RIFI) », 11 janvier 2022.
- Sur les recours juridiques en cas de piratage informatique, voir question n° 176.

169
COMMENT SAVOIR SI UN SITE INTERNET REVENDRA MON ADRESSE E-MAIL ?

Tout d'abord, il est important de savoir qu'une entreprise ne peut céder un fichier clients et/ou prospects sans le consentement des personnes concernées. En effet, pour être licite, la cession d'un tel fichier suppose que le responsable de traitement ait préalablement :

- informé ses clients et/ou prospects de la faculté de s'opposer à ce que leurs coordonnées soient mises à disposition d'organismes extérieurs à des fins de prospection ;
- recueilli le consentement exprès des personnes concernées à cette cession.

Les personnes doivent donc être informées que leur adresse électronique sera utilisée à des fins de prospection et, surtout, être en mesure de s'opposer à cette utilisation de manière simple et gratuite. À défaut, il s'agit de spams (courriers électroniques non sollicités).

Le *spamming* est sanctionné par une amende administrative, prononcée par l'autorité administrative chargée de la concurrence et de la consommation. Le montant de l'amende peut aller jusqu'à 75 000 euros pour une personne physique et à 375 000 euros pour une personne morale.

Pour lutter activement contre le fléau du *spamming*, la Cnil a renforcé son partenariat avec l'association Signal Spam.

La plateforme en ligne Signal Spam centralise des signalements d'internautes, professionnels ou particuliers. Une fois signalé *via* la plateforme, un spam est suivi et tenu à la disposition des différents acteurs de la lutte contre le spam (Cnil, DGCCRF, fournisseurs d'accès à Internet, ou tout autre acteur de l'économie numérique).

Sur la période d'avril à juin 2022, la plateforme indique avoir recueilli 5 071 358 signalements provenant pour 37,5 % des États-Unis, 22,5 % de France et 4,3 % du Canada. Ainsi identifiés, les principaux organismes à l'origine des spams peuvent faire l'objet de contrôles ou d'actions répressives ciblées.

Alain Bensoussan

RÉFÉRENCES

- Art. L. 34-5 du Code des postes et des communications électroniques (CPCE).
- Baromètre du spam 2e trimestre 2022, www.signal-spam.fr/.

170
QUELS SONT LES RISQUES QUAND J'ACCEPTE LA POLITIQUE DE CONFIDENTIALITÉ D'UN SITE SANS LA LIRE ?

Tout site internet doit exposer par écrit les mesures prises afin de garantir à ses clients ou utilisateurs une sécurité et une utilisation appropriée des données recueillies dans le cadre d'une relation commerciale.

Accepter une politique de confidentialité d'un site sans la lire ne permet pas de comprendre quelles informations sont collectées, ni de quelle manière elles sont traitées et ultérieurement utilisées.

Il doit en particulier informer les internautes de l'utilisation de leurs données personnelles à travers ce que l'on appelle une « Politique de confidentialité ». Depuis l'entrée en application du Règlement général sur la protection des données (RGPD), il s'agit d'une obligation.

Accepter une politique de confidentialité d'un site sans la lire ne permet pas de comprendre quelles informations sont collectées, ni de quelle manière elles sont traitées et ultérieurement utilisées.

En acceptant cette politique et en soumettant des informations personnelles *via* un site, les internautes consentent expressément aux opérations qui y sont décrites. Or ces opérations peuvent aller bien au-delà de ce qui est nécessaire à la simple consultation d'un site ou à la réalisation d'une transaction en ligne.

Elles peuvent notamment concerner :

- la conservation et le partage des données sans limites ;
- le transfert et le traitement des données par d'autres entités (filiales, partenaires, etc.), y compris celles basées hors de l'Union européenne (notamment, États-Unis) ;
- l'acceptation de l'installation de tout type de cookies (mesure d'audience, ciblage publicitaire, régie publicitaire, etc.).

Alain Bensoussan

171

LES INFORMATIONS FOURNIES PAR LES COOKIES SONT-ELLES CONSIDÉRÉES COMME DES DONNÉES PERSONNELLES ?

OUI – Une donnée personnelle recoupe toute information se rapportant à une personne physique « identifiée » ou « identifiable » par référence à un numéro d'identification ou à un ou plusieurs éléments spécifiques propres à son identité.

Cette notion est très large et couvre, par exemple, les numéros de téléphone, les plaques d'immatriculation des véhicules, les trois premières lettres du nom patronymique associé à un numéro de dossier papier, les numéros de badges et autres cartes dès lors qu'une possibilité d'identification existe, ou encore les adresses IP.

A fortiori, les identifiants de cookies, également appelés « cookies ID », sont des données à caractère personnel. Ils sont visés par le RGPD, qui précise : « Ces identifiants peuvent laisser des traces qui, notamment lorsqu'elles sont combinées aux identifiants uniques et à d'autres informations reçues par les serveurs, peuvent servir à créer des profils de personnes physiques et à identifier ces personnes » (règlement [UE] n° 2016/679, consid. 30).

Or, tout traitement portant sur les données produites ou collectées *via* un traceur doit respecter les dispositions du RGPD et les dispositions pertinentes de la loi Informatique et libertés, dès lors que les données relèvent de la catégorie des données à caractère personnel, qu'elles soient :

- directement identifiantes (nom, prénom, adresse e-mail, photo, enregistrement vocal, etc.) ; ou
- indirectement identifiantes (identifiant unique associé à un cookie, adresse de protocole internet [IP], identifiant du terminal ou d'un composant du terminal de l'utilisateur, résultat du calcul d'empreinte dans le cas d'une technique de *fingerprinting*, ou encore un identifiant généré par un logiciel ou un système d'exploitation).

Alain Bensoussan

RÉFÉRENCE

- Art. 4 du règlement (UE) n° 2016/679 du 27 avril 2016 (RGPD).

172
EST-IL LÉGAL DE CONDITIONNER L'ACCÈS À UN SITE INTERNET À L'ACCEPTATION DES COOKIES ?

OUI – Certains éditeurs de site web conditionnent l'accès gratuit à leurs contenus à l'acceptation des cookies publicitaires (cas des sites de presse en ligne), pratique dite de *cookies walls* (ou « murs de traceurs »). À défaut d'acceptation, l'accès au contenu est impossible.

La Cnil jugeait cette pratique illégale jusqu'à ce que le Conseil d'État se prononce sur cette question. Ce dernier a considéré que la Cnil ne pouvait pas légalement interdire les *cookies walls* dès lors qu'aucune disposition de la loi de 1978 ni du RGPD ne l'interdisait.

Dans ses nouvelles lignes directrices relatives aux cookies, la Cnil n'interdit plus de façon générale la pratique des *cookies walls*. Elle préconise désormais une analyse « au cas par cas » de la licéité des *cookies walls* et du respect de la liberté du consentement des utilisateurs.

À ce titre, elle a récemment publié des critères permettant aux professionnels d'évaluer la légalité de la pratique des *cookies walls*.

Ainsi, pour que cette pratique soit considérée comme licite :

- l'internaute doit disposer d'une véritable alternative pour accéder au contenu du site ;
- la contrepartie financière (*paywall*) peut constituer une alternative au consentement aux traceurs à condition toutefois que le tarif soit « raisonnable ».

La Cnil ne fixe aucun seuil en dessous duquel un tarif peut être considéré comme raisonnable mais précise toutefois qu'il ne doit pas « être de nature à priver les internautes d'un véritable choix ».

Quoi qu'il en soit, les utilisateurs doivent être clairement informés quant aux conséquences de leur choix et l'alternative qui s'offre à eux.

Alain Bensoussan

RÉFÉRENCES

- CE 10e-9e ch. réunies, n° 434684, 19 juin 2020.
- Cnil, délib. n° 2020-091, Lignes directrices sur les cookies et autres traceurs, 17 septembre 2020.
- Cnil, *Cookie walls : la Cnil publie des premiers critères d'évaluation*, 16 mai 2022.

173
QUELLES SONT LES DONNÉES PERSONNELLES À PROTÉGER ?

Toutes les données personnelles sont à protéger. À l'ère du tout numérique, nous sommes quotidiennement amenés à communiquer nos données personnelles.

La moindre transaction en ligne ou usage d'objets connectés (téléphone, enceinte à commande vocale, compteur communicant, etc.) transforme le consommateur ou l'usager d'un service en producteur de données.

Le profilage commercial est devenu inhérent à l'usage de l'Internet, sans garantir que les données confiées ne sont pas cédées à des tiers, à tel point que l'idée d'obliger les plateformes à rémunérer les « datas » fait son chemin. Collecter des données n'a jamais été aussi simple.

Mais il y a des données qui sont plus sensibles que d'autres et qui font l'objet d'une protection renforcée assurée par la loi Informatique et libertés et le RGPD.

C'est le cas des données concernant la santé qui sont soumises à un régime particulier au sein du RGPD et de la loi Informatique et libertés.

Au même titre que les données génétiques ou les données révélant l'origine raciale ou ethnique d'un individu, le traitement des données concernant la santé est par principe interdit, sauf à remplir une ou plusieurs conditions limitativement énumérées par le RGPD et la loi Informatique et libertés.

> Toutes les données personnelles sont à protéger.

Ce type de données fait en effet partie des données dites « sensibles » pour lesquelles la loi Informatique et libertés encadre la collecte et le traitement. Leur divulgation et leur mauvaise utilisation peuvent porter atteinte à la vie privée des personnes concernées. La loi assure donc une protection renforcée de ces informations.

Alain Bensoussan

RÉFÉRENCES

- Art. 9 du règlement (UE) n° 2016/679 du 27 avril 2016 (RGPD).
- Art. 6 de la loi n° 78-17 du 6 janvier 1978 modifiée.

174
AI-JE UN DROIT DE PROPRIÉTÉ SUR MES DONNÉES ?

NON – La plupart du temps, s'agissant de ses propres données, chacun a tendance à s'exprimer en marquant sa possession : « mon » nom, « mon » adresse, « mes » informations. Mais en réalité, la notion de propriété des données n'a pas de statut juridique, en France comme dans de nombreux pays.

La propriété ne peut porter que sur la création intellectuelle de ces données (droit d'auteur, droit des marques et des brevets), relever du domaine des informations « réservées » (car confidentielles) ou, encore, appartenir à des personnes physiques parce que constituant des données sur leur personne ou sur leur vie privée.

Dans ce dernier cas, elles font précisément l'objet d'une protection à partir des droits de la personnalité, à l'exclusion de tout droit de propriété. Il en est ainsi, notamment, du droit à l'image (voir question n° 165), du droit à la voix et du droit à la protection de sa vie privée.

Cependant, à l'ère d'Internet, les données sont des biens incorporels dont la valeur ne fait aucun doute et dont la propriété permettrait d'organiser leur protection, modalités de détention et échanges de toutes natures, sous réserve des règles d'ordre public.

Il existe le droit des brevets, les droits d'auteur, mais « la propriété intellectuelle » n'est pas complète car il n'existe rien sur les données personnelles. Ces dernières sont de fait la quasi-propriété des gestionnaires, souvent les Gafam, lesquels utilisent ces données à des fins commerciales.

À noter qu'en Allemagne, la Cour constitutionnelle fédérale a élevé au rang constitutionnel le droit à « l'autodétermination informationnelle », c'est-à-dire le droit de l'individu de décider de la communication et de l'utilisation de ses données à caractère personnel.

Alain Bensoussan

RÉFÉRENCE

- Gafam : acronyme des géants du Web – Google (Alphabet), Apple, Facebook (Meta), Amazon et Microsoft.

175
MES ÉCHANGES DE MESSAGES ÉLECTRONIQUES PEUVENT-ILS SERVIR DE PREUVE EN CAS DE LITIGE ?

OUI – Le droit commun a établi une neutralité technologique, garantissant la même valeur juridique d'un document produit à titre de preuve, qu'il soit papier ou électronique. Ainsi, **un écrit établi sous forme électronique a la même valeur que l'écrit sur support papier dès lors qu'il répond à deux conditions** :

- **l'identification claire de l'expéditeur ;**
- **l'intégrité du message : il ne doit pas avoir fait l'objet de modifications entre le moment où il a été écrit et celui où il a été consulté.**

Pour satisfaire aux conditions d'identification et d'intégrité prévues par le Code civil, un message électronique doit être accompagné d'une signature électronique, laquelle résulte de l'usage d'un procédé fiable d'identification garantissant son lien avec l'acte auquel elle s'attache.

La fiabilité de ce procédé est présumée, jusqu'à preuve du contraire, lorsque la signature électronique est créée, l'identité du signataire assurée et l'intégrité de l'acte garantie, dans des conditions fixées par décret.

Depuis le 1er octobre 2016, lorsqu'un écrit est exigé pour la validité d'un acte juridique, il peut être établi et conservé sous forme électronique dans les conditions prévues aux art. 1366 et 1367.

Un document électronique peut donc être présenté devant un tribunal qui ne peut le rejeter au seul motif qu'il est signé par voie électronique. Il doit apprécier la situation et vérifier qu'il répond aux conditions précitées.

Deux arrêts de principe rendus par la Cour de cassation précisent qu'il incombe aux juges de ne pas rejeter d'office des documents électroniques produits à titre de preuve et/ou de validité, et de vérifier s'ils répondent aux exigences légales.

Pour satisfaire aux conditions d'identification et d'intégrité définies par le Code civil, un courrier électronique doit être accompagné d'une signature électronique « qualifiée », c'est-à-dire qui repose sur un certificat délivré par un prestataire de services de confiance qualifié.

À défaut, il ne sera pas pour autant dépourvu de valeur juridique. Il pourra être considéré comme un « commencement de preuve » par écrit laissé à l'appréciation du juge qui tranchera sur l'authenticité du message.

Alain Bensoussan

RÉFÉRENCES

- Loi n° 2000-230 du 13 mars 2000 portant adaptation du droit de la preuve aux technologies de l'information et relative à la signature électronique.
- Art. 1174, 1366, 1367 et 1362 du C. civ.
- Décret n° 2017-1416 du 28 septembre 2017 relatif à la signature électronique.
- Cass. civ. 1re, 30 septembre 2010, n° 09-68.555 et Cass. civ. 2e, 23 septembre 2010, n° 09-68.367. Voir également CA Toulouse, 3e ch., n° 19/01990, 4 septembre 2020, à propos d'un contrat de bail signé par voie électronique.
- L'ANSSI diffuse une liste de prestataires de services de certification électronique : https://clubpsco.fr/presentation-des-membres/.

176
MON IDENTITÉ A ÉTÉ USURPÉE SUR INTERNET, QUE FAIRE ?

Le succès des réseaux sociaux et les formes multiples de l'identité numérique ont décuplé les risques d'utilisation de l'identité d'autrui.

L'usurpation d'identité en ligne est réprimée par l'art. 226-4-1 du C. pén. qui sanctionne à la fois l'usurpation de l'identité d'une personne physique et l'usurpation de toutes les données permettant de l'identifier, par exemple, les données de son avatar. Ce délit est puni d'un an d'emprisonnement et de 15 000 euros d'amende par l'art. 226-4-1 du C. pén.

Le délit d'usurpation d'identité en ligne suppose pour l'auteur des faits de faire usage d'une ou de plusieurs données de toute nature permettant d'identifier une personne physique ou morale.

La notion de « données de toute nature » s'entend non seulement du nom et du prénom, mais également de toute donnée susceptible de contenir des informations sur l'identité d'une personne.

Entrent dans cette catégorie l'adresse électronique, le numéro de sécurité sociale, le numéro de téléphone, le numéro de compte bancaire, ou encore un pseudonyme.

La cour d'appel de Paris a ainsi jugé qu'est **« coupable du délit d'usurpation d'identité la personne qui utilise les coordonnées personnelles d'une autre pour créer de nouvelles adresses courriel et de nouveaux profils sur les réseaux sociaux dans le but de lui nuire ».**

Pour que le délit d'usurpation d'identité en ligne soit constitué, il faut, en outre, que l'usage qui soit fait des données d'identification d'une personne ait pour objectif de « troubler sa tranquillité ou de porter atteinte à son honneur ou à sa considération ».

Peuvent ainsi être réprimés des agissements divers tels que troubler la tranquillité d'une personne en utilisant indûment son identité pour :

- envoyer des courriers électroniques en lui faisant tenir par ce biais des propos de nature à porter atteinte à son honneur ;
- participer à des discussions sur les réseaux sociaux en diffusant son numéro de téléphone et en incitant les autres participants à contacter ce numéro.

La rédaction de ce texte permet également de sanctionner les pratiques de *phishing* ou d'hameçonnage qui consistent à usurper l'identité d'une société ou d'une institution reconnue pour récolter des données confidentielles dans un but frauduleux (identifiants de connexion, mots de passe, coordonnées bancaires, numéros de carte bancaire, etc.).

Selon le ministère de l'Économie et des Finances, plus de deux cent mille personnes seraient victimes d'usurpation d'identité en ligne chaque année. Elle fait de plus en plus de victimes et engendre des conséquences qui peuvent parfois leur être dramatiques lorsque l'escroc commet des délits en utilisant l'identité usurpée.

S'agissant des recours, la plateforme gouvernementale cybermalveillance.gouv.fr peut aider les victimes à identifier un organisme à même de les accompagner dans leurs démarches. Un fichier officiel des personnes dont l'identité a été usurpée est créé par la police nationale et est accessible uniquement par les forces de l'ordre.

Alain Bensoussan

RÉFÉRENCES

- Circulaire du 28 juillet 2011, *Bulletin officiel du ministère de la Justice et des Libertés* n° 2011-08 du 31 août 2011.
- Ministère de l'Économie et des Finances, *Guide de prévention contre les arnaques*, juillet 2022.

177
COMMENT SAVOIR SI UN SITE INTERNET EST FIABLE ?

Il est très facile de se faire piéger en faisant des achats sur Internet. Il existe, en effet, de très nombreux sites qui copient l'apparence de sites connus du grand public ou qui se présentent comme des sites marchands.

Sur le site Internet, le vendeur ou le prestataire de services est tenu de mettre à la disposition des consommateurs des informations claires et facilement accessibles sur son identité : nom, dénomination sociale, adresse et coordonnées téléphoniques ou mail, permettant d'entrer effectivement en contact avec lui. Ces informations figurent généralement dans les conditions générales de vente.

Mais il s'avère de plus en plus difficile de repérer les vrais sites de vente tant les sites frauduleux sont devenus indécelables à l'œil nu (fausses mentions légales, usurpation de logo ou de label de confiance, etc.).

Pour les sociétés situées en France, une recherche sur www.infogreffe.fr permet de vérifier si elles existent et/ou si elles sont en redressement ou en liquidation judiciaire.

Quoi qu'il en soit, avant d'effectuer un achat en ligne, il convient de vérifier les coordonnées du vendeur et de ne pas s'engager sur les sites marchands qui ne disposent d'aucun moyen de contact. Si le site arbore le sceau d'un label de confiance (type Fevad), il faut se reporter au site officiel et vérifier que le revendeur figure bien dans son annuaire.

Sur le site Internet, le vendeur ou le prestataire de services est tenu de mettre à la disposition des consommateurs des informations claires et facilement accessibles sur son identité.

Enfin, il est bon de rappeler que le consommateur bénéficie du remboursement par sa banque « en cas d'opération de paiement non autorisée signalée par l'utilisateur ».

Alain Bensoussan

RÉFÉRENCES

- Liste des sites marchands e-commerce référencés par la Fédération du e-commerce et de la vente à distance (Fevad), www.fevad.com/annuaires-sites-marchands/.
- Art. L. 133-18 du Code monétaire et financier.

178
QUE PUIS-JE FAIRE EN CAS DE PIRATAGE DE MON PORTEFEUILLE DE CRYPTOMONNAIES ?

Pour rappel, les cryptoactifs sont des actifs numériques virtuels qui reposent sur la technologie de la blockchain (chaîne de blocs) à travers un registre décentralisé et un protocole informatique crypté. Un cryptoactif n'est pas une monnaie. Sa valeur se détermine uniquement en fonction de l'offre et de la demande (définition de l'Autorité des marchés financiers [AMF]).

En pratique, un portefeuille de monnaies virtuelles est un « compte » composé d'une paire de clés cryptographiques, une publique et une autre privée. La clé publique est utilisée comme adresse du portefeuille, et la clé privée permet d'accéder à l'argent, c'est-à-dire de signer les opérations sortantes. Ces deux clés sont l'équivalent du couple formé par l'identifiant et le mot de passe de n'importe quel compte en ligne.

Ainsi, toute personne possédant les clés de cryptage détient le portefeuille de cryptomonnaies correspondant. Si ces clés sont volées, perdues ou défaillantes, le contenu du portefeuille risque d'être compromis.

En ce cas, **si la plateforme d'achat et de vente de cryptomonnaies est enregistrée auprès de l'AMF, il convient de s'adresser rapidement au service client de la plateforme pour faire geler les fonds.**

Le législateur a instauré un cadre juridique avec la loi Pacte du 22 mai 2019 afin d'encadrer les plateformes basées en France ou proposant leurs services d'achat et de vente de cryptomonnaies aux investisseurs français (prestataires de services sur actifs numériques [PSAN]). Ces prestataires qui ciblent directement le public français ont l'obligation de s'enregistrer auprès de l'AMF.

L'AMF publie la liste des plateformes régulées sur une page dédiée ainsi que la liste des offres de jetons ayant obtenu un visa de l'AMF (« Liste blanche »). En outre, elle publie également quatre listes noires des sociétés déconseillées ou frauduleuses.

En revanche, si la plateforme de cryptomonnaies n'est pas régulée par l'AMF, le seul recours sera de porter plainte auprès de la police ou de la gendarmerie ou directement auprès du procureur de la République. La plainte peut être déposée auprès de la brigade de gendarmerie ou de votre commissariat de police ou auprès du procureur de la République du tribunal judiciaire du lieu des faits ou de domicile de l'auteur des faits.

Les chances de retrouver votre argent sont hélas très limitées, les plateformes illégales étant le plus souvent basées à l'étranger.

Alain Bensoussan

RÉFÉRENCES

- Pour plus d'informations, voir www.kaspersky.fr/blog/hardware-wallets-hacked/11323/.
- Site de l'AMF, Liste des PSAN enregistrés auprès de l'AMF.
- Site de l'AMF, Liste des offres de jetons ayant obtenu un visa de l'AMF (« Liste blanche »).
- Site de l'AMF, Listes noires des sociétés et sites non autorisés.
- Art. 15-3 et 40 du C. pr. pén.

179

PUIS-JE CONTESTER UNE DÉCISION PRISE PAR UN ALGORITHME ?

OUI – La loi permet de contester les décisions qui sont entièrement automatisées, c'est-à-dire qui ont été prises par le biais d'algorithmes appliqués à des données personnelles, sans qu'aucun être humain intervienne dans le processus.

La personne concernée a le droit d'obtenir « les informations permettant de connaître et de contester la logique qui sous-tend le traitement automatisé en cas de décision prise sur le fondement de celui-ci et produisant des effets juridiques à l'égard de l'intéressé ».

Ce droit d'accès peut s'exercer par voie électronique (formulaire, adresse mail, bouton de téléchargement, etc.) ou par courrier, à l'aide des coordonnées qui se trouvent généralement dans une rubrique intitulée « Mentions légales » d'un site. La Cnil propose des modèles de courrier.

Par ailleurs, le Code des relations entre le public et l'administration (CRPA) pose un principe de transparence des algorithmes au terme duquel les administrations ont l'obligation :

- d'avertir leurs usagers lorsqu'une décision individuelle est prise sur le fondement d'un traitement algorithmique ;
- de publier les règles définissant les principaux traitements algorithmiques utilisés pour de telles décisions.

Selon l'art. R. 311-3-1-2 de ce même code, ces règles englobent, notamment, « les paramètres de traitement et, le cas échéant, leur pondération, appliqués à la situation de l'intéressé » ainsi que « les opérations effectuées par le traitement ».

Ajoutons que les codes sources d'un algorithme utilisé par une administration et mis en œuvre pour générer les décisions administratives sont des documents administratifs communicables au sens de la loi.

La loi permet de contester les décisions qui sont entièrement automatisées.

Ainsi, le ministère de l'Économie et des Finances a été l'une des premières administrations à transcrire les mécanismes de l'algorithme de calcul de la taxe d'habitation pour « permettre aux contribuables de reconstituer de façon didactique le montant de leur taxe ». Le document descriptif de l'algorithme est accessible dans l'espace public du portail impots.gouv.fr.

Alain Bensoussan

RÉFÉRENCES

- Art. 119 de la loi n° 78-17 du 6 janvier 1978 relative à l'informatique, aux fichiers et aux libertés.
- Modèle de courrier pour l'exercice du droit d'accès, www.cnil.fr/fr/modeles/courrier.
- Art. L. 311-3-1 et L. 312-1-3 du Code des relations entre le public et l'administration (CRPA).
- CADA, avis 20200496, séance du 12 mars 2020 (à propos d'une application d'identité numérique) et avis 20144578, séance du 8 janvier 2015 (à propos du logiciel simulant le calcul de l'impôt sur les revenus).
- Ministère de l'Action et des Comptes publics, « Open data : la DGFiP met en ligne le code source et l'algorithme de la taxe d'habitation », communiqué du 20 septembre 2018.

180
JE SUIS DÉNIGRÉ SUR LES RÉSEAUX SOCIAUX, QUE FAIRE ?

Sur les réseaux sociaux, un individu déclare que vous creusez des fosses communes dans les oblasts russes. Un autre affirme que la cour d'assises de Petrograd vous a condamné pour trafic de vodka. Enfin, un malabar de Wagner vous traite de « foutu nazi ukrainien ». Hors de portée ?

Non, nous avons notre canon Caesar : la loi du 29 juillet 1881 qui réprime la diffamation et l'injure. L'affaire des fosses communes est une diffamation, soit une « allégation ou imputation d'un fait qui porte atteinte à l'honneur ou à la considération de la personne ou du corps auquel le fait est imputé [...] ». Dans les démocraties, creuser des fosses communes est une allégation qui porte atteinte à votre considération. Quant à votre prétendue condamnation, elle porte atteinte à votre honneur.

« Foutu nazi ukrainien » est une injure, c'est-à-dire une « expression outrageante, termes de mépris ou invective qui ne renferme l'imputation d'aucun fait [...] ».

Vous avez trois mois pour saisir la justice. Ce délai court, s'agissant d'un message diffusé sur Internet, à partir de la date de la première publication.

Attention : dans votre plainte, vous devez citer le passage que vous estimez être une diffamation et celui qui est une injure. Et vous devez citer le texte applicable à chacun et les articles qui définissent les peines applicables. Pour un particulier diffamé, la peine est une amende maximum de 12 000 euros. Si vous aviez été pris à partie à raison de votre origine, de votre appartenance ou non-appartenance à une ethnie et toutes ces sortes de choses, les peines encourues seraient d'un an d'emprisonnement et de 45 000 euros d'amende. Pour l'injure, les peines encourues sont aussi de 12 000 euros d'amende dans le cas d'un particulier diffamé. Un cas particulier de l'injure : si elle est proférée contre une personne dépositaire de l'autorité publique, la peine encourue passe à trois ans d'emprisonnement et 75 000 euros d'amende.

Votre plainte peut prendre deux formes : une plainte avec constitution de partie civile auprès du doyen des juges d'instruction du tribunal ou une citation directe devant ce tribunal (vous voulez faire juger l'affaire directement). N'importe quel tribunal est compétent car les déclarations sont diffusées par les réseaux sociaux sur tout le territoire national. Préférer la plainte auprès du doyen : si vous avez mal rédigé le texte, le procureur le corrige.

Lorsque l'affaire sera enfin jugée, vous demanderez des dommages-intérêts. Ils ne sont jamais élevés.

Une affaire d'honneur, vous dit-on.

Dominique Inchauspé

RÉFÉRENCES

- Art. 29, 32 et 65 de la loi du 29 juillet 1881.
- Cass. crim., 30 janvier 2001, n° 00-83.004.
- Cass. crim., 16 octobre 2001, n° 00-85.728.
- Cass. crim., 27 novembre 2001, n° 01-80.134.

181

QUI PAIE LE RACCORDEMENT DE LA FIBRE INTERNET JUSQU'À L'IMMEUBLE ? JUSQU'À L'APPARTEMENT ?

SYLVIANE, Pleuneur-Bodou (22)

Les opérations de raccordement sont autorisées et encadrées par la convention d'installation préalablement passée entre l'opérateur d'immeuble et le propriétaire, le syndicat de copropriétaires ou l'association syndicale de propriétaires, conformément aux dispositions légales.

En pratique, celui qui déploie jusqu'à l'immeuble est l'opérateur chargé du déploiement de la fibre sur le territoire où est situé cet immeuble. Il intervient depuis le réseau principal de collecte jusqu'au PBO (point de branchement optique).

Celui qui déploie les lignes dans l'immeuble est l'opérateur d'immeuble (OI), qui peut être différent de celui qui déploie jusqu'au PBO, et qui est choisi par les copropriétaires.

Chacun de ces deux déploiements est sans frais pour les utilisateurs. En effet, les frais de raccordement des immeubles sont pris en charge par les opérateurs, sauf hypothèse particulière où le propriétaire, le syndic de copropriétaires ou l'association syndicale de propriétaires refuserait à deux reprises une offre de raccordement à la fibre qui lui a été faite.

L'Autorité de régulation des communications électroniques, des postes et de la distribution de la presse (Arcep) met à disposition de tous les acteurs concernés de près ou de loin par le déploiement de la fibre un guide pratique renfermant les règles de l'art techniques d'installation du raccordement de l'abonné aux réseaux en fibre optique.

L'Arcep met également à disposition des particuliers une plateforme en ligne qui permet de signaler les dysfonctionnements rencontrés avec les opérateurs/réseaux fixes, mobiles, internet et postaux (https://jalerte.arcep.fr/modedemploi).

À noter qu'une proposition de loi a été publiée le 21 juillet 2022 sur le site du Sénat qui a pour ambition de « contraindre les opérateurs à réaliser les raccordements à la fibre optique dans les règles de l'art et de sécurité » et de « garantir aux consommateurs une connexion internet de qualité ».

Alain Bensoussan

RÉFÉRENCES

- Art. L. 33-6 du CPCE.
- Arcep, *Guide pratique pour le raccordement client au réseau en fibre optique FttH dans le parc immobilier existant*, édition de 2020.
- Proposition de loi n° 795 du 19 juillet 2022.

VOUS AUSSI, POSEZ VOS QUESTIONS

10

VACANCES ET TOURISME

182
QUE FAIRE SI LA LOCATION DE VACANCES RÉSERVÉE EN LIGNE N'EXISTE PAS UNE FOIS ARRIVÉS À DESTINATION ?

Si la location de vacances réservée en ligne n'existe finalement pas en arrivant sur les lieux, c'est que vous avez été malheureusement victime d'une escroquerie. Il s'agit d'une infraction pénale lourdement sanctionnée pour laquelle, en tant que victime, vous disposez de recours même s'il faut vous armer de patience et de ténacité !

Le premier réflexe est d'**alerter immédiatement votre banque** et de **former opposition à** votre carte bancaire au moins pour éviter une utilisation frauduleuse à venir de celle-ci.

Le premier réflexe est d'alerter immédiatement votre banque et de former opposition à votre carte bancaire au moins pour éviter une utilisation frauduleuse à venir de celle-ci.

Autre formalité importante : le **dépôt de plainte** contre l'auteur des faits ou contre X si vous ne connaissez pas son identité en vous rendant dans un commissariat de police ou à la gendarmerie de votre choix. Vous pouvez également remplir une **préplainte en ligne** avant de vous déplacer, ce qui vous permettra d'accélérer les démarches auprès des policiers ou des gendarmes à votre arrivée. Cette formalité est essentielle puisqu'elle permettra, dans le cadre d'un procès pénal, en plus des peines prévues (5 ans de prison et 375 000 euros d'amende, voire, dans certains cas, jusqu'à 7 ans de prison et 750 000 euros d'amende), à l'auteur des faits d'être condamné à verser des dommages-intérêts à la partie civile, en remboursement des sommes escroquées mais aussi pour réparer le préjudice moral.

Pour tenter de récupérer votre argent, vous pouvez également **demander remboursement auprès de la plateforme en ligne** bien que les chances de succès soient minimes. En effet, très fréquemment, elles rejettent toute responsabilité en cas de litige entre deux utilisateurs de leur plateforme qui n'a, selon elles, qu'une simple fonction de « mise en relation ». Néanmoins, un mail ou un courrier circonstancié rappelant en particulier les faits et les obligations de la plateforme en matière de protection du consommateur peut amener cette dernière à vous indemniser au moins partiellement du préjudice subi. Au-delà du simple aspect juridique, elle engage sa marque et donc sa réputation ! Elle a donc intérêt à trouver une solution amiable avec vous.

Enfin, si ces démarches n'aboutissent pas, et sans attendre le sort d'un éventuel procès, vous pouvez effectuer une demande d'indemnisation à la **Commission d'indemnisation des victimes d'infractions (Civi)**, juridiction spécialisée présente dans chaque tribunal judiciaire. La Civi transmettra la demande au Fonds de garantie des victimes, organisme qui vous indemnisera avant de se retourner contre le responsable.

Erwan Royer

RÉFÉRENCE

- Art. 15-3 (dépôt de plainte), 313-1 à 313-3 (peines encourues en cas d'escroqueries) et 706-3 à 706-15 (droit à l'indemnisation par les Civi) du C. pr. pén..

183
QUELLES RÈGLES DOIS-JE RESPECTER POUR METTRE EN LOCATION MEUBLÉE MA RÉSIDENCE SECONDAIRE ?

Outre les **démarches auprès de votre commune** (voir fiche « Faut-il entreprendre des démarches auprès de ma commune pour louer en meublé mon habitation ? »), plusieurs règles doivent être respectées. Tout d'abord, pour que votre logement en résidence secondaire soit considéré comme un meublé de tourisme, il doit s'agir d'un **hébergement individuel** de type villa, appartement, studio meublé proposé à la location. De plus, **trois conditions** doivent être réunies : le logement est à l'usage exclusif du locataire sans que le propriétaire soit présent ; le locataire doit être seulement de passage pour une **durée maximum cumulée pour une même personne de quatre-vingt-dix jours**. De plus, le logement doit comporter **certains équipements** (par exemple : meubles, literie, plaques chauffantes, réfrigérateur) sans pour autant qu'il existe une liste de ceux obligatoires.

Par ailleurs, vous devez demander votre **inscription au répertoire Sirene** de l'Insee qui vous attribuera un **numéro Siret** à reporter sur votre déclaration complémentaire de revenus. Pour vous aider à déclarer vos revenus locatifs et si vous faites appel à une plateforme internet pour la mise en location de votre logement, elle doit vous fournir en janvier de l'année N + 1 un document indiquant le montant brut des transactions réalisées l'année précédente (année N).

Au-delà d'un certain montant, vous devrez également payer des **cotisations sociales**. Sachez également que, selon votre situation (lieu et utilisation personnelle du logement en location), vous pouvez être amené à payer la **cotisation foncière des entreprises (CFE)**.

Dans certaines communes, vous ou la plateforme internet, intermédiaire de paiement, devrez collecter la **taxe de séjour** auprès du locataire et la reverser à la commune. Pour connaître son montant, vous pouvez utiliser un téléservice (www.service-public.fr/particuliers/vosdroits/R46583).

Dans le cas où vous recourez à un **intermédiaire** physique ou numérique pour votre location en meublé, il doit vous informer de vos obligations (déclaration, demande d'autorisation). De votre côté, et avant la publication de l'annonce de location, rappelons que vous devez lui fournir une **attestation sur l'honneur** comportant certaines indications (voir fiche « Faut-il entreprendre des démarches auprès de ma commune pour louer en meublé mon habitation ? »).

Enfin, la location d'un meublé de tourisme doit faire l'objet d'un **contrat** non soumis à la réglementation valant pour les locations à usage d'habitation principale. Il n'y a pas d'obligation d'**assurance** pour un meublé de tourisme. Si, en tant que propriétaire du bien, vous avez tout loisir de souscrire ou non une assurance, vous pouvez en revanche imposer, dans le contrat de location, à votre locataire de prendre une assurance. Lorsque vous louez votre meublé à un client de nationalité étrangère, vous devez lui faire remplir une **fiche individuelle de police** et la conserver durant six mois.

Erwan Royer

RÉFÉRENCES

- Art. L. 324-1 à L. 324-2-1 et D. 324-1 à R. 324-3 du Code du tourisme (définition et régime juridique du meublé touristique).
- Art. R. 814-1 à R. 814-3 du Code de l'entrée et du séjour des étrangers et du droit d'asile (fiche individuelle de police).
- *Bulletin officiel des finances publiques* (impôts) n° BOI-BIC-CHAMP-40 relatif à la location en meublé (régime fiscal).

184
LE CAMPING SAUVAGE EST-IL INTERDIT EN FRANCE ?

Le camping sauvage, c'est-à-dire pratiqué isolément et hors d'un terrain aménagé, n'est pas forcément interdit en France à la condition d'obtenir l'**accord du propriétaire** du terrain. Toutefois, dans certains lieux publics ou privés, il est **interdit de manière générale**, même si le camping est temporaire, sur les routes et les voies publiques, dans les sites naturels classés ou en instance de classement, dans les sites patrimoniaux remarquables classés, aux abords des monuments historiques, sur les rivages de la mer ou encore à moins de 200 m des points d'eau utilisés pour la consommation. Par ailleurs, des interdictions locales peuvent s'appliquer. En effet, la pratique du camping, en dehors des terrains de camping, peut être **interdite**, **à titre temporaire ou permanent**, par le maire sur toute zone publique. Elle peut être prise pour des motifs environnementaux, commerciaux, esthétiques ou de sécurité et de salubrité publiques. En tout état de cause, le public doit en être informé notamment par un panneau placé aux points d'accès habituels de la zone interdite.

Erwan Royer

RÉFÉRENCE

- Art. R. 111-32 à R. 111-35 du Code de l'urbanisme (interdictions du camping sauvage).

185

QUELS SONT MES RECOURS EN CAS D'ANNULATION DE MON AVION DU FAIT D'UNE GRÈVE ?

Votre vol est annulé pour cause de grève. Rassurez-vous : vous avez des droits prévus par le droit européen applicable en France et dans tout l'espace européen, et notamment à une **indemnisation compensatrice** qui vient s'ajouter aux autres **services additionnels**. Ces mesures (hormis l'indemnité compensatrice) doivent normalement être fournies même en cas de grève et quelle qu'en soit la raison.

L'indemnité compensatrice n'est ouverte que si le vol annulé était prévu décoller de l'Union européenne (UE), de la Norvège, de l'Islande ou de la Suisse ou atterrir dans l'UE et être opéré par une compagnie aérienne européenne. Dans le cas contraire, cette indemnisation ne sera pas due. Elle ne le sera pas non plus si vous êtes prévenu de l'annulation de votre vol au moins 2 semaines avant le départ ou bien que le départ du vol proposé en remplacement est avancé de moins de 2 heures ou l'arrivée est retardée de moins de 4 heures. Enfin, l'indemnisation peut vous être refusée en cas de **grève de personnels hors de la compagnie** (comme les contrôleurs aériens ou le personnel de sécurité de l'aéroport).

La compagnie aérienne doit vous donner un **document** indiquant comment réclamer l'indemnisation. Cette indemnité vous est due même si la compagnie vous a remboursé votre billet. C'est une indemnité supplémentaire. Son montant dépend de la longueur du vol (pour plus de précisions, voir www.ecologie.gouv.fr/voyage-en-avion-vol-annule).

Si la compagnie refuse de vous indemniser, ou si vous trouvez que cette indemnisation n'est pas suffisante, vous pouvez faire un recours auprès de la **Direction générale de l'aviation civile (DGAC)**, voire auprès du **médiateur du tourisme et du voyage (MTV)**.

Par ailleurs, la compagnie doit vous faire une **proposition de nouveau vol** dès que possible vers la destination finale, dans des conditions comparables (même classe, etc.) et sans paiement supplémentaire. Si vous l'acceptez, elle doit alors **prendre en charge gratuitement** en attendant le prochain vol les rafraîchissements, la restauration ainsi que deux communications (appels téléphoniques, SMS, mails). Si le départ ne peut avoir lieu avant le lendemain, s'ajoute la prise en charge des frais d'hôtel et de transfert entre l'hôtel et l'aéroport. Si vous ne souhaitez pas ou ne pouvez pas attendre le prochain vol, la compagnie doit vous rembourser votre billet dans les sept jours francs sans démarches supplémentaires. Vous pouvez également demander à échanger le billet d'avion pour un **billet de train** auprès de la compagnie à l'aéroport. Dans cette hypothèse, elle peut éventuellement vous demander de payer la différence entre les prix des billets si le billet de train est plus cher que celui d'avion, indépendamment de votre droit à indemnisation qui demeure acquis. En revanche, si vous décidez de vous rendre à destination avec une **voiture de location**, la compagnie aérienne n'a aucune obligation de vous rembourser cette location.

Erwan Royer

RÉFÉRENCE

- Règlement (CE) n° 261/2004 du 11 février 2004 relatif à l'indemnisation et à l'assistance des passagers en cas de refus d'embarquement et d'annulation ou de retard important d'un vol.

186
PUIS-JE METTRE MA RÉSIDENCE PRINCIPALE EN LOCATION DURANT LES VACANCES ?

Si votre domicile constitue votre résidence principale, autrement dit si c'est un logement que vous occupez au moins 8 mois par an, vous pouvez le mettre en location durant de courtes périodes pour une clientèle de passage (pour une durée maximum de 90 jours pour un même client ou pour une durée totale de location du logement [ou d'une partie de celui-ci] de 120 jours par an du 1er janvier au 31 décembre) et à son usage exclusif. Par ailleurs, si vous êtes locataire de votre résidence principale, vous devrez préalablement à une location obtenir l'autorisation écrite de votre propriétaire et ne pas appliquer à votre sous-locataire un loyer supérieur au vôtre. Méconnaître cette précaution peut vous conduire à le regretter amèrement ! Sous-louer son logement sans autorisation peut en effet entraîner la résiliation du bail du locataire initial et de son sous-locataire. Le locataire peut, en outre, être condamné à verser au propriétaire le montant des sous-loyers perçus, voire des dommages et intérêts en cas de préjudice. Vérifiez enfin – et pour rappel –, si vous êtes copropriétaire, que le règlement de copropriété ne s'y oppose pas.

Une fois ces vérifications effectuées, vous n'avez en principe pas à faire de démarches en mairie pour mettre en location votre résidence principale. Toutefois, et par exception, certaines communes obligent le propriétaire à déclarer sa résidence principale en mairie afin de lui attribuer un numéro de déclaration (pour plus de précisions, voir plus haut : « Faut-il entreprendre des démarches auprès de ma commune pour louer en meublé mon habitation ? »). Les autres démarches et les règles notamment fiscales à prendre en compte sont identiques à celles mentionnées précédemment pour la mise en location meublée de votre résidence secondaire.

Vous pouvez également faire le choix de mettre en location une partie seulement de votre résidence principale en proposant des chambres d'hôtes ou des chambres chez l'habitant. Mais attention : ces dénominations vous obligent à respecter des règles différentes selon le type d'hébergement. L'activité de chambres d'hôtes limite la capacité d'hébergement à cinq chambres pour une capacité d'accueil maximale de quinze personnes et impose une déclaration en mairie. Elle comprend également la fourniture de prestations de services. En revanche, si vous offrez à la location plus de cinq chambres et/ou présentez une capacité d'accueil de plus de quinze personnes dans votre résidence, sans pour autant faire classer cette dernière comme un hôtel, vous exercerez alors l'activité de location de chambres chez l'habitant (obligations fiscales et sociales des exploitants de chambres d'hôtes, application de la réglementation sur les établissements recevant du public).

> [...] si c'est un logement que vous occupez au moins 8 mois par an, vous pouvez le mettre en location [...]

Erwan Royer

RÉFÉRENCE

- Art. L. 324-1 à L. 324-2-1, D. 324-1 à R. 324-8 (régime général des locations meublées), L. 324-3 à L. 324-5 et D. 324-13 à D. 324-15 (définition et régime des chambres d'hôtes) du Code du tourisme.

187

DOIS-JE AVOIR UN PERMIS POUR FAIRE DU JET-SKI ?

Faire du jet-ski de manière autonome nécessite en principe la détention d'un **permis de plaisance**. En revanche, si vous suivez une initiation sous la responsabilité d'un moniteur diplômé, vous n'avez pas à être en possession d'un permis de plaisance. Le permis de plaisance n'est pas non plus nécessaire si le jet-ski utilisé est à bord d'un bateau de plus de 24 m avec un équipage professionnel permanent, dont un capitaine spécifiquement formé.

Le permis de plaisance est obligatoire si vous souhaitez piloter un jet-ski d'une puissance de plus de 4,5 kilowatts (6 chevaux) et jusqu'à 6 000 nautiques d'un abri (environ 11 km). Pour piloter un bateau en mer au-delà de 6 000 d'un abri, il vous faut obtenir l'extension « hauturière ». Vous devez avoir au minimum 16 ans pour passer le permis. Vous devez suivre une formation théorique et une formation pratique pour vous préparer à l'examen de ce permis.

Faire du jet-ski sans avoir le permis vous expose à payer une **amende de 1 500 euros**.

Erwan Royer

RÉFÉRENCES

- Décret n° 2007-1167 du 2 août 2007 relatif au permis de conduire et à la formation à la conduite des bateaux de plaisance à moteur (règles générales pour le permis de plaisance).
- Arrêté du 10 avril 2013 relatif à la conduite en mer des véhicules nautiques à moteur embarqués sur des navires de plaisance professionnelle immatriculés au registre international français (exemption de l'obligation du permis de plaisance).

188

QUE FAIRE SI JE SUIS HOSPITALISÉ SUR MON LIEU DE VACANCES À L'ÉTRANGER ?

Être hospitalisé sur son lieu de vacances à l'étranger amène à se poser la question de savoir si vous pouvez être remboursé des frais médicaux occasionnés. Si l'hospitalisation est réalisée en **Europe** (Union européenne, Espace économique européen, Suisse), la **carte européenne d'assurance maladie (Ceam)** – à demander avant votre départ – permet d'attester de vos droits à l'assurance maladie et de bénéficier d'une prise en charge de vos frais.

Sur place, si les prestations liées à l'hospitalisation sont **gratuites** pour les assurés du pays, vous n'aurez pas d'argent à avancer autre que le règlement éventuel du ticket modérateur (partie des frais restant à votre charge). En revanche, si ces mêmes prestations sont payantes, vous devrez faire l'avance des frais puis demander le remboursement soit sur place (auprès de l'institution d'assurance maladie compétente du pays de séjour), soit de retour en France. Vous devez **conserver les factures et justificatifs d'hospitalisation et de soins** et les présenter à votre organisme d'assurance maladie, accompagnés d'un **formulaire spécifique (Cerfa n° 12267)**.

En l'absence de votre Ceam, vous devez régler la **totalité des frais d'hospitalisation** reçus dans le pays de séjour, qu'ils aient été dispensés dans le secteur public ou privé. En revanche, n'oubliez pas de conserver tous les **justificatifs et factures** qui vous permettront, dès votre retour en France, de vous faire rembourser les soins auprès de votre organisme d'assurance maladie après avoir rempli le formulaire mentionné.

Si l'hospitalisation en vacances a lieu dans un pays **en dehors de l'Europe**, vous devez **régler les frais médicaux sur place** qu'il s'agisse du secteur public ou privé (sauf pour Andorre et le Gabon, où les prestations peuvent être prises en charge par la caisse étrangère, sous certaines conditions). En cas de **vacances dans votre pays d'origine**, certaines dispositions prévues par des conventions (ou accords de sécurité sociale) conclues entre la France et le pays de séjour peuvent prévoir une prise en charge sur place de vos frais d'hospitalisation. Pour vous renseigner, contactez votre caisse d'assurance maladie.

En tout état de cause et avant de partir, renseignez-vous sur l'état sanitaire du pays et le montant des frais médicaux restant à votre charge. Pour éviter de mauvaises surprises, nous vous recommandons de souscrire **un contrat d'assistance ou d'assurance** garantissant le remboursement des frais médicaux engagés (sauf hospitalisation programmée à l'étranger sans autorisation préalable de l'assurance maladie) et le rapatriement sanitaire. Si vous payez vos billets d'avion ou de train avec votre carte bancaire, vous pouvez bénéficier d'une **assurance voyage** incluse dans votre moyen de paiement mais aux garanties souvent limitées.

De manière générale, l'hospitalisation peut être rendue plus compliquée à l'étranger du fait de la **barrière linguistique**. Les autorités consulaires peuvent alors vous fournir une liste de médecins parlant français.

Erwan Royer

RÉFÉRENCE

- Art. R. 160-1 à R. 160-4 du Code de la sécurité sociale (prise en charge des soins dispensés hors de France).

189
QUE FAIRE EN CAS DE PERTE DE MES BAGAGES LORS D'UN VOYAGE EN AVION ?

Pour la perte des bagages, il faut distinguer **deux situations : celle où la compagnie aérienne reconnaît la perte de vos bagages ; celle où vos bagages seront considérés *de facto* comme perdus**.

Dans cette seconde hypothèse, si vos bagages ne vous ont toujours pas été rendus par la compagnie à l'issue des 21 jours francs suivant leur retard (ou marginalement 14 jours francs pour certaines compagnies), alors ces derniers seront considérés comme perdus. À noter qu'il importe peu que vos bagages soient effectivement perdus ou qu'ils soient retrouvés ultérieurement.

Dès lors, **il vous appartient de déposer une réclamation écrite auprès de la compagnie aérienne**, de préférence en recommandé avec avis de réception. En cas de perte ou de détérioration, la compagnie devra vous indemniser de la somme déclarée dans votre réclamation, à moins qu'elle ne prouve que ladite somme soit supérieure à la valeur réelle de vos bagages.

À cet égard, **veillez à conserver tous les justificatifs** attestant la valeur de vos bagages et de leur contenu (factures d'achats). Afin que la compagnie ne vous oppose pas un refus d'indemnisation, vous devez lui signaler au plus vite votre préjudice !

En effet, si la compagnie avec laquelle vous avez voyagé a son siège dans un pays membre de l'UE, la convention de Montréal s'applique. Pour la perte des bagages, le délai court à partir du moment où vos bagages auraient dû arriver. Ce délai s'applique à l'exception des compagnies dépendantes de la convention de Varsovie, pour lesquelles un délai de 14 jours s'applique. L'indemnisation est plafonnée à 1 288 DTS, soit environ 1 667 euros. Toutefois, si vous estimez que le dommage que vous avez subi dépasse ce montant, vous pourrez bénéficier d'un remboursement supplémentaire si vous avez souscrit une assurance « bagages » lors de l'achat de vos billets ou de l'enregistrement de vos bagages à l'aéroport.

Au demeurant, certaines assurances de cartes bancaires proposent parfois des garanties en cas de perte de bagages (si vous avez payé votre billet avec votre carte).

Si votre bagage a été endommagé, vous devez le signaler auprès de la compagnie, photos et/ou factures des bagages à l'appui, dans un délai maximum de 7 jours après la découverte de l'avarie.

Enfin, dans le cas où une compagnie vous refuserait l'indemnisation (pour la perte ou l'endommagement de vos bagages) ou ne répond pas durant les 2 mois suivant votre réclamation, vous pourrez saisir le médiateur du tourisme et du voyage. La compagnie aérienne doit avoir signé la charte de médiation.

Si vos démarches n'aboutissent toujours pas, vous pourrez saisir le juge judiciaire (devant le tribunal judiciaire pour des litiges supérieurs à 10 000 euros ; devant le tribunal de proximité ou judiciaire pour des litiges inférieurs à 10 000 euros) dans un délai de 2 ans.

Adrien Debove

RÉFÉRENCES

- Règlement (CE) n° 261/2004 du Parlement européen et du Conseil du 11 février 2004.
- Décret n° 2004-578 du 17 juin 2004 portant publication de la convention de Montréal du 28 mai 1999.
- Directive 2013/11/UE du 21 mai 2013 relative au règlement extrajudiciaire des litiges de consommation, notre médiation a été auditionnée par la Commission d'évaluation et de contrôle de la médiation de la consommation (CECMC).
- CJUE, 6 mai 2010, *Walz c/ Clickair SA*, aff. C-63/09.

190
L'AGENCE DE VOYAGES PEUT-ELLE MODIFIER MON CONTRAT DE VOYAGE ?

Avant de répondre à la question de la modification du contrat de voyage, vous devez vous interroger sur la nature de ce dernier. En effet, vos droits qui sont présentés ici ne sont applicables qu'à un **forfait touristique**, à l'exclusion d'une prestation de voyage liée.

Une agence de voyages peut modifier votre contrat de voyage mais seulement si **trois séries de conditions sont réunies**. Elle peut le faire si cette possibilité figure expressément au contrat, si les modifications sont mineures et si vous en êtes informé d'une manière claire, compréhensible et apparente sur un support matériel ou numérique (papier, mail).

Si aucun texte ne donne une liste des **éléments mineurs** d'un contrat de voyage, ceux essentiels sont connus. Il s'agit en premier lieu du **prix**. Après la conclusion du contrat, les prix ne peuvent être augmentés que si le contrat prévoit expressément cette possibilité et indique que vous avez droit à une réduction du prix. Dans ce cas, le contrat précise de quelle manière la révision du prix doit être calculée. Les **majorations de prix** sont possibles uniquement si elles sont la conséquence directe d'une évolution soit du prix du transport de passagers résultant du coût du carburant ou d'autres sources d'énergie, soit du niveau des taxes ou redevances sur les services de voyage compris dans le contrat, imposées par un tiers qui ne participe pas directement à l'exécution du contrat, y compris les taxes touristiques, les taxes d'atterrissage ou d'embarquement et de débarquement dans les ports et aéroports, soit des taux de change en rapport avec le contrat. Si le contrat prévoit la possibilité d'une majoration du prix supérieure à 8 %, vous avez droit, en sens inverse, à une **réduction de prix** correspondant à toute baisse des coûts précédemment mentionnés, qui intervient après la conclusion du contrat et avant le début du voyage ou du séjour.

Par ailleurs, et en dehors de l'aspect tarifaire, lorsque, avant le départ, le respect d'un des **éléments essentiels du contrat** (comme le lieu de destination) est rendu impossible par suite d'un **événement extérieur** (par exemple catastrophe naturelle) qui s'impose à l'agence de voyages, ou bien si elle ne peut pas satisfaire à une prestation particulière incluse dans le contrat, elle doit le plus rapidement possible vous en avertir ainsi que de votre possibilité soit de mettre fin sans frais au contrat, soit d'accepter la modification proposée par l'agence. Si, dans ce dernier cas, il y a une baisse de qualité du voyage ou du séjour ou de son coût, vous avez droit à une réduction de prix adéquate, voire à des dommages et intérêts de l'agence en cas de préjudice.

Erwan Royer

RÉFÉRENCE

- Art. L. 211-12 et R. 211-8 (révision du prix du contrat de voyage et de séjours), R. 211-9 (effets d'une modification d'un élément essentiel du contrat) et L. 211-17 (dommages et intérêts pour la non-conformité des services fournis dans un contrat) du Code du tourisme.

191
UN VOYAGISTE PEUT-IL ANNULER UN VOYAGE À FORFAIT ?

Le voyagiste peut annuler un voyage à forfait, mais il doit alors vous rembourser la totalité des sommes versées et vous pouvez demander une indemnisation au moins égale à la pénalité que vous auriez dû payer si vous aviez annulé vous-même. Cette indemnisation supplémentaire n'est pas due lorsque le professionnel est empêché d'exécuter le contrat en raison de circonstances exceptionnelles et inévitables.

Dans le cas où le contrat prévoit un nombre minimal de participants et que celui-ci n'est pas atteint, l'agence peut aussi annuler le voyage. Dans ce cas, l'agence doit vous rembourser mais ne sera pas tenue de vous payer une indemnisation si elle vous avertit au plus tard 20 jours avant le début du voyage dans le cas d'un voyage de plus de 6 jours ; 7 jours avant le début du voyage dans le cas d'un voyage de 2 à 6 jours ; 48 heures avant le début du voyage dans le cas d'un voyage n'excédant pas plus de 2 jours.

Erwan Royer

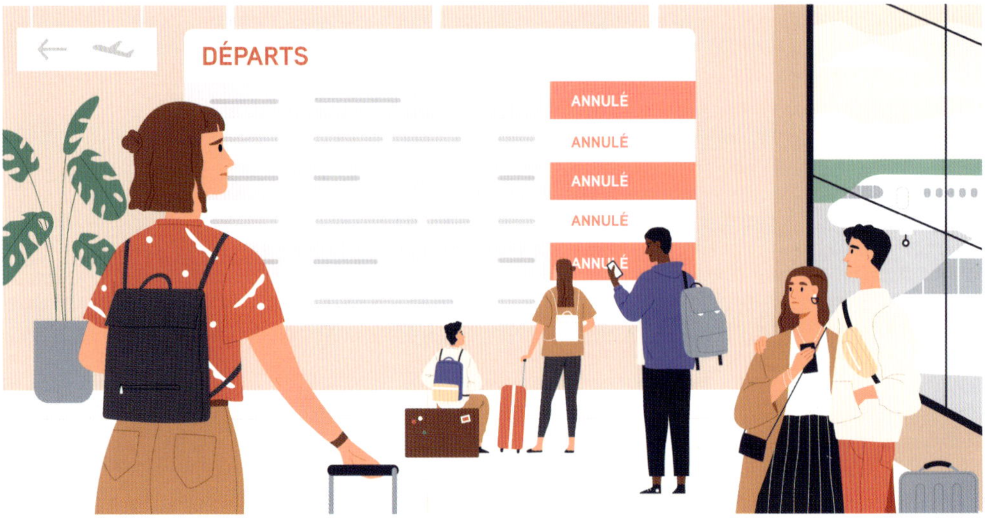

RÉFÉRENCE

- Art. L. 211-14 du Code du tourisme.

192
SI UN LITIGE CONCERNE DES PRESTATIONS PRÉVUES PAR MON CONTRAT DE VOYAGE, QUE FAIRE ET À QUI DOIS-JE M'ADRESSER ?

En dehors des cas d'annulation ou de modification de votre contrat de voyage (voir fiches « L'agence de voyages peut-elle modifier mon contrat de voyage ? » et « Un voyagiste peut-il annuler un voyage à forfait ? »), si les services fournis ne correspondent pas à ceux promis dans les catalogues et les contrats, sur place, constituez des **preuves** (témoignages, photos, imprimés et documents officiels divers).

Si vous constatez, au cours du voyage, qu'une des prestations n'est pas conforme à ce qui était prévu au contrat, **informez**-en le professionnel dans les meilleurs délais. Celui-ci doit tenter d'y remédier, sinon vous pouvez demander une **réduction de prix** et, le cas échéant, des **dommages et intérêts**. Si vous y remédiez par vous-même, vous pourrez réclamer le remboursement des dépenses nécessaires. En outre, si la non-conformité perturbe considérablement votre voyage et que le professionnel n'y remédie pas dans un délai raisonnable, vous pouvez **résilier votre contrat** sans payer de frais, et demander une réduction de prix et des dommages et intérêts. Enfin, si vous êtes en difficulté, le professionnel doit vous **venir en aide** dans les meilleurs délais.

Ces recours et solutions s'appliquent que l'agence de voyages soit « physique » ou dématérialisée (plateforme de réservation en ligne).

En cas de refus de l'agence de prendre en charge ces déconvenues, faites une réclamation auprès d'elle en en conservant une copie. Les modalités de réclamation figurent sur votre contrat. Constituez un **dossier** exposant clairement le litige, rassemblant tous les éléments de preuve recueillis, chiffrant le préjudice matériel (décompte des frais d'hôtel, des repas, des transports à rembourser avec pièces justificatives si possible) et le préjudice moral pour vacances gâchées. En cas d'échec, vous devez le mettre en demeure, par **lettre recommandée avec accusé de réception** ou par **sommation**, d'exécuter son obligation. Si le litige persiste, vous pouvez saisir le **service de médiation** choisi par le professionnel qui pourra trouver une solution amiable et éviter ainsi de recourir à un tribunal. Cette médiation n'est pas forcément le **médiateur du tourisme et du voyage (MTV)** dont la compétence doit avoir au préalable été reconnue expressément par le professionnel.

Vous pouvez également prendre contact avec une **association de consommateurs** (ou tout autre organisme utile) qui pourra vous renseigner et tenter d'obtenir du professionnel l'arrangement amiable qu'il aurait refusé à un consommateur isolé. Pour les **litiges transfrontaliers** avec un professionnel situé au sein de l'Union européenne, faites appel au Centre européen des consommateurs.

Une fois les voies alternatives de règlement des conflits épuisées, vous devez alors saisir la **juridiction judiciaire** qui va trancher sur le bien-fondé ou le mal-fondé du litige. Allez voir un avocat pour vous conseiller et vous assister dans les méandres de la procédure !

Erwan Royer

RÉFÉRENCE

- Art. L. 211-1 à L. 211-14 et R. 211-1 à R. 211-11 du Code du tourisme (régime de la vente de voyages et de séjours).

193
QUELS SONT MES DROITS EN CAS D'ATTENTE IMPOSÉE D'UN VOL DE REMPLACEMENT ?

Deux situations sont à différencier : **votre vol est annulé ou retardé**.

Dans le premier cas de figure, vous avez droit au minimum au remboursement total de votre billet – sous réserve de présentation d'un justificatif de réservation – et à des dommages et intérêts si cette annulation vous a causé un préjudice matériel ou moral (par exemple vous avez réservé une nuit d'hôtel non remboursable ; vous manquez les fiançailles d'un ami dont vous êtes le témoin).

Ce remboursement vous est accordé en dépit de la « nationalité » du vol (hors UE ou intra-UE). Pour les vols européens (**entendu comme un vol au départ d'un pays de l'UE, de l'Islande, de la Norvège ou de la Suisse ou un vol vers l'un de ces pays avec une compagnie immatriculée au sein de l'UE**), une protection particulière s'applique.

En effet, la compagnie aérienne est dans l'obligation de vous proposer, au choix, soit un réacheminement sur un autre vol vers votre destination finale dans des conditions de transport comparables, soit un remboursement de votre billet dans un délai de sept jours. Si vous optez pour un réacheminement vers votre destination, la compagnie doit prendre à sa charge l'ensemble de vos frais d'hôtel et de restauration jusqu'à votre arrivée (ainsi que deux appels téléphoniques).

Avec votre accord, les compagnies aériennes peuvent également proposer une indemnisation sous forme de bons de voyage. Si vous souhaitez recevoir votre remboursement monétaire, vérifiez les documents que la compagnie vous demandera de signer pour obtenir votre accord !

Si vous avez réservé un vol avec escale, la compagnie devra également vous rembourser la partie du vol que vous auriez incidemment manqué. En outre, la compagnie qui annule un vol européen est tenue de vous verser une indemnité forfaitaire : 250 euros pour les vols de moins de 1 500 km, 400 euros pour les vols intracommunautaires ou les vols de 1 500 à 3 500 km, 600 euros pour les autres vols de plus de 3 500 km.

Dans trois situations, une compagnie est en droit de refuser une indemnisation pour cause d'annulation : si vous avez été informé par la compagnie au moins 14 jours avant votre départ que votre vol était annulé ; si, dans un délai inférieur à 14 jours, la compagnie vous a proposé une place sur un autre vol proche de votre horaire initial ; enfin, en cas de circonstances extraordinaires dépassant l'organisation de la compagnie (par exemple conditions météorologiques extrêmes, risque sécuritaire, grève, etc.).

Dans le second cas de figure, si votre vol est retardé de plus de 3 heures, vous avez les mêmes droits qu'un passager ayant subi une annulation. Vous pourrez obtenir une assistance identique de la part de la compagnie ainsi qu'un remboursement complet de votre vol si le retard dépasse les 5 heures de retard.

Adrien Debove

RÉFÉRENCES

- Règlement (CE) n° 261/2004 du Parlement européen et du Conseil du 11 février 2004.
- Décret n° 2004-578 du 17 juin 2004 portant publication de la convention de Montréal du 28 mai 1999.
- CJUE, 9 juillet 2020, *SL c/ Vueling Airlines SA*, aff. C-86/19.
- CJUE, 10 juillet 2019, *HQ c/ Aegean Airlines*, aff. C-163/18.
- CJUE, 3 septembre 2020, *NM c/ ON*, aff. C-530/19.

194

UNE AGENCE DE VOYAGES EST-ELLE RESPONSABLE À L'ÉGARD DU TOURISTE EN CAS DE REFOULEMENT POUR NON-CONFORMITÉ DES DOCUMENTS ADMINISTRATIFS ?

Une agence de voyages peut être responsable à votre égard en cas de refoulement pour non-conformité des documents administratifs (visa, passeport, obligation vaccinale, etc.) si, préalablement à la conclusion du contrat de voyage, l'agence de voyages n'a pas satisfait à l'obligation de vous **informer par écrit** sur les formalités administratives et sanitaires à accomplir pour le franchissement des frontières. Le cas échéant, elle ne peut être tenue responsable juridiquement. Son **obligation d'information** se limite en effet à la seule transmission des informations d'ordre général concernant les conditions applicables en matière de passeports et de visas, y compris la durée approximative d'obtention des visas, ainsi que des renseignements sur les formalités sanitaires du pays de destination. L'agence aura ainsi rempli son rôle si ces informations ont été présentées sous forme d'un texte dans un support papier (flyer, brochure, contrat, etc.) ou numérique (site internet) par la signature de conditions particulières de vente les mentionnant ou par acceptation expresse de celles-ci dans le cadre d'une réservation en ligne avant le paiement.

Par ailleurs, elle n'a pas à vérifier si les clients disposaient effectivement des documents nécessaires au voyage ou encore de leur validité. Elle ne sera également pas responsable du fait de n'avoir pas précisé les délais exacts d'obtention d'un visa. Dans le cas de la vente d'une **prestation « sèche »** (billet d'avion seul par exemple), l'agence n'est pas directement tenue par cette obligation d'information, car ce type de contrat en est exclu par les dispositions du Code du tourisme. Néanmoins, en tant que vendeur et professionnel, il est attendu qu'elle communique toutes les informations nécessaires à la bonne utilisation du billet vendu dont les formalités nécessaires au franchissement des frontières et à l'entrée sur le territoire d'un État. Sa responsabilité peut alors être recherchée devant le juge judiciaire en tant que **mandataire**.

Dans le cas où les formalités d'entrée dans un pays sont modifiées entre l'achat du voyage et le jour du départ, vous pouvez vous retourner contre l'agence au titre d'un manquement à son obligation de conseil et d'assistance.

Dans le cas où les **formalités d'entrée dans un pays sont modifiées entre l'achat du voyage et le jour du départ**, vous pouvez vous retourner contre l'agence au titre d'un manquement à son **obligation de conseil et d'assistance** que seules les juridictions judiciaires apprécieront. En tout état de cause, c'est à l'agence de voyages, en cas de litige devant ces juridictions, d'apporter la **preuve** et non à vous.

Erwan Royer

RÉFÉRENCES

- Art. L. 211-8 et R. 211-4 du Code du tourisme.
- Cass. civ. 1re, 8 janvier 2020, n° 18-21.746.

195

PEUT-ON REFUSER L'ACCÈS D'UN ANIMAL DANS UNE LOCATION DE VACANCES ?

Le propriétaire a le **droit d'interdire la présence de tout animal** dans une location de vacances (meublé de tourisme, gîte rural, etc.), à condition de l'avoir prévu dans le contrat de location. Pour cela, le loueur doit inclure une **clause** stipulant l'interdiction pour les locataires de détenir des animaux familiers lors de la location. Le propriétaire d'une location saisonnière peut également, et de manière parfaitement légale, accepter votre animal mais en demandant des frais supplémentaires ou un dépôt de garantie plus élevé. Commercialement, refuser les animaux pour les locations saisonnières, c'est s'interdire une partie non négligeable de la clientèle potentielle.

Par ailleurs, si votre animal est accepté, vous devrez veiller à ce qu'il ne cause pas de **bruits de comportement** (aboiements par exemple) le jour mais aussi la nuit sous peine de devoir payer en tant que locataire une amende forfaitaire de 68 euros pour troubles de voisinage ou tapage nocturne.

Erwan Royer

Le propriétaire a le droit d'interdire la présence de tout animal dans une location de vacances (meublé de tourisme, gîte rural, etc.), à condition de l'avoir prévu dans le contrat de location.

RÉFÉRENCES

- Art. 10 de la loi n° 70-598 du 9 juillet 1970 sur les rapports des bailleurs et locataires.
- Art. R. 49 du C. pr. pén. (montant de l'amende en cas de bruits anormaux).

196
UN CAFETIER PEUT-IL ME REFUSER UN VERRE D'EAU ?

Un cafetier ne peut plus vous refuser un verre d'eau si vous **consommez** ne serait-ce qu'un café. En effet, depuis le début de l'année 2022, les débits de boissons, comme les établissements de restauration, sont tenus d'**indiquer de manière visible sur leur carte** ou sur un espace d'affichage la possibilité pour les consommateurs de demander de l'eau potable gratuite. Ces établissements doivent donner accès à leurs clients à une eau potable fraîche ou tempérée, correspondant à un usage de boisson. Ainsi, la loi ne distingue pas selon que vous prenez un repas ou une simple boisson. Si un tel refus est illégal, vous pouvez rappeler courtoisement son obligation au professionnel. S'il persiste, signaler cet incident à la **Direction générale de la concurrence, de la consommation et de la répression des fraudes (DGCCRF)**. En revanche, si vous ne consommez pas du tout, vous ne pouvez pas exiger d'eau !

Erwan Royer

RÉFÉRENCE

- Art. L. 541-15-10, III du Code de l'environnement.

197
QUE SIGNIFIE LA MENTION « FAIT MAISON » ?

La mention ou le logo « fait maison » (casserole surmontée d'un toit avec une cheminée) signale les plats cuisinés ou transformés sur place à partir de produits frais ou bruts ou de produits traditionnels de cuisine (huile, beurre, pain, etc.). Cette mention permet de distinguer les plats de fabrication artisanale des plats ou ingrédients industriels, prêts à l'emploi, achetés en grande surface ou auprès d'un grossiste, réchauffés ou assemblés. Elle permet ainsi de **valoriser le savoir-faire du métier de cuisinier** et d'**informer le consommateur**.

L'information du consommateur concernant le « fait maison » s'applique à **tous les établissements de restauration commerciale** quelle que soit leur nature (restauration rapide, collective, traditionnelle, vente à emporter, etc.). La mention peut concerner seulement certains plats ou tous. Les restaurateurs peuvent afficher le logo et/ou la mention désignant le « fait maison » qui doivent toujours être placés de **manière visible** pour la clientèle. Le logo est soumis à une charte graphique dont le non-respect peut être sanctionné sur le fondement de la tromperie ou de la publicité mensongère.

En tout état de cause, ces plats doivent être confectionnés à partir de **produits bruts**, qui ont été réceptionnés par le restaurateur sans avoir été modifiés au préalable et en particulier par un mélange avec un autre produit ou par chauffage préalable. Toutefois, des **produits non bruts**, autrement dit des produits préalablement transformés qui servent d'ingrédients primaires pour la fabrication des plats « faits maison », sans être confectionnés par le restaurateur (par exemple sauces, choucroute crue, abats blanchis, fromages), peuvent composer des plats « faits maison » s'ils n'en constituent pas les ingrédients exclusifs. De plus, pour justifier de la mention, le plat doit être **confectionné sur place** : il doit s'agir d'une préparation culinaire (entrée, plat principal ou dessert) réalisée dans les locaux où sont servis les clients. Les traiteurs et les marchands ambulants peuvent néanmoins réaliser leurs plats en dehors des lieux où ils sont vendus ou consommés.

Erwan Royer

RÉFÉRENCES

- Art. L. 122-19 à L. 122-21, D. 122-1 à D. 122-3 du C. cons..
- Arrêté du 11 juillet 2014 relatif à la mention « fait maison » dans les établissements de restauration commerciale ou de vente à emporter de plats préparés.

198
QUELLE EST LA DIFFÉRENCE ENTRE UN GÎTE RURAL ET UNE CHAMBRE D'HÔTE ?

Il n'y a pas une mais **des différences** entre un gîte rural et une chambre d'hôte ! Si ces deux types d'hébergements proches sont souvent confondus car très fréquents en zone rurale, ils sont bien distincts ne serait-ce que par leur situation et les prestations délivrées. En effet, un gîte rural est une maison ou même un appartement, **meublé et tout équipé**, où vous serez **indépendant** alors qu'une chambre d'hôte est une **chambre aménagée pour vous, chez l'habitant** qui vous reçoit. Par ailleurs, dans une chambre d'hôte, le propriétaire réside sur les lieux alors que ce n'est pas une obligation pour le gîte. Enfin, la réservation d'une chambre d'hôte implique, d'une part, que vous soient fournis au moins un **petit-déjeuner et le linge de maison** ; de l'autre, que la réservation se termine toujours de nuit et comprenne toujours le petit-déjeuner. En revanche, un gîte rural n'est pas tenu de fournir un petit-déjeuner ou des draps.

Les différences entre gîte rural et chambre d'hôte sont également marquées sur le terrain **réglementaire**. Un gîte rural doit en effet répondre à la réglementation relative aux **locations saisonnières en meublé**. Il ne peut accueillir qu'entre 2 et 15 personnes. Il ne comprend ni hall d'accueil ni services communs. Des normes différentes doivent être respectées pour une chambre d'hôte dont les suivantes : pas plus de 5 chambres et de 15 personnes au total ; chambre d'une surface minimale de 9 m² avec au moins 2,20 m de hauteur sous plafond, devant offrir directement ou indirectement une salle de bains et un W-C, selon le cas ; assistance immédiate possible du gérant ou propriétaire de la chambre. En revanche, qu'il s'agisse d'un gîte rural ou d'une chambre d'hôte, les **obligations de transparence** s'imposent à leurs gérants de la même manière en matière d'**affichage des prix** et de **remise de note**.

Si ces deux types d'hébergements proches sont souvent confondus car très fréquents en zone rurale, ils sont bien distincts ne serait-ce que par leur situation et les prestations délivrées.

Un gîte rural peut faire l'objet d'un **classement** de 1 à 5 étoiles en fonction de son niveau de confort, valable cinq ans et établi à la demande du gérant selon plus d'une centaine de critères répartis en 4 catégories : équipements, services au client, accessibilité et développement durable. L'adhésion à un **label** (par exemple Gîtes de France, Clévacances) est également possible. Contrairement au gîte rural, la chambre d'hôte ne fait pas l'objet d'un classement par étoiles mais peut bénéficier d'un label de qualité attribué par des organismes privés tels que Gîtes de France ou Clévacances.

Erwan Royer

RÉFÉRENCE

- Art. L. 324-1 à L. 324-2-1, D. 324-1 à R. 324-8 (régime général des locations meublées) et L. 324-3 à L. 324-5, D. 324-13 à D. 324-15 (définition et régime des chambres d'hôtes) du Code du tourisme.

199
PUIS-JE BÉNÉFICIER D'AIDES FINANCIÈRES POUR PARTIR EN VACANCES ?

Les aides financières s'adressent surtout aux personnes à faibles revenus *via* la Caisse d'allocations familiales (Caf) et l'Agence nationale pour les chèques-vacances (ANCV). Cette dernière est l'organisme émetteur des **chèques-vacances**. Ce titre est une prestation d'aide aux loisirs et aux vacances permettant de financer le départ en vacances ainsi que des activités culturelles et de loisirs. Le salarié finance une partie de ses chèques-vacances et l'employeur ou le comité social et économique en finance une autre. Ce dispositif n'est pas obligatoire pour l'employeur. Votre Caf peut également permettre l'accès aux chèques-vacances aux familles dont les revenus sont modestes, à certaines conditions. Les employés du secteur public peuvent également bénéficier des chèques-vacances.

L'ANCV propose également le **programme d'aide au départ en vacances « Départ 18:25 »**. Il s'adresse aux jeunes âgés de 18 à 25 ans, sous conditions de ressources ou de statut. Il s'agit d'une aide financière qui peut couvrir jusqu'à 80 % du coût des vacances dans la limite de 250 euros pour un hébergement à la mer, la montagne ou en ville, en France ou en Europe, parmi une sélection de séjours du programme.

Pour permettre aux personnes aux revenus très modestes ou en situation de précarité de partir en vacances malgré leur situation, la **bourse solidarité vacances (BSV)** leur propose des offres de séjours et de loisirs à des tarifs très inférieurs à ceux en vigueur. Soumis à des conditions de ressources, les bénéficiaires doivent obligatoirement passer par l'intermédiaire d'un référent social partenaire de l'ANCV qui les accompagnera dans la construction de leur projet de vacances.

Les personnes âgées ne sont pas oubliées : le dispositif **Seniors en vacances**, financé par l'ANCV, permet leur départ en vacances pour celles isolées et/ou en situation précaire grâce à la création de séjours très attractifs par leurs tarifs. L'ANCV qui a établi une liste de critères à respecter pour pouvoir partir avec ce dispositif peut prendre en charge une partie de ce séjour jusqu'à 160 euros.

L'ANCV propose enfin aux personnes en situation de fragilité économique de les aider, sous conditions, à financer un projet de vacances avec l'**aide aux projets vacances (APV)**. Cette aide est versée sous la forme de chèques-vacances vous permettant de régler vos dépenses lors de votre séjour.

Seule aide non conditionnée à un plafond de ressources, le **billet de congé annuel de la SNCF** permet de bénéficier, sous conditions, une fois par an d'un tarif réduit pour l'achat de billets de train aller-retour à l'occasion d'un congé annuel en France.

Erwan Royer

RÉFÉRENCES

- Art. L. 411-1 à L. 411-12 (conditions d'attribution), R. 411-1 à R. 411-8 (utilisation des chèques-vacances, prestataires de services conventionnés par l'ANCV et contribution de l'employeur) et D. 411-6-1 (participation de l'employeur) du Code du tourisme.
- Circulaire du 28 mai 2015 relative aux chèques-vacances au bénéfice des agents de l'État.

200
PEUT-ON PAYER LES PÉAGES AVEC LES CHÈQUES-VACANCES ?

LAURENT, Pornic (44)

Vous pouvez payer les péages autoroutiers avec des chèques-vacances… mais de manière dématérialisée. En effet, vous ne pouvez pas utiliser directement ces chèques au format papier aux barrières de péages depuis le 1er janvier 2013. Vous pouvez en revanche transférer la somme voulue sur un badge télépéage proposé par les sociétés d'autoroute Sanef, Vinci et APRR. Pour créditer vos chèques-vacances papier, vous devez vous connecter à l'espace « Abonnés » de votre opérateur de badge. Dans l'onglet « Abonnement », vous cliquez sur « Effectuer un versement ». Vous enregistrez le numéro et le montant de chaque chèque-vacances, en ne dépassant pas le montant indiqué. Vous devez ensuite envoyer à l'opérateur par voie postale les chèques-vacances crédités et le bordereau de déclaration de versement en ligne.

Si vous disposez de chèques-vacances connect (version numérique des chèques-vacances), le versement pourra se faire rapidement de façon dématérialisée, directement sur Internet à l'aide du compte de la société d'autoroute et de l'application mobile « Chèques-Vacances ». À noter que le montant minimal pour pouvoir créditer vos chèques-vacances connect est de 20 euros, le montant maximal étant de 250 euros par an depuis le 1er juin 2021.

Erwan Royer

RÉFÉRENCE

- Art. L. 411-2 et L. 411-3 du Code du tourisme.

Les experts

Sous la direction scientifique de **Frédéric Debove**, co-directeur de l'Académie de la sécurité intérieure

Philippe Astruc, magistrat

Alain Bensoussan, avocat à la cour d'appel de Paris

Dorothée Bisaccia-Bernstein, avocat à la cour, ancien secrétaire de la Conférence

Stéphane Brena, maître de conférences des universités, directeur de l'Institut de droit des affaires internationales de l'université Paris 1 Panthéon-Sorbonne au Caire

Cécile Capeau, magistrat

Adrien Debove, juriste, diplômé de l'université Paris-Dauphine et de l'université Panthéon-Sorbonne

Franck Denion, enseignant à l'école des métiers de la sécurité et de la prévention de Paris

Olivier Descamps, avocat au barreau des Hauts-de-Seine

Antoine Duvergé, avocat au barreau de Paris

Jessica Fievez, avocat au barreau de Paris

Marie Houzet, diplômée notaire

Dominique Inchauspé, avocat, ancien secrétaire de la Conférence (Paris), docteur en droit

Thierry Jové-Dejaiffe, avocat au barreau de Melun

Cécile Lemaire, conceptrice et consultante en ingénierie pédagogique

Anthony Lerebourg, avocat au barreau de Paris et chargé de travaux dirigés à l'université Paris-Est Créteil

Paul Mallet, avocat à la cour, cabinet Darrois Villey Maillot Brochier

Zeren Mercan, juriste en affaires fiscales

Guillaume Mosser, magistrat

Krys Pagani, avocat au barreau de Paris, docteur en droit et copilote du Comité stratégique avocats Lefebvre Dalloz

Marie-Pierre Pédron, juriste en affaires fiscales

Mélody Pellissier, vice-présidente du Cercle K2, chargée d'enseignement à l'université Paris-Panthéon-Assas

Corinne Pizzio-Delaporte, maître de conférences de droit privé, université Paris-Panthéon-Assas

Gilles Raoul-Cormeil, professeur à l'université de Caen, directeur du master droit civil de la faculté de droit de Caen

Didier Rauch, président de l'École supérieure des enquêteurs privés, chargé d'enseignement à l'université Paris-Panthéon-Assas

Erwan Royer, formateur en droit public

David Sénat, avocat général près la cour d'appel de Versailles

Alexandre Vignier, cadre sûreté dans le transport ferroviaire

Crédits iconographiques

p. 12 : © AdobeStock/Artbesouro ; p. 14 : © AdobeStock/Hanna ; p. 21 : © AdobeStock/Good Relation ; p. 22 : © AdobeStock/sabelskaya ; p. 29 : © AdobeStock/Good Studio ; p. 30 : © AdobeStock/Artbesouro ; p. 33 : © AdobeStock/SurfupVector ; p. 39 : © AdobeStock/Oksana ; p. 45 : © AdobeStock/Mycky ; p. 50 : © AdobeStock/Good Studio ; p. 51 : © AdobeStock/hvostick16 ; p. 53 : © AdobeStock/artbesouro ; p. 62 : © AdobeStock/artbesouro ; p. 66 : © AdobeStock/GoodStudio ; p. 67 : © AdobeStock/Hannah ; p. 69 : © AdobeStock/tynyuk ; p. 70 : © AdobeStock/artinspiring ; p. 90 : © AdobeStock/tynyuk ; p. 91 : © AdobeStock/MicroOne ; p. 92 : © AdobeStock/Богдан Скрипник ; p. 106 : © AdobeStock/nicoletaionescu ; p. 107 : © AdobeStock/artinspiring ; p. 113 : © AdobeStock/Good Studio ; p. 114 : © AdobeStock/dmitrymoi ; p. 126 : © AdobeStock/N. Savranska ; p. 130 : © AdobeStock/Good Studio ; p. 131 : © AdobeStock/buravleva_stock ; p. 132 : © AdobeStock/redvy ; p. 136 : © AdobeStock/artinspiring ; p. 141 : © AdobeStock/Flash concept ; p. 142 : © AdobeStock/Rudzhan ; p. 145 : © AdobeStock/Seahorsevector ; p. 150 : © AdobeStock/Bro Vector ; p. 152 : © AdobeStock/Rudzhan ; p. 155 : © AdobeStock/Neo ; p. 158 : © AdobeStock/Good Studio ; p. 159 : © AdobeStock/Bro Vector ; p. 166 : © AdobeStock/VectorBum ; p. 167 : © AdobeStock/PCH. Vector ; p. 175 : © AdobeStock/nicevectors ; p. 179 : © AdobeStock/Good Studio ; p. 180 : © AdobeStock/PCH. Vector ; p. 181 : © AdobeStock/biscotto87 ; p. 184 : © AdobeStock/MicroOne ; p. 190 : © AdobeStock/stocker ; p. 191 : © AdobeStock/TarikVision ; p. 194 : © AdobeStock/Good Studio ; p. 197 : © AdobeStock/SensVector ; p. 201 : © AdobeStock/Good Studio ; p. 202 : © AdobeStock/PrettyVectors ; p. 205 : © AdobeStock/vectorisation ; p. 208 : © AdobeStock/Vector Juice ; p. 212 : © AdobeStock/Good Studio ; p. 216 : © AdobeStock/yuko sakuragi ; p. 217 : © AdobeStock/Irina Strelnikova ; p. 221 : © AdobeStock/Good Studio.

Illustration de couverture : Sophie Legendre/Ouest-France

Éditions ouest france

Éditeur Jérôme Le Bihan
Coordination éditoriale Lise Corlay
Création graphique Nord Compo
Conception et mise en page Nord Compo
Photogravure Graph&ti, Cesson Sévigné (35)
Impression : SEPEC, Péronnas (01) - 08311221258

ISBN 978-2-7373-8805-7 • N° d'éditeur 10900-01-03-01-23
editions.ouest-france.fr
Achevé d'imprimer en France en février 2023
Dépôt légal : février 2023

Société OUEST-FRANCE, SA à Directoire et Conseil de Surveillance
au capital de 300 000 euros
Siège social : 10 rue du Breil, 35051 Rennes cedex 9
Tél. 02 99 32 60 00
Site internet : www.ouest-france.fr
Directeur de la publication : Louis Échelard.
Directeur des rédactions : François-Xavier Lefranc.
Rédacteurs en chef : Philippe Boissonnat, Laetitia Greffié,
Sébastien Grosmaître, Edouard Reis-Carona.
Principale associée : SIPA (Société d'investissements et de participations).
SIPA est contrôlée par l'Association pour le Soutien des Principes
de la Démocratie Humaniste, association loi 1901
Directeur des magazines et hors-séries : Stéphane Baranger
Rédactrice en chef déléguée responsable des suppléments,
magazines et hors-séries : Stéphanie Germain
Réalisation : Nord Compo pour les Éditions Ouest-France
Impression : SEPEC, Péronnas (01) - 08311221258

N° CPPAP : 0625 C 86666
N° ISSN : en cours
Date de parution : février 2023, tous droits réservés
Dépôt légal à parution

Imprimé sur du papier certifié PEFC, fabriqué en Espagne,
100 % de fibres recyclées. Eutrophisation : 0,047 kg/tonne.

PEFC 10-31-1470
Certifié PEFC
Ce produit est issu de forêts gérées durablement et de sources contrôlées.
pefc-france.org

LE TRI + FACILE BAC DE TRI

Imprimé en France